严群文集·第二卷

亚里士多德及其思想

严群 著

2019年·北京

图书在版编目（CIP）数据

亚里士多德及其思想 / 严群著. — 北京：商务印书馆，2019
（严群文集）
ISBN 978-7-100-17279-0

Ⅰ.①亚… Ⅱ.①严… Ⅲ.①亚里士多德（Aristotle 前384—前322）—人物研究②亚里士多德（Aristotle 前384—前322）—伦理学—研究 Ⅳ.①B502.233 ②B82-091.984

中国版本图书馆CIP数据核字（2019）第061771号

权利保留，侵权必究。

严群文集
亚里士多德及其思想
严群 著

商 务 印 书 馆 出 版
（北京王府井大街36号 邮政编码 100710）
商 务 印 书 馆 发 行
北京兰星球彩色印刷有限公司印刷
ISBN 978-7-100-17279-0

2019年10月第1版	开本 640×960 1/16
2019年10月第1次印刷	印张 26 1/2 插页 1

定价：68.00元

《严群文集》序

吴小如

一

先师严群先生（1907—1985），字孟群，号不党（取"君子群而不党"之义），福建侯官人，是严几道先生（复）的侄孙。先生幼时即甚受几道先生钟爱，认为可成大器。七岁即开始入私塾读四书五经。入中学后，因阅读英国哲学家罗素的著作，受其影响，遂立志终身致力于哲学的研究。1931年毕业于燕京大学哲学系，继入燕大研究院深造，于1934年获硕士学位。次年赴美国留学，先后在哥伦比亚大学和耶鲁大学就读，同时教授中文，贴补生活。先生对古希腊文、拉丁文有深厚造诣，并兼通梵文、希伯来文、马来文、泰文等多种古文字，即是在美国刻苦学习所结的硕果。当时先生立志要从古希腊文翻译柏拉图全集，竟放弃攻读博士学位的机会，在美国一面读书，一面译书，先后译出柏拉图著作达全集的三分之二以上。1937年抗日战争爆发，先生竟拒绝在美国教书的聘约，以全部积蓄购买大量西方哲学书籍回到祖国，执教于母校燕大哲学系。[①]

在先师的众多门人中，我是唯一不曾学过哲学的学生。说来有缘，1945年抗战胜利，我重新上大学，考入燕大文学院（一年级不

[①] 关于先生生平小传，请参考北京大学出版社2001年出版的《燕京大学人物志》第一辑（第355—356页），这里从略。

分系），随即受业于先生。先是 1941 年太平洋战争骤起，燕大被敌占而停办。先生乃任教于私立中国大学以勉强维持生活。当时亡友高庆琳兄曾到中国大学遍听名教授讲课，向我提到过严群先生。故我一到北京，便访知先生在城内的寓所，登门拜谒。与先生素昧平生，第一次见面，先生即留我午饭，倾谈良久，宛如旧时相识。1946 年我又考上清华大学中文系三年级当插班生，因宿舍太吵无法用功，乃恳求先生，允我于先生当时在燕大南门甲八号的寓所，借住了两学期。当时同寄住于先生处的，尚有先生的弟子王维贤、穆民瞻等。我与维贤兄虽见过面，却因同住一处近一年之久而订交。在寄住期间，早晚承先生謦欬，获益反较在课堂听讲为大。先生虽以治西方古典哲学为主，然承家学，谙国故，于孔、孟、老、庄及诸子之学亦精研有心得，其思想与主张全盘西化者迥异。又喜收藏名家书法手迹，精于鉴赏。且先生对青年人提携不遗余力，视门人如子侄，故师生间共同语言甚多。我在清华就读的一学年中，竟成了先生的一个对哲学外行的"入室"弟子。1947 年先生南下，就浙江大学聘，我亦转学入北大，彼此未相见者十余年。60 年代初，先生来北京开会，遂侍先生在城内盘桓数日。未几"文革"开始，天各一方，从此未再与先生晤面。而十年浩劫中，使先生最痛心的，除藏书有些损失外，是先生积累多年而尚未付梓的大量译稿几乎"全军覆没"。这对先生的打击实在太大，自此身心交瘁，精神饱受摧残。故与先生通信时，先生极想让我到杭州见面，并几次托人带过口信。1984 年春我南下讲学，原拟到杭州拜谒先生，不料病倒在上海，只得铩羽而归。谁想 1985 年新年刚过，先生竟猝然病逝。人天永隔，抱憾终生，至今思之，犹怅恨无已也。

二

先师逝世已16年，几位师弟师妹一直搜求遗著，谋为先生出版文集。2001年春，接王维贤兄自杭州来信，告以已辑得先生遗文35篇，有不少是从未发表过的系统论文，及专著五部。并寄来部分遗稿，嘱我写序。其中以研究古希腊哲学的论著为多，尤集中在对柏拉图和亚里士多德两哲人的思想的分析与探讨。有关我国先秦哲学的论著，则主要是对《老子》一书，及《中庸》、《大学》两篇带总结性质的儒家哲学经典的系统研究。我对西方哲学（尤其是古希腊哲学）实在外行得近于无知，不敢妄加评说。但通过对先师原稿的学习，却给了我一个进修的机会。根据我读后粗浅的体会，其中分量较重的还是论述古希腊哲学的文章。自苏格拉底而柏拉图而亚里士多德，先师似对后两人兴趣更大，体会也更深。由于当时国人对西方哲学还比较陌生，先生的文章写法总是偏于以述为作，或者说述中有作，即对他研究的对象和课题都带有介绍性质和阐释的内容。而在阐释中进行发挥，表述了自己的主张和意见，于浅出中蕴含着深入。又由于先生在论文写作方面受过严格的科学训练，逻辑性极强，文章的条理与层次极为清晰明白，使人读了毫无艰涩深奥之感。如先生论《老子》的"道"，全篇条贯分明，眉目疏朗，宛如一幅生理解剖图，把"玄之又玄"的内容写得了如指掌。又如论《中庸》与《大学》的思想内容，不仅纲举目张，而且用图表方式进行系统的分析与诠释，而个人的独到见解即寓于其中。这是先生治中国哲学的一大特色。因此，像我这样对哲学所知有限的人，也能循文章的思维脉络而逐步深入腠理，有所领悟。更由于先生学贯中西，在论述某一家哲学思想时，往往用对比方法互相映照，进行研索。如对柏拉图和亚里士多德伦理思想之比较，对孔子与亚里士多德的中庸思想之比较，都能给读者以深层次的启发，从而留下鲜明印象，并提高了对这些哲人的思想内涵的认识。总之，先生著述中诸篇论著，都贯穿着这三个方面的特色：一、述中有作，深入浅出；二、文章逻辑性极强，有条理，有系统，引导读者循其思路而步步深入；三、用对比方法看中西哲学思想之异同，从中体现出先师本人的真知灼见。

读后掩卷深思，感到有两点想法，愿借此机会一申鄙见。这两点想法都关涉到以孔子为奠基人的先秦儒家学派。一点想法是当前学术界有个流行术语，叫作"新儒学"，我认为不必要。盖先秦时代承孔子衣钵而有专著传世者，主要是孟、荀两家。《孟子》书中所反映的思想即不全同于孔子，而《荀子》之学与孔子的思想则差距更大。如称"新儒学"，则孟、荀二氏之学已属于"新"的范畴了。至于汉之董仲舒、扬雄，则与孔子更有所不同。尤其是董仲舒所代表的今文学派，其学甚至与先秦儒家学派有枘凿矛盾处，已不是新不新的问题了。下而及于程朱理学，有的学者或以"新"称之。其实就其不同的一面而言，连程颢、程颐兄弟二人的见解都有所不同，遑论周濂溪和张横渠！至南宋朱熹，其思想之内涵更丰富，其理论之差距更大。如以朱熹为"新"，岂先于朱熹者皆"旧"乎？到了近现代，由于西风东渐，凡治中国哲学者或多或少皆吸收了西方哲学思想的内容，可谓"新"矣。然而每一位学者皆有其个人的见解，而且各不相同，可以说无人不"新"。既自孔子以下，凡属于儒家学派者，其学皆与孔子不尽相同，无不可称为"新"。然则又何必把"新儒学"的桂冠加诸当世某一学者或某一学派之上呢？天下没有完全相同的两个人（甚至被克隆出来的也未必完全一样），也就没有完全相同的哲学思想。如以此为"新"而彼为"旧"，岂不多此一举乎？

另一个想法是，有些学者把孔子当成"教主"，把儒家学派认作"儒教"（或称"孔教"），自康有为大张厥论，至当代某些学者仍力主此说。这种看法我不同意。夫孔子之不同于释迦牟尼、耶稣，《论语》、《孟子》之不同于《新约》、《旧约》、《可兰经》，中国读四书五经的知识分子之不同于天主教徒、伊斯兰教徒，此显而易见者也。就近取譬，即以孟群师之遗著而言，其论柏拉图和亚里士多德，完全不同于西方之神学；其论《老子》之"道"，亦完全不同于中国之道教；其论《中庸》、《大学》之思想与夫朱熹之学说，更是只见其哲学思想而一无阐发宗教教义之痕迹。何况后世之治儒家之学者（包括五经、四书），清代汉学家无论矣，即以近现代学者而论，自梁启超、胡适以下，如冯友兰、梁漱溟、熊十力、钱穆诸先生，无不以治儒家之学著称于当世。细绎诸家之说，归根结底，皆是论述儒学思想而非宣传所谓孔门之"教义"。以教主视孔子，和以宗教教义视儒家思想，皆小孔子与儒学者也。执此以读先师之文集，或可见鄙说之非妄谬。

2001 年 9 月，受业吴小如谨序。时客北京西郊中关园寓庐。

目 录

第一部分 亚里士多德

第一章 生平 ....（3）
  第一节 幼年时期（公元前384—前367年）...............（3）
  第二节 求学时期（公元前367—前348年）...............（4）
  第三节 出游时期（公元前348—前335年）...............（5）
  第四节 讲学时期（公元前335—前323年）...............（8）
  第五节 外表与性格 ....（11）

第二章 著述 ....（13）
  第一节 泛论 ....（13）
  第二节 真伪问题 ....（16）
  第三节 次序问题 ....（21）

第三章 学说背景、渊源、性质、方法和分类 ....（24）
  第一节 背景 ....（24）
  第二节 渊源 ....（25）
  第三节 性质 ....（26）
  第四节 方法 ....（28）
  第五节 分类 ....（29）

第四章 学说导言 ....（33）
  第一节 他的哲学认识 ....（33）
  第二节 他的哲学的出发点 ....（37）
  第三节 他的哲学的归宿点 ....（39）

第四节　他的哲学的特征 ....（41）

第五章　名学 ....（47）

　　第一节　绪论 ....（47）

　　第二节　认识的历程 ....（52）

　　第三节　知识的对象 ....（60）

　　第四节　概念 ....（67）

　　第五节　词 ....（71）

　　第六节　演绎法——连珠推论 ....（74）

　　第七节　归纳法 ....（80）

　　第八节　论证 ....（83）

　　第九节　界说 ....（88）

　　第十节　第一原理 ....（93）

第六章　形上学 ....（97）

　　第一节　绪言 ....（97）

　　第二节　第一原理 ....（115）

　　第三节　实质 ....（121）

　　第四节　四因 ....（139）

　　第五节　形式质料 ....（148）

　　第六节　现实潜能 ....（168）

　　第七节　动与动源 ....（176）

　　第八节　上帝 ....（183）

第二部分　亚里士多德之伦理思想

张君劢原序 ....（203）

张东荪原序 ....（206）

例言 ....（208）

第一章 绪论：伦理学之区域与性质 (210)
第一章纲要 (212)

第二章 人生之最高目的 (213)
第一节 幸福——至善——之根本观念 (213)
第二节 幸福之性质 (220)
第二章纲要 (225)

第三章 道德与中庸 (227)
第一节 道德 (227)
第二节 中庸 (237)
第三章纲要 (244)

第四章 理智 (246)
第一节 导言 (246)
第二节 根本之理智 (249)
第三节 旁辅之理智 (259)
第四章纲要 (266)

第五章 自被动行为与德志 (270)
第一节 自被动行为 (270)
第二节 德志 (273)
第三节 德志与自被动行为之关系 (280)
第五章纲要 (283)

第六章 论诸德 (285)
第一节 勇敢（courage） (285)
第二节 节制（temperance） (288)
第三节 乐施（liberality） (290)
第四节 慷慨（magnificence） (292)
第五节 豪侠（high-mindedness） (294)
第六节 温厚（gentleness） (297)

第七节　真率（friendliness）..................................（298）

  第八节　诚实（fruthfulness）..................................（299）

  第九节　机敏（wittiness）......................................（300）

  第六章纲要..（302）

第七章　公道..（305）

  第一节　公道之意义..（305）

  第二节　公道之种类..（307）

  第三节　公道与道德..（311）

  第四节　公道与自被动行为......................................（313）

  第五节　公道与中庸..（315）

  第六节　公道之人与公道之行...................................（317）

  第七节　公道与酬报..（318）

  第八节　公道与正义..（322）

  第七章纲要..（326）

第八章　友爱..（330）

  第一节　友爱之要义..（331）

  第二节　友爱之种..（344）

  第三节　友爱之余义..（359）

  第八章纲要..（369）

第九章　快乐..（373）

  第一节　一般人之论快乐及亚氏之批评.........................（373）

  第二节　亚氏之论快乐..（383）

  第九章纲要..（394）

第十章　结论..（396）

严群年表..（398）

《严群文集》后序...（404）

第一部分
亚里士多德

第一章 生平

想替亚里士多德编个详细的年谱，简直不可为。我们所能得到关于他生平的记载，非但简陋，而且真伪参半。我们只好把他的生平约略分作若干时期，写下在某时期内——某年至某年间——有几件可记的事。这是必不得已的办法。

第一节 幼年时期（公元前384—前367年）

公元前384年，亚里士多德生于希腊雅典城以北约两百英里的卡屑西蒂（Chalcide）半岛东北部之斯达盖拉（Stagira）城。这个地方当时隶属于马其顿帝国的版图。他的父亲名叫匿康马楚斯（Nichomachus）；母亲名叫费士替斯（Phaestis），是从卡屑斯（Chalcis）地方娶的。他的家庭世代业医，父亲做马其顿帝国开国太祖安命达斯（Amyntas）朝中的太医。他似乎是在马其顿都城排拉（Pella）长大的。幼年时代所受教育如何，无从查考；不过从他的处境推测，或者从小就受自然科学的洗礼，他的读物大概不外乎德模克利图（Democritus，古希腊最伟大的一位自然科学家，大约生于公元前470或前460年）和希波克拉蒂（Hippocrates，西洋医药的鼻祖，公元前460年生于小亚细亚旁边的一个小岛中）各家的书。他这时期的生活状况究竟如何，我们不得知其详，从各家的传说看来，好像是很浪漫而且无定的。他幼年丧父丧母，被托付于普拉曾奴斯

(Proxenus)。普氏是亚坦尼亚斯（Atarneus）地方的人，和他的家庭似乎有亲戚关系。这个托孤者似乎待他很好，因为他后来也同样抚育其子（名叫匿康纳尔 [Nicanor]），并在遗嘱上以自己的女儿许嫁于他，还分给他不少遗产。

第二节　求学时期（公元前367—前348年）

公元前367年，亚氏18岁。这年进了柏拉图的学院（The Academy）。那时柏氏年已六十，他入学时正值柏氏第二次的西拉鸠斯之行。他入学后，居留了19年，一直是到柏氏去世才离开的。

亚氏是柏氏学院中最特出的弟子，柏氏极爱惜他，据说尝称之为神童。然而他之所以为神童，正在其颖异处，不会盲目笃守师说。亚氏在柏氏门下，处处表现自己独立的思想。他对柏氏的学说，逐一重新估价，认为有不妥处，立即指出，甚至不客气地当他老师面前，发表自己的意见。据说柏氏不大喜欢他这种态度，尝说："亚里士多德也过，任诺克拉蒂（Xenocrates，同门弟子）也不及；任诺克拉蒂也退，宜进之，亚里士多德也进，宜退之。"有人说他们师弟间的感情因此破裂，这话未必可信。亚氏曾说，"我爱吾师，但尤爱真理"。谈学问是一件事，私人感情又是一件事，此二位万世师表，不至于这两件事分不清！

亚氏天生脑筋敏捷，眼光远大，兴趣广泛，柏氏的讲演未必都能满足他的知识欲。况且他幼年在家庭中就受自然科学的熏陶，这方面的兴趣早已发达，学院的功课未必能拘束他的思想，阻止他向这方面探讨。虽然如此，学院对他的影响却也不小。他对于形上学、政治学、伦理学……各门的注意，都是柏氏引起的，后来在这些方面的成就也大得很。

亚氏未离学院前，已成社会上知名之士。他已经开始著作，现在流传者有一部分似乎是这时期开始写的。他这时期的作品，内容和形式都像他的老师。同时他还开始讲学，材料大概关于修辞与辩论方面，与伊索克拉蒂（Isocrates）针锋相对。他和柏氏同样反对伊索克拉蒂，因为伊氏专讲雄辩，不重真理。然而伊氏尽管犯这毛病，他的文章在希腊文和拉丁文的体裁上影响很大。就说亚氏当时写的东西，文字上何尝不受他的影响。

他这时期的事绩可以总结如下：（一）这二十年在学院中的确很努力接受柏氏的学术思想，可是另一方面，柏氏所视为次要的自然科学，他也不断研究。（二）同时他还自己聚徒讲学，但不背柏氏的宗旨和精神。

第三节　出游时期（公元前 348—前 335 年）

公元前 348 年，亚氏 37 岁。这年柏氏逝世。柏氏死后，他立刻离开雅典。他离得这样快，背后有原因：（一）柏氏的外甥斯浦屑普斯（Speusippus）继掌学院。关于学术上的意见，亚氏和他很不相合。他把柏氏的学说完全向数学方面发挥，哲学简直成了数学，这点是亚氏最反对的。（二）此时因政治上的种种关系，雅典人反马其顿的空气极浓。亚氏家庭和马其顿的朝廷关系密切，因此自觉危险，不得不赶紧离开。

他刚要离开雅典时，有个叫哈尔迷亚斯（Hermias）的人派人来请他。哈氏是以前学院里的同学，他从奴隶出身，现在成了小亚细亚西北部密锡亚（Mysia）地方两个城——亚坦尼亚斯（Atarneus）和亚索斯（Assos）——的统治者。此人的朝中颇有一班柏拉图学说的信徒，所以特地请亚氏去，同他们一起讲学。他此行与任诺克拉蒂同行，在那里住下3年。这次讲学收了一个弟子，名叫提乌佛拉斯达（Theophrastus），后来接替亚氏而掌他的书院（Lyceum）者就是此人。

公元前345年，亚氏40岁。这年他从亚坦尼亚斯到密剔令尼（Mytilene）去。提乌佛拉斯达是小亚细亚西北岸一个小岛——勒士堡（Lebos）——的人，他劝亚氏到那里去。亚氏同他去，就在那岛的东南岸一块小地方——密剔令尼——住下两年。他在那里的生活似乎很舒适，据说提氏特地盖一所房子给他住。

他在以上两个地方，关于自然科学研究的成绩很好，尤其在生物学方面。

公元前343年，亚氏42岁。这年马其顿国王腓力（Philip）请他去做太子亚历山大（Alexander）的师傅。他所以被请的原因有二：（一）他父亲曾做马其顿前王安命达斯朝中的太医，他幼年跟父亲住在排拉（马其顿的都城），当时腓力为太子，曾见过他，如今对他有怀旧之感。（二）此时腓力与哈尔迷亚斯关系密切，彼此联盟要打波斯，亚氏或许还得哈氏的推荐。为太子的师傅，尤其是为马其顿太子的师傅，是多么荣耀的事，同时亚氏还想利用这机会实现自己的政治理想（大约同他老师柏拉图的相似），因此就接受腓力的礼聘，往排拉去了。

当时亚历山大才13岁，以前不曾受过良师教导，加以秉性僿野；亚氏此来，对这小学生的熏陶与开导，煞费苦心，这是可想而知的。至于他所用的教材与教法如何，我们不得知其详，大约不外乎诗歌、戏剧，几门当时人人所必习的功课。据说亚氏还专为他写了两部书——《君主》（*On Monarchy*）与《论殖民地》（*On Colonies*），可惜都不传了。亚氏费了一番苦心，可是对于亚历山大的影响并不算大，自然不能说没有。相传亚历山大起初很爱敬他，尝对人说："我受身于吾父，受为人之道于吾师亚里士多德"；恐怕这只是一时热情的冲动而已。不过我们也应当原谅亚历山大，他毕竟是实行家，勉强他做学问家毕竟是不成的。他同亚里士多德气味不相投，趣向不一致，是乃理势之当然，我们不能深怪他；他对老师能存那样敬心，总算难得了。据说亚氏所著两部书（即《论君主》与《论殖民地》），书面题词献给他（dedicated to him），他为了这个，重建了他父亲所已毁的斯达盖拉城（亚氏的故乡），以示报答之意。此外他也为了亚氏的面子，保全好几个希腊城市，就是对于雅典，也特别开恩过。平心而论，亚历山大非但是马上英雄，也是明君，虽然不能免于批评，但同历史上其他征服者比较，还算高一等。最伟大处是他的统一的能力。他在政治上的统一和亚氏在学术上的统一直是两两相对，所以我们可以说，一个是事业界的征服者，一个是学问界的征服者。

公元前341年，亚氏44岁。这年他的好朋友哈尔迷亚斯逝世。哈氏所以致死，是由于与腓力联盟打波斯的阴谋泄漏，被波斯人掳去，钉在十字架上。他从监狱里送话和亚氏诀别，说："扪心自问，我毕生不曾做过污玷哲学的事！"亚氏为纪念挚友，为他立碑在带勒弗埃（Delphi）地方的神庙里，碑上刻一篇颂，此外还作一首赞美诗，以广流传。

哈尔迷亚斯死后，亚氏娶他的侄女（同时也是干女儿）璧提亚斯（Pythias）为妻，生了一个女儿，与母亲同名。他们夫妇感情很好。璧氏先死，约当亚氏在书院讲学的时候。

公元前340年，亚氏45岁。这年腓力传位太子为摄政，那时亚历山大才16岁；他和亚氏的师弟关系从此告终，亚氏回故乡去了。他在家乡住了5年，专门从事自然科学的探讨，帮忙者有提乌佛拉斯达。

亚氏虽然离开亚历山大，和他还继续来往。有人说他们的感情从此渐疏，这话未必可靠，因为后来亚历山大对亚氏书院的成立和科学上的探讨，都帮不少忙。此节且待下面细说。不过有一件颇堪注意的事：他在马其顿朝中交些朋友（如后来为亚历山大摄政的安提佩舵［Antipator］等）；和那些人往来既久，便无形中受了他们的政治思想的熏染，对希腊原有的小市邦（little city-states）制大不满意，极赞成马其顿那样大一统制，只是还保留着柏拉图所谓圣哲之君（philosopher king）的理想。

第四节　讲学时期（公元前335—前323年）

公元前335年，亚氏50岁。这年他离开家乡，重到雅典。那时腓力逝世不久，亚历山大新从亚洲之役归来，同时也是柏拉图死后的第十三年。亚氏这次重来雅典的使命极大，可是为雅典服务也不过12年的光阴了。

在雅典城，大概介乎立卡背图（Lycabettus）与伊里苏（Ilissus）两山之间，有个园林是亚波娄立西亚（Apollo Lyceies，译谓"驱狼保年之神"）的圣地。以前苏格拉底常到此地，大概是所在幽闲，风景佳胜，因此和哲学家结不了之缘。这次亚氏又来讲学，他在此租下几所房屋，成立了书院。关于他的书院，有几点堪以注意：

（一）名称。亚氏的书院被人称为散步书院，他那一派叫作散步学派（the Peripatetics），因他讲学时往往踱来踱去。据说他讲学分两个时间：早晨讲哲学，如关于名学（音译为"逻辑"）、物理、玄学等问题。这几门功课较深，学生较少，而较费心力，所以要在早晨讲，还须很从容地踱来踱去，任思路渐渐发展，用言语慢慢剖释，"口若悬河"是办不到的。下午或夜间讲修辞、辩论、政治等等。

这几门较为浅近，学者较多，却不难讲，他有时可以坐下。

（二）性质。老实说，亚氏的书院只是一班朋友的会合。其中组织如何，我们不可知其详；就所流传的记载看，院中都是志同道合的人。例如人人每十天轮当管理员一次，公共伙食，一月一次全体聚餐，此等处都表现着他们友谊的精神。

（三）教材。柏拉图的学院侧重数学和其他冥想的（speculative）学问。亚氏的书院却矫正了以往柏氏讲学的偏向，特重柏氏当时所不留意的自然科学，因此便成了后世自然科学的发源地。

据说亚氏的书院，非但成立时受亚历山大赞助，后来的发展也得他帮忙不少。相传他捐了800泰伦（talent，此数大概等于现在的美金400万）给亚氏做研究费，还明令全国猎人、渔夫等随时把所得的稀奇东西送给他为研究资料。有些记载说，亚历山大曾派一百人专供亚氏驱使，替他各处采集标本。这事开历史上的先例，用公款大规模举行科学研究，可算自亚氏始。

除采集标本外，他还从事藏书。那时印刷术尚未发明，所有的书都是手抄的，藏书是一件难事。他的学校非但成了标本室、图书馆，同时也是博物院，凡关于风土民情，以及各地方的图志等等，莫不荟萃于此。

因他的兴趣广，于学无所不窥，便引起了分门别类的念头；因他好藏书，于书无所不收，便不得不分门别类。他在这方面的贡献最大，尤其是学问上的分类，他的工作可算空前绝后，直到如今，他的分类大体上还保留住。

亚氏在书院的工作，除讲学与研究外，还写不少东西。他一生的著作大部分成于此时，虽然有许多材料是以前搜集的。今所流传只是他当时的讲录，其他著作都不可得而见了。一些记载告诉我们，他当时的作品真是汗牛充栋。这样大规模的作品当然要假借许多人力物力；然而只从现在所仅有的资料来看，已足以见其系统、组织与计划，知其在大匠的统一指挥之下而成的。

亚氏的研究成绩这么大，我们却不可不知他的困难，尤其是关于自然科学方面的探讨。他当时几乎是赤手从事，一切工具都没有。他记时而无钟表，量热度而无寒暑表，察天象而无望远镜，测气候而无风雨表，尽其家当只有一个两脚规，以这种条件研究科学，多么困难！

因受工具的制限，他在自然科学方面不能多做试验，大部分要靠观察，所以研究结果往往错误。然而，他所发现的事实，所寻到的真理，虽然诚妄参半，已经算多了，已足以为后世自然科学的根基了；他的理论风行了两千年，直到文艺复兴时才被后起者所推翻。他关于自然科学的成绩如此，关于社会科学的成绩怎样？他在这方面的成绩也很大，当时超过苏格拉底、柏拉图，后世被社会科学家们所传诵，研究思想史者对于他的伦理、政治等学说，到如今还是很注意。

当时在雅典与亚氏的书院竞争的学术团体只是柏氏的学院。柏氏的学院创立在先，早著声誉，后来渐就衰落，比起亚氏的书院，瞠乎后矣。亚氏的书院长处在于专门化、技业化，非但对当时的社会贡献较大，也开了后世的学风。

在这时，他的夫人璧提亚斯去世，留下一个女儿，也名叫璧提亚斯。后来他和家乡的女子名叫哈尔鄙里斯（Herpyllis）者恋爱，虽不曾正式宣布结婚，却订了偕老之约，生了一个儿子，和祖父同名，也叫匿康马楚斯。

公元前327年，亚氏58岁。这年他的侄儿卡力曾尼（Callisthenes）和一班反叛亚历山大的人同处死刑。他以前曾把这个侄子荐给亚历山大，如今竟然加入叛党，因此亚历山大对他起了疑心，这是他们此后暌隔的近因。还有一些远因，大概不外乎他们二人的气味不相投，趣向不一致，以及朝里佞臣的谗谮。然而亚历山大对他只是冷淡，不曾加以虐待。

公元前 323 年，亚氏 62 岁。这年亚历山大死于巴比伦。雅典人在马其顿统治下，早已不甘心，如今倏传噩耗，立即乘机反叛，并联合其他被征服的希腊市邦（Greek city-states），由雅典带头，和马其顿开战，以求光复。亚氏以往和亚历山大关系密切，并与他的摄政安提佩舵为友，于是成了众矢之的。雅典人控诉他侮辱神明，因他以前曾作颂词纪念哈尔迷亚斯，大家便从字句里吹毛求疵，说他崇拜哈氏如神，便是慢神。其实这是"莫须有"的罪状，或许当时与他竞争的两个学派——柏氏的学院派和伊索克拉蒂派——也从中唆使；总而言之，大家都想乘机向他报复。亚氏眼见形势不佳，便自动离开，躲在由布亚（Euboca）岛上的卡屑斯地方，此处是他的外婆家，他从前曾到过。他临行叹口气说："我不忍让雅典人再度得罪哲学。"所谓"得罪哲学"是指以前雅典人曾把苏格拉底判处死刑。

亚氏离开雅典时，把书院的事托付提乌佛拉斯达主持。

公元前 322 年，亚氏 63 岁。这年夏天，他死在卡屑斯，他在此地过退休的生活只有几个月。他死于多年的胃病；有人说他服毒，有人说他投水，这些都是无稽之谈。他死后，遗骸送回故乡与前妻璧提亚斯合葬。他的遗嘱至今犹存，其内容大都关于私事，如财产与奴隶的处置，儿女的教养婚嫁，等等，此处无需详述。他所指定的遗嘱执行人是安提佩舵，可见他和安氏的交情了。

第五节　外表与性格

相传亚氏是个秃头翁，两腿很细，眼睛很小，说话带些口吃。

但是衣冠整齐，很有风趣，很能说笑话。这是他的外表。至于他的性格，可分两方面说：（一）情感方面——和蔼、多情、忠实、正直、果断、审美；（二）理智方面——思想清晰、眼光敏锐、观察力强、组织力强、兴趣广泛、注重经验。

同他坏的人说他带些巾帼气，生活放恣，这话未免言过其实；可是我们相信他并不刻苦，因为他的人生观本不是苦行的（ascetic），于苦乐之间取中庸之道。

若把他和柏拉图比较，可以发现以下两点：（一）柏氏富于诗意，富于幻想，长于艺术；关于这一点，亚氏不如柏氏，也可以说，柏氏是个才气蓬勃的文豪，亚氏是个脚踏实地的学者。因此他们二人的著作，风格也不相同：柏氏的书有一种迷人的魔力，亚氏的书则平铺直叙，没有艺术色彩。（二）凡科学家所应有的性格，亚氏尽有，柏氏却不如他。例如平实的研究，柏氏不能也；详晰的辨别，柏氏不能也；谨严的判断，柏氏不能也；精当的叙说，柏氏不能也；纯粹的方法，柏氏无有也；确定的名词，柏氏无有也。由于二人的性格不同，他们的学说也各有异趣：柏氏的学说偏于理想化、艺术化、伦理化，知与行两方面浑成一片；亚氏的学说偏于经验化、科学化、专门化，知与行两方面分得很清楚。

若论环境与际遇，亚氏比柏氏占优势。亚氏曾做帝师，生活较为安定；试把他一生的各时期比较看，便觉得很一致：从头到尾，只做两件事——讲学、为学。早年在柏氏的学院里，就一面为学，一面讲学；中年出行，也一面讲学，一面研究；晚年自己的书院成立后，更不消说了。他的生活不像柏氏那样变动，所以各时期的界线并不分明。他生平只受过家庭的和柏氏的影响，他的学问正反两面都是出于这两个根源，不曾中途加上其他影响，如柏氏晚年之遇毕达哥拉派（the Pythagoreans）。

第二章 著述

第一节 泛论

西洋人把亚氏看作有史以来第一渊博湛深的学者。这样推崇不算过分,因为从他的成绩说,不论形上的思索,或形下的探讨,都有很大的贡献。提起他的著作,更足以惊人呢!最古的名人传——Diogenes Laertius 的 *Lives of Eminent Philosophers* 里面说:

> 除此之外,他还有许多关于其他学问的意见,这里也述不胜述了。他的努力与成绩真可惊叹,只从上面所开的他的著作的目录,便可见其一斑。他的著作几乎有四百种——这只算十分可靠的。(Diogenes Laertius, *Lives of Eminent Philosophers*, 5.34; 英译见 The Loeb Classical Library Edition, p.481)

可惜得很,他不像柏拉图那样侥幸,他的著作仅仅一小部分流传。柏氏的人格从他的完整的著作全部托出;亚氏却不然,他一生在学问上各方面的活动,我们无从窥其全豹。不幸中之幸,所传下来的一小部分却是最重要、最能代表他的思想,而且是晚年思想成熟以后写的。

亚氏的全部著作可分三类:(一)通俗的文章;(二)为学和讲学的笔记,以及研究材料的编纂;(三)学术上的论著。前两类,除一些古书中所引的一鳞半爪之外，可谓全部佚去；现在所传只是第三类的。

第一类的著作，论体裁，大都是对话体；论内容，大致囿于柏氏的主张。然而据研究亚氏著作的专家们说，从这类作品中，已足以见他的思想逐渐脱离柏氏的圈套，并且晚年的主张在此已具雏形。这些文章他自己曾经发表过，很受当时一般社会欢迎。若从文学的观点说，也算有价值的作品；据说古代的文豪，如薛塞尔鲁（Cicero）等，都很称赞他这类的文章，把它的畅达美丽比作思想的金沙之流（golden stream of thought）。

第一类作品中还有诗，也许为数无多，现在所及见者只是两三个断章残句而已。

第二类的作品，因其只是笔记和汇编的材料，在修辞上毫不注意；当时无意于问世，也不曾加以组织。若论其内容，却是范围颇广，方面很多，包含（一）当时所流行的科学书籍的摘录；（二）科学上、文学上、历史和考古学上的种种资料；（三）前人学说的批评及其著作的提要；（四）关于当时各门学问专史的材料；（五）关于158个希腊市邦的政治制度的材料。

第三类的著作就是现在所流传的学术论著，或许还有佚去的。亚氏去世不久，一般学者就把他的著作按其内容分为两种：（一）通俗的或浅出的（popular or exoteric）；（二）讲学的或深入的（acroamatic or esoteric）。第一种包括前面所谓第一类的作品，第二种包括前面所谓第二、第三两类的作品。他的通俗文章即受当时一般社会和文学界欢迎，至于讲学论著，若用文学批评上所谓科学的标准（scientific criteria）看，也有以下的长处：（一）概念清晰明辨；（二）用字谨严恰当；（三）名词固定准确。

亚氏的著作，现在所及见者只是前面所谓第三类的学术论著。

只此已足以见他的问题多么多，成就多么大。大量的作品只留这一些，可谓大不幸；然而不幸中之幸，他的整个学问的精髓都在于此，后世学者得见他的面目也由于此。还有一点必须明白：他的这些著作成于晚年定论以后，而我们所及见者只限于此，便以为他的思想没有转变；其实不然，我们若见他的早年作品，和晚年的定论对比一下，就能看出他的思想如何转变。

读者看过第一章他的生平，知道他晚年的光阴全部用于讲学；这些作品既是晚年写的，同讲学有什么关系？所写和所讲有什么区别？二者相辅而行，他这些书是讲演的根据与补充。究竟是讲以前写的，或讲以后写的，我们不可得而知；所讲的材料就在于此，这是毫不容疑的，所不同者只是写得较为详细，较有条理。这些书等于他的书院内部的课本，专为听讲的弟子们写的，所以他生前不曾发表。

亚氏生前不曾发表讲学论著，那么这些书何时才与世人相见？约在公元前半世纪，他的书院中一个私淑弟子安都暗匿卡斯（Andronicus）才把他的稿子加以整理编次，正式发表出来。这是最老的本子，后来所转印者都是根据此本。安氏的本子未出以前，亚氏的讲学论著虽有亲笔和转抄的稿本，然而除了书院中的弟子以及若干友好之外，他人得见者很少。安氏的本子出来以后，世人对于亚氏的认识为之一变，于是他生前所发表的通俗文字失去效用。

有一段故事和鲁恭王于孔子故宅壁间得书的事相仿佛。这故事是希腊历史学家司徒拉保（Strabo）和传记家普鲁达克（Plutarch）所记的，大略如下：亚氏死时把生平的全部藏书，自己著作的手稿也在内，传给他的讲席的承继者提乌佛拉斯达；提氏传给弟子尼里亚斯（Neleus）；尼氏死后，这个宝藏归于住在土漏斯（Troas）地方的一门亲属。这门亲属唯恐被皇家没收，把它埋在坑里，多年不敢发掘。直到公元前末一世纪，藏书家亚排力口（Apellico）发现这些书，买来搬到雅典。随后又被克服雅典（公元前86年）的罗马将军苏拉（Sulla）带回罗马。罗马的语言学家提浪尼乌（Tyrannio）重视亚氏的稿本，下了一番整理和考据的工夫。安氏从提氏处得到稿本，约在公元前70年，发行一部亚里士多德的集子。这些稿本埋在地下多年，经过潮湿和虫蛀，自然损坏不少。传世的亚氏著作中有不可读处，这也是许多原因之一。

现在流传的亚氏著作，表面上看，毛病很多，例如（一）体例不一致，有些只是大纲，有些却发挥得很透彻；（二）有时上下不连贯，非但卷与卷、章与章如此，即段与段之间也有不相衔接者；（三）有时先做的书反而征引后做的书，先做的书说某项问题已经解决，后做的书却说正在思索之中；（四）有重复处；（五）有中途夹入的文字。凡此皆足以见他并未定稿，好比今世的讲义，随时修改，随时插进新材料，而不曾加以组织。后来编纂的人，或者有意存真，或者出于不慎，便照样编印出来；最大的毛病是把亚氏自己或后人的注解混入文本。然而从内容上看，这些书未尝没有一定的计划。每次讨论一个问题，必有以下几个步骤：（一）准确地提出问题；（二）逐一批评所已有的答案；（三）重新估量此问题，指出其关键之所在；（四）搜集一切有关的事实；（五）最后提出自己的答案。这种方法很合科学的精神，比柏拉图进步得多。

第二节 真伪问题

我们讨论这问题只限于现存的亚氏著作，那些著作由英国牛津大学全部译成英文。共分成十一册，分法按问题的种类。第一册为名学，其中有六部书：（一）*Categoriae*；（二）*De Interpretatione*；

（三）*Analytica Priora*；（四）*Analytica Posteriora*；（五）*Topica*；（六）*De Sophisticis Elenchis*。第二册为自然哲学（Philosophy of Nature），其中有三部书：（一）*Physica*；（二）*De Caelo*；（三）*De Generatione et Corruptione*。第三册到第六册为生物学与心理学。第三册包括：（一）*Meteorologica*；（二）*De Mundo*；（以上二书，第一讲气象学，第二讲宇宙论。）（三）*De Anima*；（四）*Parva Naturalia*；（五）*De Spiritu*。（第四、五两书讲心理学。其中 *Parva Naturalia* 一书是由以下八篇论文编成的：[甲]de Sensu et Sensibili；[乙]de Memoria et Reminiscentia；[丙]de Somno；[丁]de Somniis；[戊]de Divinatione per Somnum；[己]de Longitudine et Brevitate；[庚]de Vita et Morte；[辛]de Respiratione。）第四册只包括一部书：*Historia Animalium*。第五册包括：（一）*De Partibus Animalium*；（二）*De Motu Animalium*；（三）*De Incessu Animalium*；（四）*De Generatione Animalium*。第四和第五两册讲的是生物学。第六册包括：（一）*De Coloribus*；（二）*De Audibilibus*；（三）*Physiognomonica*；（四）*De Plantis*；（五）*De Mirabilibus Auscultationibus*；（六）*Mechanica*；（七）*De Lincis Insecabilibus*；（八）*Ventorum Situs et Nomina*；（九）*De Xenophane Zenone et Gorgia*。（以上九部书，有的讨论医药，有的讨论农学，有的讨论人类学等等，所以第六册可以算是杂俎。）第七册名曰 *Problemata*，是关于各种问题的论文集。第八册为形上学，是关于玄学问题的论文集。第九册为伦理学，包括四部书：（一）*Ethica Nicomachea*；（二）*Magna Moralia*；（三）*Ethica Eudemia*；（四）*De Virtutibus et Vitiis*。第十册为政治学与经济学，包括：（一）*Politica*；（二）*Oeconomica*；（三）*Atheniensium Respublica*。第十一册为修辞学与诗学，包括：（一）*De Rhetorica*；（二）*De Rhetorica ad Alexandrum*；（三）*De Poetica*。

亚氏关于名学的著作，从 16 世纪起，学者就把它统称为

Organon，译为"工具"，即思想的工具、为学的工具。就中 *Categoriae* 一书，从安都暗匿卡斯起，学者都认为真的。（除了一两个证据不强的不算）有两个证据：（一）文法与文体（grammar and style）都能证明是亚氏的东西；（二）亚氏其他绝对可靠的书里曾经引到。*De Interpetatione* 一书，安氏曾经怀疑，然而古今只有他一人怀疑此书，况且有以下的证据证明它不假：（一）文法与文体都像亚氏的；（二）亚氏的弟子提乌佛拉斯达和游登没斯（Eudemus）在其著作中默认这部书。其余四部绝无问题，只是 *Topica* 的第五卷有疑窦，*De Sophisticis Elenchis* 的末段是 *Topica* 全书的结论。

关于自然哲学的三部书都是真的。其中 *Physica* 一书是两篇论文编成的。第一卷到第四卷是一篇论文，亚氏原来的标题是"物理学"（Physica）或"论自然"（On Nature）；第五、第六、第八各卷是另一篇论文，亚氏标题曰"论动"（On Movement）；第七卷似乎是门弟子的笔记。

第三册内的 *Meteorologica* 一书确实不假，只是其中的第四卷和全书不相属，像是佚名的另一著作，不知何以羼入此书。*De Mundo* 一书绝不是亚氏的著作，有些内容是取材于亚氏，还夹着别家（如斯多亚等）的学说，似乎是公元后半世纪至 1 世纪之间的书。*De Anima* 和 *Parva Naturalia* 也是真的。*De Spiritu* 却是假的，有以下的证据：（一）此书提到向心血管（vein）和离心血管（artery）的分别，这种分别是亚氏当时所不及知的；（二）此书的内容是古代一个名医儿勒屑斯徒类达（Erasistratus）的学说，应是公元前 250 年的东西。

Historia Animalium 的第七、第九两卷和第八卷的 21 至 30 各章是假的，像是公元前 3 世纪的东西；其余各卷却还可靠。

De Partibus Animalium 是真的，其中的第一卷是生物学的导

言。*De Motu Animalium* 曾被学者怀疑，后来逐渐见信；论其文体与内容，似乎是亚氏的著作。*De Incessu Animalium* 与 *De Generatione Animalium* 二书绝对可靠，后一部的最后一卷也是 *De Partibus Animalium* 一书的结论。

第六册的书全是假的。*De Coloribus* 的作者是提乌佛拉斯达或司徒类投（Strato，亚氏私淑弟子，曾继掌"书院"）；*De Audibilibus* 更像是司氏之作。*Physiognomonica* 是两篇文章合成的，或者出于"书院"中的后代弟子之手。*De Plantis* 一书，亚氏的原本早已佚去，现行的本子似乎是罗马第一世皇帝奥古斯徒（Augustus）时代"书院"中的弟子匿叩劳斯（Nicolaus）作的。*De Mirabilibus Auscultationibus* 一书只是杂凑的东西：（一）提乌佛拉斯达及其他关于生物学的著作的摘要；（二）前人著作的摘要、附录。*Mechanica* 似乎也是"书院"中的一个私淑弟子——司徒类投或其弟子——作的。*De Lincis Insecabilibus*，有人说是提乌佛拉斯达作的，有人说是司徒类投作的；无论如何，总是不真。*Ventorum Situs et Nomina* 是 *De Signis* 一书的摘要，大家认为 *De Signis* 是提乌佛拉斯达之作。*De Xenophane Zenone et Gorgia* 也是一部摘录的书，尽许取材于真的亚氏著作，然而总是后来的东西。

Problmata 大体上根据亚氏的材料，是"书院"中经过许多年代而成的集录的本子。其中带有"后期书院"（later Peripatetics）的唯物色彩。所讨论的问题很多，如数学、物理、光学、音乐、医药等等。

Metaphysica 并非一部完整的著作，是许多论文编成的；所讨论的问题，亚氏自己称为第一哲学（the first philosophy）——寻求第一或最后原理的哲学（the philosophy of first or ultimate principles）。此书之所以得名为 *Metaphysica*（译为《物理学之后》），有两个说

法：（一）安都暗匿卡斯之后，"书院"中有个弟子指出此书的内容是物理学之后的问题，意思是说亚氏的形上学是根据物理学而成立的。（二）Metaphysica 这名称由匿叩劳斯用起，以后便通行了。他所以用这名称，或者因为安都暗匿卡斯编次亚氏的著作，把此书排在物理学一书之后。据作者看，二说皆符事实，而前说更为合理，安氏编次亚氏的著作时，也许就是根据前说，把此书放在《物理学》一书之后。此书各卷有时代先后的分别：A、Δ、K（头一部分）、Λ、N 各卷是先作的，其余是后作的。先作者之中，a 卷（即 Metaphysica 一书的第二卷）是弟子的笔记，其内容是 Physica 一书的导言。后作者之中，B、Γ、E 三卷是 K 卷的扩充，M 卷是 N 卷的前论。先作的各卷与后作的各卷，在内容上有个不同，就是：前者把形上学严格限于形上的理论（theory of the supersensual），后者却想推广到形下世界，而成对于整个的存在的解释（theory of being, comprising the whole of the world including that of sensual perception）。这一点很重要，颇足以见亚氏早岁的思想和晚年的思想不同，同时也是他与柏氏分路扬镳之处。

关于伦理学方面的书，大多数学者都把 Ethica Nicomachea 认为真的（唯有 Schleiermacher 不以为然）。至于 Ethica Eudemia 与 Magna Moralia，则以往的学者都以为前者是弟子游登没斯听讲后所整理的笔记，后者是前者的摘要。现代的学者 W. D. Ross 却持以下的意见：（一）Ethica Eudemia 一书，从文法上看，确是亚氏的作品，而且是很早写的，就像 Metaphysica 中先作的部分，大约成于公元前 348 至前 345 年之间。（二）Magna Moralia，在内容方面，带些提乌佛拉斯达的色彩；从文字上看，也像是晚出的。（三）Ethica Nicomachea 和 Ethica Eudemia 的地位，论其真伪，不相上下。（四）De Virtutibus et Vitiis 是公元前 1 世纪或后 1 世纪的作品，其目的在于调和柏氏学院派的伦理与亚氏书院派的伦理。

Politica 一书绝不假,并非整部的著作,而是若干篇的文章合成的,其中有先后作的部分,一、二、三、七、八各卷是先作的,其余是后作的。*Oeconomica* 是伪书,其第一卷根据 *Politica* 的第一卷和 Xenophon 的 *Oeconomica* 写的,似乎是"书院"中第一代或第二代的弟子之作;其第二卷是些历史上关于经济制度的实例。*Atheniensium Respublica* 是真书,可惜只是希腊诸市邦(158个)政制论一书中的一部分。*De Rhetorica* 是真书,其第三卷曾一度被疑,后来证实不假。*De Rhetorica ad Alexandrum* 是假书,其内容有亚氏思想的成分,大家却认为是与他并世而稍早的安奈秦名尼(Anaximenes of Lampsacus)的作品。*De Poetica* 是真书,可惜只是片断的了。

亚氏这些著作,以哲学的观点论,最重要者是形上学、伦理学、政治学、名学,其次是心理学与自然哲学,再次是诗学等等。其中最通俗的,换句话说,读者最多的,是伦理学、政治学、诗学三种。

第三节 次序问题

次序问题的重要性并不太大,因为现存的亚氏著作几乎全部成于他晚年定论之后。从内容看,思想并无转变,从表面看,名词与文字莫不一致,可见这些书是在一个固定计划之下作的。所以我们讨论次序问题,只为逻辑上的关系,不为思想发展上的关系。

大致上看,亚氏全部著作表现着他的思想逐渐摆脱柏拉图的影响,由超越的理想界转到具体的事物界,相信宇宙万物的形式(form)或意义不能离开质料(matter)或事实而独存。

在亚氏现存的著作中,名学方面的最先做成,这正合乎逻辑，正是他著书的计划与方法，因为未提出他的思想体系之前，应当先把他的为学规则和条件昭示学者。至于名学各书本身，则有以下的次序：第一是 *Categoriae*；第二是 *Topica* 与 *De Sophisticis Elenchis*；第三是 *Analytica Priora* 与 *Analytica Posteriora*；第四是 *De Interpretatione*（这部书作得很晚，似乎还在心理学的书之后）。

其次是自然哲学方面的书，其次序如下：第一是 *Physica*；第二是 *De Caelo*；第三是 *De Generatione et Corruptione*；第四是 *Meteorologica*。

Metaphysica，很明显地，是自然哲学各书以后之作。前面曾说，此书各卷有先作后作的，因此很难断言全部成于何时，认为在自然哲学各书之后，大致不差。有人说，此书是游登没斯在亚氏死后很久编辑成的。

究竟在自然哲学各书以后，其次的是 *Historia Animalium*，或是 *De Anima*，这问题尚未解决。像 *Historia Animalium* 那样大部头的书，尽许比 *De Anima* 先作而后完。其他关于生物学与心理学的书都在这两部之后，至于作的次序，却不能确定，或者有些是同时写的，有些稍有先后。

伦理学的书和生物学、心理学的书孰先孰后，各学者的意见颇不一致。据著者看，似乎在后。

Politica 一书紧接伦理学书之后。158个希腊市邦的政制似乎是公元前329年至前326年之间搜集的，所以 *Atheniensium Respublica* 一书应当成于此时。

Politica 之后是 *Poetica*，*Poetica* 之后是 *Rhetorica*。

亚氏的著作生涯有三个时期，这三时期非但环境不同，而且思想有转变。前面既把他的著作的次序大概说过，现在再按各时期定其先后，似乎更明了些：

（一）求学时期（公元前367—前348年），这时期的作品几乎全是对话录，并且都失传了。

（二）出游时期（公元前348—前335年）：（甲）名学各书（除却 De Interpretatione）；（乙）Physica；（丙）De Caelo；（丁）De Generatione et Corruptione；（戊）De Anima 的第三卷；（己）Historia Animalium 最先属稿的部分；（庚）De Interpretatione；（辛）Metaphysica 的 A、Δ、K（头一部分）、V、N 各卷；（壬）Ethica Eudemia；（癸）Politica 的一至三、七各卷。

（三）讲学时期（公元前335—前323年）：（甲）Meteorologica；（乙）生物学与心理学各书；（丙）Ethica Nicomachea；（丁）Poetica；（戊）Rhetorica；（己）Atheniensium Respublica（本是希腊诸市邦政制论的一部分）；（庚）前一时期所属稿而未成的书；（辛）其他（今已失传）。

第三章　学说背景、渊源、性质、方法和分类

第一节　背景

提到亚氏学说的背景，我们应当注意三方面：

（一）种族方面。要了解亚氏的性格，不可忘记他是一个埃恩尼亚（Ionia）人。埃恩尼亚是希腊哲学的发源地，也是自然哲学的发源地，讲起西方科学的源流，最早要溯到这地方的米勒图士学派（Melisian School）。埃恩尼亚的民族性天然倾向于自然界的观察和研究。雅典的民族性大不相同，雅典人的兴趣倾向人事，在政治方面很有成绩，在自然哲学方面却毫无贡献。苏格拉底就是这种民族性的背景之下所产生的哲学家，他对自然界的研究厌之莫深，对米勒图士派的工作视为枉费时日。柏拉图是苏氏的弟子，他和苏氏不同之处在于曾经游历各地，多与外界潮流接触，眼光稍为放大，然而骨子里还是苏氏的精神，虽也谈谈宇宙万物，毕竟是换汤不换药。亚氏秉受埃恩尼亚民族遗传的性格，又学于柏氏门下，所以他的哲学是自然与人事、经验和理想混合的体系，自然的研究和实验的精神就是不占大部分，至少也居其半。

（二）家庭出身和社会关系。（甲）亚氏的家庭有两个特点：（1）先人累世业医；（2）父亲曾做马其顿朝廷的太医。医学在现代应用许多自然科学；古代自然科学尚未发达，没有大量资料供医学应用，

然而医学毕竟离不开观察和试验。亚氏出身于业医的家庭，自幼养成观察与试验的习惯，这便决定了他生平为学的态度和方向。他对于自然科学兴趣浓厚，在为学的方法上注重事实，都和他的家庭背景有关。太医的家庭是贵族的，他出身于贵族家庭，当然熏染了许多贵族的生活习惯和意识形态。（乙）他幼年随侍父母居于全盛时代马其顿帝国的都城，后来又做过亚历山大的师傅，长时期和帝王及贵官们往还；——在这种的社会关系中，思想上不免受了贵族的影响，他在社会科学（如政治、伦理等）方面的主张，都与此有关。

（三）学校教育。学校教育决定了亚氏生平为学的总方法，即求概念或找原理的方法。苏格拉底、柏拉图以前，希腊思想界偏重于自然方面的探讨，对自然现象做大胆的解释。苏格拉底反对前人探讨的方向，认为徒劳而无功；他的研究由自然转向人事，而只限于人事。他提出了求概念（concept）的方法，以此方法研究人事；在市井中聚徒讲学，讲学内容是伦理和政治等，求其基本概念，以为解决问题的标准。柏拉图正式设立讲学机关，名曰学院；他讲学也用求概念的方法，兼及自然，不限于人事，而稍偏于人事。亚氏曾肄业于柏氏的书院，继承了求概念的方法，而比较正确地运用此方法于自然、人事两方面，批判地接受前人的成绩，并发挥自己的创造性，以成其自然与人事不偏不倚的体系，而自然方面的研究成绩尤其超过前人远甚。

第二节　渊源

苏、柏二氏的主张在当时已成时代思潮的主流之一。前人的学说都经过他们批判和吸收，并重新估价一番。这方面的工作，亚氏可以不必做。他的处境与柏拉图不同，柏氏建立自己的体系以前，要先对一般常识上的见解下攻击，对当时流行的学说加以整理、批判，并重新估价。到了亚氏，他只需在柏氏的基础上向前进。大体上说，亚氏的学说渊源于柏氏；然而像他那样渊博的人，对于古代的学说，当然也接触到第一手的资料，不必完全通过柏拉图。所以讲亚氏学说的渊源，也要远溯到柏氏以前的学者，他在细节的问题上很受他们的影响。他每次讲学，对于他们的思想必先加以一番考察，其步骤如下：（一）看他们的问题何在；（二）指摘他们的错误；（三）解决他们的疑点；（四）指出他们的创见与贡献。亚氏继苏、柏二氏之传，哲学由苏到亚是一条线的发展，然而他们都是独立思想家，各有各的创见：苏氏发现概念，在哲学上开个新纪元，只是范围限于伦理；柏氏推广范围，人事、自然两界兼顾，为整个宇宙求概念，即所谓理型（或译为"意典"）；亚氏更加精细，把宇宙一切现象分为许多种类，划为若干区域，各就其种类或区域寻求概念，然后综合起来推求最高的概念。他在各区域内研究的结果成了各门科学，综合许多概念所发现的最高概念或原理成了形上学（亦称"神学"），谓之第一哲学（the first philosophy）。由此可见，他为科学奠好基础，为哲学划清范围，这是他的特殊贡献。

第三节　性质

关于亚氏学说的性质，有两方面值得注意：

（一）承继柏氏方面。要首先声明一句：所谓承继也者，并不像没出息的子孙承继祖产，自己不会经营，只是保守毋失。亚氏之承继柏氏，不但能消化所承继的部分，自己还加以创造性的发展。他深信对于宇宙一切现象必须求得概念才能成立知识，这是他消化所承继的部分。同时他感觉到柏氏的缺陷，缺陷在于未完成所应当完成的任务。当初苏格拉底见到求概念的必要，以为即此是知识的真正法门，然而他毕竟是草创者，胆量不大，所以只划人事一隅为研究范围。柏氏认为苏氏的研究范围太狭，想把求概念的工作推广到全宇宙，可是他的贡献止于发现宇宙一切都有概念（谓之"理型"）而已。然而求概念的原意在得知识，知识无非对于芸芸扰扰的现象加以解释，然则求概念就是要解释芸芸扰扰的现象。柏氏既知概念所能解释不仅人事一隅，能及宇宙一切，可是他只见到而已，不曾实际去做。亚氏觉得柏氏所应了而未了的事业在此，他便负起责任，实际以概念解释宇宙一切。即此便为科学开了门户，奠好基础。这就是他袭取了柏氏的领土，自己加以开拓的地方。

（二）自己创造方面。方才说，亚氏的贡献在于实际以概念解释宇宙一切。读者会问：究竟如何解释？此问题的答案可分两方面：（甲）方法方面。柏氏为学的方法是辩证法，其形式是问答，内容是分析与综合，其实就是雏形的归纳与演绎。亚氏把这方法发扬光大，蔚成专门的方法论，叫作逻辑。他认为逻辑方法要包括实地观察，才能有新发现。虽然因时代限制，不能多用现代科学家所常用的试验方法，不能在控制的条件（controlled condition）下汇集材料与事实（data and facts），只能于散漫的天然环境中观察，然而只此已为后世的科学方法奠了基础。（乙）内容方面。柏氏发现了宇宙万物都有概念，便把概念归于一个抽象的理型世界，与具体的事物界对立起来。亚氏不以为然，他认为概念的作用本在解释事物，柏氏把概念与事物隔开，就是取消概念的作用，对事物没有解释。于是乎他把概念拉回事物界，切实用来解释万事万物。他决不承认有独立自在、另成一界的理型，同时坚信宇宙万物必须以概念解释。他以为，有概念而无事物，概念是空虚的；有事物而无概念，事物是盲目的。这就是他的最大贡献，因其为科学求出路，为哲学找用途。

总观以上两点，可知亚氏的哲学一面是理性主义（rationalism），一面是经验主义（empiricism）。前者是他承继柏氏的部分，后者是他自己创造的部分。经验主义是他的手段，理性主义是他的目的。这是科学的真谛。科学家绝不闭门造车而求出门合辙，他一举一动都要根据经验所得的事实，并不玩弄没有事实根据的空洞的理性。有人以为科学只是叙述，不曾解释；其实这种看法错了，科学何尝不解释事物，不过只是分科地、片面地、初步地解释，不是综合地、全面地、最后地解释。

第四节　方法

读者看过前节便知：亚氏为学的方法是包括实地观察的逻辑方法。他的逻辑方法有承继柏氏的部分，有自己扩充的部分，扩充的部分就是实地观察。前节说过，柏氏的辩证法其实是具体而微的归纳与演绎。他讨论问题，必先举些日常生活的实例，并参考一般常识上的观点，然后按语言文字的习惯与规则来下结论，或成立某一类行为或事物的概念。亚氏也用此种方法，只是认为不大准确，不够完备，因此从事增修，增修的结果成立一门方法论。

至于他所增修的成绩，可分两方面来说：（一）关于演绎方面。柏氏的演绎只根据语言文字上的习惯与规则。亚氏认为，语言文字中有沿用的错误及其他简略疏漏之处，不能完全代表思想的程序；他潜心研究的结果，是发明了连珠法（即所谓"三段论法"），以及名学上其他种种形式与规则。这就成了真正的演绎法。（二）关于归纳方面。柏氏归纳所用的材料只是日常生活中的例子和一般常识上的观点。亚氏认为，日常生活所接触的事物毕竟有限，一般常识上的观点时常错误，不如专向森罗万象的自然界中找材料。于是他把已往的归纳法调个方向，为将来的归纳法开条新路；有他这一步的工作，才有后来培根（Francis Bacon）提倡的所谓新工具的归纳法，以及近代的科学方法。

亚氏虽然指出自然界的材料更丰富、更可靠，并且实地观察的工作也做到某种程度，然而他在这方面的成功，用现代的眼光看，毕竟有限。这不能怪他，因为他受时代限制，在他已经尽其能事。他的时代有两个阻力使他的成绩不如后世的科学：（一）积极方面的思潮；（二）消极方面的缺乏。所谓积极方面的思潮是柏氏的冥想和辩证的风气。当时实地观察的风气未开，亚氏是个首倡者，首倡者的成功往往不及继承者。所谓消极方面的缺乏是仪器的缺乏，他从事研究时，没有钟表却要计时间，没有寒暑表却要量热度，没有风雨表却要测气候，没有望远镜却要看天文，尽其所有只是一把尺、一个规和一两件极简单的工具！

第五节　分类

关于学说的分类，亚氏自己意见不大一致，他的著作不和他的分类完全相合。有时他把所有学问分两部分，理论（theoretical）部分和实践（practical）部分；有时又加上创造（productive）部分。他在另一地方把一切问题分为三种：（一）逻辑上的（logical）；（二）物理上的（physical）；（三）伦理上的（ethical）。第一种问题包括两部分，真正的逻辑问题和形上学的问题。这种分法几乎与柏氏的分法相同（参看拙著《柏拉图》），大概他当时受了柏氏的影响。

按前一个分法，理论部分包括物理学、数学、形上学（亚氏谓之"第一哲学"）或神学；实践部分包括伦理学、政治学；创造部分，他所发挥的（或所流传的）只有诗学和修辞学二门。所谓物理学，除物理学本门以外，还包括生物学、心理学等等；——总而言之，包括所有关于自然界的学问。至于名学与修辞学，则二者都是工具，不属于哲学本门；前者是全部哲学或一切学问的工具，后者是政治学的工具。他以修辞学为政治学的工具，大概是因袭当时一般社会的看法，以为辞令是政治舞台上的利器，政治家操此术可以折冲一切，而得政治上的胜利。当时所谓辩士（sophists，亦译"智者"）就是专门传授此术的人。

亚氏把哲学分为理论、实践、创造三部分，是因为各部分目的不同。广义上说，一切学问都离不开知识。然而狭义上说，理论部分目的在认识（cognition），以纯粹的知识为对象；实践部分目的在动作（action），以人类的行为（conduct）为对象；创造部分目的在造作，以有用或美丽的作品（useful or beautiful production）为对象。实践部分是伦理学与政治学的范围，创造部分是艺术的范围；两个范围却有相同之处，同处在于对象能变——人方面的行为能变，物方面的作品也能变。且听亚氏自己的话：

> 人性有两部分，理性部分与非理性部分。理性部分还可分，就说也分两部分：（一）与不变的事物发生关系者，（二）与变的事物发生关系者。外在的世界既有不同的对象，内在的人性便也有不同的部分与之相应；知识之所以可能，只因人性中有与外界对象相应的部分。且把前者称为思想部分，后者称为筹划部分……（Aristotle, *Ethica Nicomachea*, Ⅵ.1, 1139a 5-13）

> 变的事物包括（一）造成的物；（二）行出的事。造与行不同，所以造的本能与行的本能也不同，二者范围不相侵犯……一切艺术皆与"生成"之事有关，换句话说，艺术的职志在于考

究如何使可有可无者成有，此种可有可无者来源不在其自身，而在其创造者；从反面说，艺术与凡必须有以及自然有而来源在其自身者无干。（Aristotle, *Ethicc Nicomachea*, Ⅵ.4,1140a 1-16）

听了亚氏的话，可知他把哲学分成这三部分，乃因人性有此三种本性与之相应。他认为人性本有理性部分与非理性部分。非理性者不论，理性者又有两部分：思想部分（contemplative part）和筹划部分（calculative part），前者与不变的事物发生关系，后者与变的事物发生关系。变的事物有两种，一种是人所行的事，一种是人所造的物，因此人性也有两个不同的本能与此两种不同的对象相应，就是筹划部分所包括的行的本能与造的本能。

实践部分有伦理学与政治学，其实亚氏把伦理学看作政治学的一部分。他的政治学分两部分：论个人行为的和论国家行为的，前者是真正的伦理学，后者是通常所谓的政治学；他还把经济、战术、修辞等认为是政治学的附庸。柏拉图把政治学视为伦理学的一部分，他的伦理学分个人伦理与社会伦理，其实前者是伦理学，后者是政治学。表面上，似乎亚氏的看法恰和柏氏相反，实际上正是相同；——柏氏以伦理为纲来贯穿个人与社会，亚氏以政治为纲来贯穿个人与国家。无论如何，个人与社会国家离不开，国家社会的行为能左右个人的行为。

在后期的书院（later Peripatetics）内，大家即已公认，亚氏曾把哲学分为理论部分与实践部分，而后来的学者也是依亚氏的原意加上创造部分。然而有些哲学史家不信如此分法出于亚氏的本意，叙述亚氏的学说时，采用柏氏的三分法（也许是按亚氏的第二分法）：（一）名学与形上学；（二）物理学；（三）伦理学。——苏厄格勒尔（Schwegler）的哲学史就是如此。另有若干哲学史家以为亚氏所提出的分类既与自己著作的体系不相符合,而且他关于分类的意见各处也不一致,莫如依他的著作中所有的材料来叙述。著者很赞成这个办法,本书的编制大致如此。

第四章 学说导言

第一节 他的哲学认识

一、知识的概念

亚氏对于知识的概念，大致与柏氏相似。他以为：（一）在起源方面，知识起于惊疑。他所谓惊疑，只是人人所有的好奇心，非如柏氏之以灵魂回忆说为根据。（参看拙著《柏拉图》，第48—49、168—169页）（二）在对象方面，知识所接触是有常而必然的真理，非如幻想（fancy）或逞臆（opinion）之以无常而偶然的东西为对象。（三）在内容方面，知识包括概念，不包括未成概念的知觉，因为前者是普遍而不变的理，后者只是当前而倘来的事。（四）在功用方面，知识能解释，其所揭示是"为何"（why），非同知觉与朴素经验所揭示之止于"何"（what）而已。

二、广义的哲学

在柏氏心目中，唯有纯粹研究概念的学问才算哲学，所以他的哲学别称为理型（亦译"意典"）学，其他一切，如物理、生物……各门，他不认为是哲学的一部分。因此，他有寻常知与理性知之别，寻常知包括知觉与意见，理性知包括各门科学、哲学；而知觉、意见，与各门科学都是哲学的准备——所谓哲学底下各层的工夫。（参看拙著《柏拉图》，第 69—72 页）亚氏却不以为然，他把一切学问归入哲学范围，换句话说，凡已成知识（所谓知识有其特殊意义，看前目），或有成"知识"的可能性者，他都认为是哲学的一部分。这是所谓广义的哲学。

亚氏认为哲学范围如此之广，有他的理由：他以为哲学，目的在求知，功用在解释。求知，则何事何物不是知的对象？解释，则何事何物不可解释？莫轻视细微而无关紧要的一物，尽许有至理存乎其中，致知以穷其理，便成一门学问。

只因他把一切学问归入哲学范围，他对于哲学的对象与方法，不如柏氏苛求；对象不必都是不变有常的事物，方法无须尽合逻辑的要求。例如他讨论伦理问题时便说：

> 我们的讨论，能得相当确实的结论，也就够了，因为各种问题所能达的确实程度本不相同……讨论此等问题，从此等前提出发，所得真理虽然只是盖然而简略的，我们也应当满意……对性质不同的各种问题要求与其性质相当的确实结论，乃是学者的真正法门；对数学而容纳或然的推理，对修辞学而要求科学的论证，二者同是不通。（Aristotle, *Ethica Nicomachea*, I. 3, 1094b 12-28）

据他看，各门学问所发现的真理之确实程度本来不齐，伦理学与政治学所提供的真理只是相对的，然而都不失为哲学的一门。

亚氏对各类问题的这种分别暗合于后世确实的科学（exact science）与不确实的科学之分。他的分别以学问的对象变不变为标准，其对象不变者谓之理论哲学，其对象变者谓之实践哲学与创造哲学，前者是现代所谓确实的科学，后者是现代所谓不确实的科学。

他把物理学归于理论哲学，可见他不认为物理学的对象变幻无常，这是他与柏氏不同之处。

柏氏以为自然界只是一团糟，于其中找不出不变有常的秩序，所以他不肯在这方面努力研究（参看拙著《柏拉图》，第143—144页）；亚氏的看法与他相反，所以堪得称为自然科学的鼻祖。亚氏认为伦理学的对象能变，可见他对于人事的学问（伦理学）和自然的学问（物理学、生物学等）作平等观，不分高下。这又是他与柏氏不同之处。柏氏认为，自然界的对象变幻无常，人事界的对象不变，因此提高伦理学的地位，放在物理学之上。总而言之：希腊哲学，自从苏格拉底专讲人事以后，伦理部分就占超越的地位；柏氏继苏氏之传，虽然推广范围而兼顾到自然部分，其实仍以伦理为宿归；到亚氏，才把人事与自然置于同等地位——伦理学与物理学各成哲学的一门。对于人事与自然如此不偏不倚的看法有以促进对自然科学的研究，后世自然科学的发达应当归功于亚氏。复次，他把各门科学归于哲学之内，仿佛哲学是父母，各门科学是子女。如此办法，表面上似乎与后世科学独立的情况相反，实际上正能促使后世科学独立，因为刚刚萌芽的科学若不在哲学范围内研究，恐怕达不到能独立的地步，好比无父母而被遗弃的婴儿不能自己长大，哪有以成人的资格与父母分立门户之一日！因此，亚氏的哲学在西洋思想史上占前迈古人后开来者的地位。在他以前，科学不曾正式产生；在他手里，科学方才真正成立；在他以后，科学始能长足发展。

三、狭义的哲学

亚氏虽把各门科学归于哲学范围，其实他的体系中已经隐约有自然科学与社会科学之分。他发现有贯穿总摄诸科学的最高原理，研究此原理之学名曰第一哲学；其他学问为第二（他的物理学即有第二哲学之称）、第三等哲学。何谓最高原理之学？亚氏继苏、柏二氏之传，以为学问无非一束概念，概念就是原理，然则学问无非一束原理；原理分类便成各门学问。亚氏的体系，分为理论、实践、创造三类；三类再分为物理、生物、心理……各门；——都是从原理分类而成的。汇合各类的原理，用归纳法和演绎法所求得总摄一切原理的原理，谓之最高原理。关于最高原理的学问名曰最高原理之学或第一哲学，其实是通常所谓哲学；从他的整个体系看，应称为狭义的哲学。

亚氏以哲学为最高原理之学，与柏氏之以哲学为一切知识的顶层，其精神正同。所以亚氏的学说，除科学部分为柏氏所缺者外，哲学（狭义的，在亚氏就是形上学）方面与柏氏的道路相同。柏氏把哲学建筑在寻常知与理性知之上，亚氏把哲学建筑在各门科学之上；他们同是开现代所谓"科学的形上学"（scientific metaphysics）之先路。（以上请参看拙著《柏拉图》，第67—72页）下面再把他们对于哲学（柏氏谓之理型［亦译"意典"］学或辩证学，亚氏谓之第一哲学或最高原理之学）的看法详细比较一下：

同的方面：（一）对象。哲学之对象是纯有（being as such），一切存在之共同义蕴（the universal essence of all realities）。（二）工作。哲学是追求事物的根底，目的在于达到万事万物背后普遍而终极的根据与原因。（三）地位。哲学的地位在一切学问之上，是一切学问的总汇。（四）功用。哲学的功用在于为人生求最高、至善的境界。他们对哲学存在如此看法，哲学家在他们心目中简直成了无所不知的人，其知识是一切学问的荟萃。

异的方面：（一）内容。柏氏把知与行合而为一；亚氏把知与行分开，哲学在他单从理论出发，与实践无干。(二)材料。柏氏所用材料限于纯粹概念，他的哲学只讲一大堆抽象的理型之分合聚散；亚氏所用的材料是具体的事物，他所谓最高原理可以还原到事物，其实是从事物得来。

再把亚氏所谓第一哲学和他的体系中其余部分比较，我们更能清楚地了解他：(一)与实践部分和创造部分的分别。(甲)实践和创造的动作，目标不在动作本身，而在动作所致之果；例如伦理上的动作，目标在其所发现行为的规范（norm of conduct），艺术上的动作，目标在其作品。哲学上的动作却不然，哲学上的动作是思想，思想的目标就在思想，并不在思想以外的另一事物。(乙)哲学是纯粹思想的事，与情感（emotion）、感觉（feeling）——所谓人性中非理性部分（the irrational part of the soul）——无干。实践、创造两部分的学问与情感、感觉发生密切关系；艺术之不能脱离感觉固不待言，至于伦理，则亦无以逃于情欲等问题。(二)与物理学和数学的分别。物理学的对象是有形体而能变者，因其对象全是形下事物，形下事物没有无形体而不变者。数学的对象不变，然而有形体，例如几何图形，虽永不变，却是有形体。唯有哲学的对象不变而无形，因最高原理万古不变，而且无形。

第二节　他的哲学的出发点

一、材料上的出发点

亚氏为学的旨趣与柏氏相同：柏氏为学目的在求概念，亚氏也是如此；柏氏的概念成了万事万物的模型，亚氏的概念成了各门科学的原理。——虽然程度上有精粗深浅之别，总归想为人类发明一

种把捉宇宙现象的工具。(参看拙著《柏拉图》,第140—141页)

然而旨趣尽管相同,出发点却不一致。"柏氏理型的成立,并不全用即异求同的方法,就各个不同的事物,求其相通处,立为普遍概念;换句话说,与其说他是'即物穷理',毋宁说他是'即思成意'。"(拙著《柏拉图》,第36页)再换句话说,理型之成立,大半由于武断。亚氏则不然,他不从思想出发,而从事物出发。他以为柏氏太偏重思想,因此理型自成一界,结果流于二元论(dualism)。

在柏氏,具体事物不值一顾;在亚氏,具体事实正是研究的对象。亚氏认为,无事物为对象的思想不能成知识,因知识无非对事物的解释。不顾事物,谈何解释?据他看,思想不能凌空,必须凭于事物;有事物,思想才有着落。思想好比生机,事物好比食料,食料遇生机而长成筋骨血肉;有思想而缺事物,思想无所施其技,有事物而缺思想,事物茫无指归,二者相辅相成,不可畸重畸轻。

总而言之,亚氏的出发点与柏氏相反:柏氏求概念从概念出发,必要时以事物勘校概念,以察概念之诚妄;亚氏求概念从事物出发,概念得自事物,再以概念解释事物。他们在出发点上背道而驰,一部分原因在于个性不同:柏氏性情热烈,善于冥思幻想,结果思想近于艺术,文章含有诗意,方法兼重直观(参看拙著《柏拉图》,第40—41页),体系带些神秘色彩。亚氏头脑冷静,长于观察分析,结果思想近于科学,文章偏于写实,方法专重理性,系统夹着经验主义。

二、方法上的出发点

亚氏既从具体事物出发,当然要由分析入手,就是,首先对事物加以分析,然后综合分析所得的结果而成概念与原理。分析是归纳的关键,综合是演绎的关键,亚氏由分析而综合,就是先归纳后演绎。至于柏氏,他的理型之成立既然大半出于武断,所以不由分析入手,首先就是综合,必须参证事物时,才来分析,因此他是先演绎后归纳。

读者看过前章第四节,知道亚氏的为学方法,除却承继柏氏而加以扩充的逻辑,自己又发明了实地观察的方法。他每次研究问题,必先观察具体事物,然后进而分析,再进而综合以求结论。彻底说,亚氏在方法上的出发点是观察,这是他自己的创获。

第三节 他的哲学的归宿点

一、科学的成立

希腊哲学,从泰里士(Thales)起,便对自然界发生兴趣,思想家们各有各的研究,对于宇宙的来源归宿、前因后果,一一探讨过。然而他们的方法简陋,成绩幼稚,对于宇宙的种种解释大部分等于瞎猜。于是有一班人出来推翻他们的东西,为之太过,便把整个知识的可能性也取消了。这班人在哲学史上称为"辩士"。

苏格拉底应运而起,希腊哲学便转个方向,他的主张有两方面:(一)与辩士们一致,认为前人对宇宙瞎猜是不对的,是毫无结果的;(二)与辩士们相反,认为知识可能,知识有出路,有标准。第一主张使他在人事方面努力,第二主张使他向抽象世界找出路;二者融合起来,便成他的根本主张,就是求伦理界的概念。他的出发点在此,他的哲学奠基于此。

柏拉图承继苏格拉底,而放弃他的第一主张,接受并强调他的第二主张。融合二者,提出自己的主张,就是,求宇宙万事万物的概念。强调苏氏第二主张的结果,是他的系统成了概念独立论。苏氏以前的思想家专在具体世界摸索，柏拉图专在抽象世界玄谈，总而言之，科学无从产生。

亚氏首先辨明前人的长处短处，以为：（一）苏氏以前的思想家在具体世界摸索是对的，瞎猜是不对的；（二）苏氏指出概念的路是对的，求概念只限人事一隅是不对的；（三）柏氏想为宇宙一切求概念是对的，偏重抽象而畸轻具体却是大错特错。于是他遍采前人的长处，切实用求概念的方法（采自苏氏），在自然界中（按苏氏以前哲学家的办法），求万事万物的概念（走柏氏所指点而不曾迈进的路）；——这样，科学便产生了。在内容方面，把所得概念分门别类，组成系统，立为专科；在工具方面，创造名词，发明方法；——这样，科学便成立了。

二、哲学的成立

亚氏在消极方面，反对柏氏概念自在之说，在积极方面，主张概念存于实物，共同寓于殊事；这样，便重建了形下世界，科学也成立了。非但科学成立，哲学也成立。苏格拉底以前，哲学尚无固定方向，不曾纳入正轨。苏氏指出概念方向，可谓开了哲学的门径，然而只走了一半的路，因其只划人事一隅为研究对象。柏氏晓得万事万物都有理型（即"概念"），可谓望见苏氏所未走的路，然而不曾实际去走。亚氏不但认路，而且走得很远。他的哲学是根据科学所构成的形上学，中间自17世纪洛克（Locke）提出认识的问题，18世纪康德（Kant）正式成立认识论以后，曾经失势一时。现代科学大昌明，又有一班哲学家起来用科学的结果建立形上学。现代的哲学大致都走这条路，其实这条路是亚氏所开辟，而且走到相当程度的。柏氏对于这条路的发现不为无功，他的哲学也应当归入这一

类，只是具体而微。（参看拙著《柏拉图》，第 68—69 页）

在柏氏，理型总是超越的，事物总不能分得理型的全部内蕴，理型的内蕴总不会完全表现于事物。在亚氏，概念或原理不是超越而自在的，事物所表现的原理亦非一发而尽，乃是逐渐发现的。据他看，这是宇宙的本态，他用潜能和现实两观念看整个宇宙，以为合古往今来，统四方上下，只潜能、现实两原理足以解释一切；——自然界之生灭存亡是潜能与现实的作用，人事界之兴衰隆替也是潜能与现实的作用。依此看法，宇宙有进化，叙述并解释宇宙现象的种种学问也有进化。亚氏认为，科学和哲学都能随时进步，而且进步无穷，因为宇宙由潜能到现实的路程永无止境。关于此点，亚氏的见解与柏氏很相似。（参看拙著《柏拉图》，第 66—67、77—78 页）

第四节　他的哲学的特征

一、思想与经验

关于经验，亚氏和柏氏的看法很分歧。柏氏摒经验于哲学之外，以为经验的内容无非变幻无常的知觉，为哲学所不容者。经验唯一用处只在消极方面，经验上的种种矛盾有时能刺激思想，使其因不满于形下的现象而追求形上的本体。（参看拙著《柏拉图》，第 69—71 页）在亚氏，经验却有积极的功用，能做思想的材料。思想没有经验不能自起作用，思想的功能只是把经验加以整理、综合。因此，经验在亚氏的体系中，较占重要地位。他以经验为概念的根源和原理的基础。他有一句名言，就是"共理寓于殊事"（universal in the particular）；概念或原理是共理，经验是殊事。这个前提既定，他的学说，科学方面直接从经验找原理，哲学方面间接从经验找原理；他的哲学上的概念是从科学原理推演而得的更高原理。

亚氏注重当前的经验，也注重历史的经验。例如他的《形上学》第一卷便是叙述并批评前人的哲学，《政治学》第一卷便是叙述并批评前代的政制，然后才发表自己的意见，提出自己的学说。

最后要注意一点：亚氏之注重经验，并不是看轻思想，在他，经验是思想的质料（matter），思想是经验的形式（form），两方面的条件齐备，知识才能成立。这一点是亚氏的特色，也是他和柏氏分立门户之处。他可谓历史上第一人兼顾这两方面而丝毫不偏不倚；唯有如此，科学才会从他产生。

二、概念与事物

亚氏最反对柏氏把概念与事物分开。他想改造柏氏的形上学，把柏氏的二元论化成一元论，这是他的哲学的关键。

亚氏反对柏氏的理由有以下几点：（一）理型既处超越地位，便与事物无干，不曾解释事物。（二）事物界之上加一理型界，问题愈益复杂，毫无好处。（三）理型若不寄托于事物，便无以见其存在，不能知其性质，更谈不上以理型解释事物。

然而亚氏只反对柏氏的二元论，并不全部推翻他的理型论。在他，理型是要的，只是应在事物中求之，不能自成一界，要能切实解释事物。因此，亚氏还是要求概念，要找原理，然而概念和原理从事物得来，不能离事物而存在，其功用在于解释事物。

亚氏这种主张支配他为学的态度：（一）在自然科学方面，一反柏氏的看法，不偏重数学与天文，而转移其兴趣于物理、生物、心理各门。如此转移表示回到形下世界的趋势。（二）在社会科学方面，不取柏氏预立标准的办法。他讲伦理，注重行为的习惯；讲政治，注重各时各地的制度；先搜集习惯与制度上的材料，然后归纳出若干原理，作为伦理与政治的范畴。

三、个物与存在

柏氏以理型为真，事物为幻；在他眼里，理型是存在（reality），事物是幻相。亚氏既不赞成理型与事物分立，又主张在事物中求概念，他心目中的存在就是事物。存在统称曰"事物"，单举曰"个物"。他所谓个物包含两部分：概念和物质；概念谓之形式（form），物质谓之质料（matter）。形式和质料在个物上有即即不离的关系。

个物是一切学问的对象。大致上说，所有学问都求形式，科学上的原理与规律是科学所求的形式，哲学上的概念与范畴是哲学所求的形式。各门学问所求的形式有距离质料较近较远的不同；例如物理、化学所求的形式离质料近，数学所求的形式离质料较远，哲学所求的形式离质料更远。现在有一班人攻击哲学，以为哲学太玄虚，不切实际；其实他们所谓玄虚，所谓不切实际，只因哲学所求的形式离质料最远。殊不知一切学问都求形式，只要直接或间接根据资料，不是凭空臆造，就可以了。哲学上的形式是间接根据质料所求得，有何不可？这是一层。并且人类文化愈进步，学问愈趋于抽象，用亚氏的话，就是所求的形式离质料愈远；现在最发达的科学，如天文、物理，大量用数学，与数学日益接近，即此之故。若嫌哲学玄虚，为什么不进一步嫌数学玄虚，再进一步嫌天文、物理玄虚……推到极端，嫌一切学问玄虚，反于初民无识无知的境界？这是进一层。

前段说些不大切题的话，不过当哲学如此倒霉的时候，这话也值得一说，现在回到本题。亚氏心目中的宇宙有进化，他所谓个物是"日新月异而岁不同"的。在进化历程中，质料与形式有高低，其所合成的个物也有巨细。高低巨细由于潜能与现实逐步演进。例如泥是质料，砖的模型是形式，二者相合成砖，便是个物；进一步，砖又成了质料，屋的模型是形式，二者相合成屋，便是个物；如此类推，且见个物不断成为质料，不断加上形式，而新的个物层出无穷；——宇宙是如此演成的。个物无论巨细，都是研究的对象，都有形式存于其中；形式不论高低，都是学问所求的。苏氏求概念，柏氏求理型，亚氏求形式，乃至今日科学求规律，只是一回事，所不同者程度而已。吾儒所谓"格物穷理"，用亚氏的话，就是在个物中求形式；用近世科学的术语，物是作为研究资料（data）的事物，"格"字包括分析、综合、归纳、演绎等方法，"理"是原理规律之类。当日吾儒固然不能做到如近世科学的程度，大势总是如此。

亚氏以个物为存在，这点在他的体系中成绝大关键：（一）以个物为存在，才恢复了自然界的价值；恢复了自然界的价值，科学才能产生。（二）以个物为存在，则形式与质料都在个物中，如此才取消了柏氏的二元论，成他自己的一元哲学（著者按：他的哲学是形上学，也只是形上学）。亚氏如此主张可谓前迈古人，后开来者。苏氏以前的哲学家在自然界中找万事万物的原素，可谓承认个物为存在，然而他们还不知道求抽象的原理（参看拙著《柏拉图》，第87—88页）；苏、柏二氏知道求抽象的原理，只因反对前人，特地轻视个物，不承认个物为存在；亚氏取中庸之道，承认个物为存在，同时又晓得求抽象的原理，原理即在个物中求之；——他前迈古人处在此，后开来者处也在此，因其为后世一切学问指出道路。

四、潜能与现实

亚氏认为宇宙万物各有形式与质料。形式、质料如何相合而成个物？此问题引起潜能与现实的发现。个物之所以形成，是质料由潜能到现实的作用。此作用是发展的原理，此原理是动的原理。宇宙万物莫不动，动而发展，发展而由潜能到现实。

形式与质料都不能独自存在，二者合而成个物，个物才是存在。就个物说，理不能自在，物不能徒存，理必缘物而见，物必依理而存。物皆有理，有理之物才是知识的对象，换句话说，知物要通过其理。

由潜能到现实是必然的发展，也是有目的的（teleological）发展。怎么说呢？潜是潜伏，能是可能。所潜伏者是发展为某物的可能性，此可能性实现而成某物，便是潜能发展为现实。某物形成之先，其质料已具其所宜有而应有的形式之可能性，此形式是某物的质料所可能达到的目的。此目的尚在潜能中，目的达到，便是某物的质料与形式合而某物成；某物成，便是目的由潜能转为现实。某物的质料与形式彼此相宜，相宜者应相合，故某物必成为某物，其由潜能到现实是必然的发展。此必然的发展也是有目的的发展，因某物的质料与形式未合而成某物之前，其形式已预悬为与其质料宜合应合而成某物的目的。

亚氏的体系，从静的方面看，个物等于存在是绝大关键，这一点已见于前目；再从动的方面看，潜能与现实的原理，也是绝大关键。例如在形上学范围，整个存在——宇宙——是无数个物由潜能到现实所形成；在物理学范围，各现象是由潜能到现实的表现；在心理学范围，人格是生理、心理等状态由潜能发展到现实的结果；如此类推，潜能与现实的原理无处行不通。

亚氏潜能与现实的原理，乍看似乎与近世进化论的原理相同，其实不然：（一）亚氏所谓由潜能到现实的发展有预定的目的；进化论的进行不讲目的，换句话说，不抱哲学上的目的观，而微带科学上的机械观。（二）亚氏所谓发展只是个物的发展，不是种类的发展。例如由精虫到细胞，由细胞到小猿，由小猿到大猿，这几个阶段是亚氏所谓潜能与现实的原理之下所容许的发展；至于由猿到人之种类的发展是亚氏所不许，却是进化论所谓进化，换句话说，亚氏所谓发展是一事一物达于宜达应达之境，他认为由猿到人不是猿所宜达应达之境，所以是不可能的。（三）希腊哲学从苏格拉底以后，伦理成了中心问题，亚氏本想突破伦理的范围，然而不知不觉中仍受拘束；他讲潜能与现实的原理时，便有受伦理观念拘束的痕迹：潜能的境界是质料，现实的境界是形式，形式是质料所趋向的目的，此目的是至当、最宜、极完备、极美满的标准——如此，便带着伦理的意味。进化论的进化之由一阶段进到另一阶段，后一阶段不是前一阶段的目的，没有伦理的意味，换句话说，无所谓至当、最宜、极完备、极美满的目标。

第五章　名学

第一节　绪论

一、名字的名称与源流

亚里士多德早就被称为名学的创始者,然而"名学"(logic)一名他本人不曾用过,首先用此名者是薛塞尔鲁。亚氏称这门学问为分析学(analytics)。分析也者,是分析思想的过程,而求其原素。他所发现的思想原素,如连珠推论(syllogism)、连珠推论中的词(proposition)、词中的端(term)等等便是。

论名学的源流,要溯到苏格拉底和柏拉图。苏氏发明求概念的方法,柏氏发明概念分类立别的方法(method of division and classification),亚氏则吸收他们的成绩而创造一门独立的方法论。他的贡献有两方面:(一)在一般思想方面,发明连珠论法,同时把思想的原素考察一番;(二)在为学方法方面,立定论证(demonstration)的规则和界说(definition)的标准。

亚氏的名学就是现在所谓的形式逻辑(formal logic)。这门学问在亚氏手里已经完成,所以康德说,亚氏以后,名学不曾进一步,也不曾退一步;后一世纪,苏厄格勒尔又说,如今的形式名学比亚氏的名学只进了两步;在连珠论法方面加上第四格式(the fourth figure),在词方面加上设言的(hypothetical)与析言的

（disjunctive）两种，如此而已。

二、名学在他的体系中的地位

亚氏的名学虽是独立的方法论，在他的体系中却不占专门学问的地位。他只把名学当作一切学问的准备，认为做学问必先讲究名学，才不至于走入迷途，而枉费工夫。他曾说：

> 到如今还在讨论真理的条件，只显其平时缺乏名学训练。研究专门学问之前，这方面的问题应当早已熟悉，不能等到做此等研究时才下工夫。（Aristotle, *Metaphysica*, BRC. 3, 1005b 2-4）

亚氏门徒编辑他的著作时，把关于名学的书统称曰"工具"（organon），就是本于上述的思想。他自己称名学为"分析学"，仿佛是分析一切思想而成专门学问，其实不尽然，他并不想就思想本身做全面的研究。他所注意只是思想在学术上的作用："什么是合理论证？""如何才有新发现？"——这些问题是他的中心问题。

三、名学书的各部分及其问题

编纂者把亚氏关于名学的著作汇集一起，统称曰工具；《工具》一书包含五部，各有各的问题：（一）*Categoriae*，讨论概念，也讲本体论方面的范畴问题。（二）*De Interpretatione*，讨论表达思想的语言及其部分，如句、词等等。（三）两个 *Analytica*。*Analytica Priora* 就形式方面讨论一般思想的结构与格式（即连珠论法及其形式），所以这一部分的名学称为"形式名学"或"一贯名学"（logic of consistency）；*Analytica Posteriora* 讲合理思想的条件，认为合理思想要有合理内容，只有一贯形式的思想未必是合理的思想，所以这一部分的名学称为"真理名学"（logic of truth）。（四）*Topica*，讨论辩证法。（五）*De Sophisticis Elenchis*，讨论辩士们错误的辩证。以上两部所讲是关于形式一贯而内容错误的思想。

亚氏名学的中心问题在于连珠论法与合理论证（scientific demonstration），其余问题则因中心问题而牵连到。因讲连珠论法而讲词，因讲词而论端；这是形式方面的研究。另一方面，由论证讲界说，由界说讲概念，由概念讲范畴；这是内容方面的研究。他的问题发生的次序大致如此。

四、名学及其相关的学问

有三门学问往往和名学界限分不清，这三门是文法学（science of grammar）、心理学、形上学。亚氏把名学和这三门分清界限如下：名学与文法学不同，在于文法学专研究有关语言的一些问题，名学研究语言所表达的思想。名学与心理学不同，在于不就思想本身研究思想以求其自然发展的痕迹，名学在真理立场研究思想以视获得真理达何程度。名学与形上学不同，在于不把思想看作物性本身，只把思想看作把握物性的工具。

但是名学与形上学关系密切，亚氏虽不曾直接说明，可从以下三点间接看出：（一）他曾把形上学问题与真正名学问题统归一类，谓之"名学上的问题"（参看本部分第三章第五节第一段下半）。（二）他讲形上学时，充分发挥（在 *Metaphysica* Bk. Γ）名学矛盾律与排中律，二律成了名学和形上学的公共前提。（三）他在名学与形上学书上都讨论范畴问题（*Metaphysica* Bk. Δ），可见此问题是名学和形上学的公共问题。

五、名学的功能与范围

前面说过，亚氏名学的中心问题在于连珠论法和合理论证，由此可见，他的名学的功能（function）在于用连珠推论表达真理，证明真理。然而连珠推论的大原（major premise）非从连珠推论得来，另有来源，就是归纳法；因此他的名学，除了演绎部分（即连珠论法），还讨论些归纳法问题。由是可知，归纳法并不是16世纪培根所发明。大家因培根曾攻击亚氏的演绎名学，特地提倡归纳法，便误认归纳法为培根所首创，其实至多只能说，亚氏的归纳法具体而微，经培根提倡而益臻完备。

向来哲学家对于名学有两种不同的看法：（一）以为名学的工作是纯抽象的工作，从思想中抽出形式部分为研究对象；换句话说，以为名学只研究思想的形式，不管思想的对象。这样的名学真不虚称为"形式的"。（二）反对名学上狭义的形式性；以为名学虽以思想的形式为对象，然而思想必有对象，名学不能不顾思想的对象。思想的对象是事物，名学既不能不顾思想的对象，便不能置事物于度外。例如周塞夫说：

讲名学者仅从事于思想的空壳而不管物性如何，其工作难免落空！不错，我们尽可把思想和所想的事物分开，然而研究思想，不能不问所想是什么。一切思想无非以此想彼，以彼想此；欲知思想是什么，须问此是什么，彼是什么；否则我们的研究等于子虚。心官的动作无从分晓，倘置其对象于度外。譬如要明白欲望是什么，必须知道何物可欲可望；有人说欲望是求快乐，果然如此，能否不顾快乐为何而了解欲望？同样，我们不能不顾一般思想的对象而了解思想。由此看来，名学，唯其研究对物的思想，必须从事于有关一般物性的问题。（Joseph, *An Introduction to Logic*, p. 12）

第一看法发展为形式主义的名学。第二看法推到极端，名学便并吞了形上学，非但如此，还占领了认识论，现代名学大家如柏烈德来（Bradley）和卜桑开（Bosanquet）便是如此。

这两种看法，在亚氏的名学书上俱见端倪。亚氏似乎稍为倾向于第二看法：他讲名学时，也讲思想的对象，于是有范畴之说；非但如此，思想和对象接触，必有经过的程序，因此又发生认识问题，此问题他也讨论过。他却不趋于极端，不曾以名学兼并形上学；他并没有独立的认识论，认识问题只附于名学上讲，然而也不是以名学兼并认识论。

六、名学在学术上的应用

学问非他，只是说明宇宙现象。不是胡乱说明，乃是有条理地说明；因此，一门学问成立，必先在其对象范围以内，找出基本原理，根据基本原理做说明工作。所说明者往往是一门学问范围内的个别现象，而所依据以说明者却是这门学问范围内一切现象的公共原理。例如苹果坠地是物理学范围内的个别现象，而地心吸力是整门物理学的基本原理之一，可为说明许多物理现象的根据。

根据前段的话，可见一门学问有两方面的工作：（一）公共原理的成立；（二）特殊事物的说明。前者是由下而上、由散而总的工作，后者是由上而下、由总而散的工作。前者以具体的、个别的事物为起点，以抽象的、公共的原理为终点；后者以抽象的、公共的原理为起点，以具体的、个别的事物为终点。前者是归纳的事，后者是演绎的事。这是名学两种方法在学术上的应用，也是最大而且最重要的应用。至于界说的成立、概念的确定，以及诸如此类较小的问题，处处都要应用名学。

第二节　认识的历程

一、问题的产生

亚氏名学的中心在于研究思想的形式。然而，他既认为宇宙间没有有形式而无质料的东西，思想当然也有质料；思想的质料就是思想的对象，于是研究名学不得不谈到思想的对象。此中有待决的问题，就是：思想的形式如何加于对象？换句话说，二者怎样撮合？这就发生了认识问题。此问题的中心不在思想的形式，也不在思想的对象，乃在介于二者之间的一段，即二者彼此间的关系；说明其关系就是说明二者如何撮合而成知识。

二、知识的可能

希腊一般学者，至少苏柏一派，主张人性包含一种固有的知识，此种知识是一切知识的基础，其他更深、更广的知识都由此种知识发扬光大而来。这个主张成了知识问题上先入为主的前提，此前提引起当时思想家的困难，就是关于一切知识或学问的可能性的问题。关于知识的可能，只有两条路：（一）知识有先天的部分，一切知识皆从此先天的部分推演而来；（二）知识全是后天的，一概从外界得来。由前之说，则与事实不符，由后之说，又与前提冲突；——希腊一般思想家的困难即在于此。为解决此困难，柏拉图创造一种学说，谓之灵魂回忆说（Doctrine of Anamnesis，参看拙著《柏拉图》，第168—170页）。

亚氏反对柏氏的灵魂回忆说，因为：（一）此说的前提是灵魂预在说（Doctrine of the Pre-existence of Soul），灵魂预在说是他所否认的；（二）人性若含有先天的知识，何以自己不觉得，却等待外来的刺激唤醒（柏氏之说如此）？知识之为言，知也、识也，有知识而不知不识，这岂不是矛盾？于是他另提出解决困难的方法，就是潜能现实之说（Doctrine of Potentiality and Actuality）。他说，人类思想的本能中原有知识的可能性——可能的知识的可能性；此种可能性谓之知识的潜能。此处要注意：可能只是可而已，潜能只是潜而已，能的作用尚未表现，换句话说，知识尚未产生，经过许多程序，可能变成既能，潜能转到现实，知识方才成立。

知识的可能性既是人心所固有，则知识历程中最初一步的知觉，通常视为被动，其实也是自动的。知觉的产生，一面由于外界的刺激，一面由于内心的能觉性；内心的能觉性就是所谓潜能。同样，较为纯粹的思想虽不能凭空构造，必须有其相当的对象，却也不能没有自动力，其自动力比知觉的自动力更大。有一点切莫误会：知识的潜能并不等于知识，只是知识的基础，好比房屋的地基，当然不能把地基当作房屋。

总之，亚氏关于知识可能性的看法有两点最重要：第一，是方才所说的，知识的潜能不是知识。不是的原因在于缺乏内容。知识的潜能可以说是形式，外界的刺激可以说是质料，一切知识都是形式与质料揉合之后的一种现实境界。潜能中知识的可能性和柏氏所谓迷忘的知识大不相同，现实中的知识和柏氏所谓回忆的知识迥然二物。这一点分清，便见得亚氏反对先天意念说（Doctrine of Innate Ideas）。第二，知识的可能性非由外铄。外来的刺激虽多，若无潜能去接受，知识无从产生。虽有质料，若无形式加以整理、统摄，则不能成"物"；知识也是万物之一（抽象的物），当然不能例外。由此可见，亚氏并不是一个纯粹经验论者。

三、知识的限制

知识非他，是对于宇宙万物的解释；其功用除却满足好奇心之外，还有利用厚生之效。知识有两个重要条件：（一）对象方面，知识只容纳把捉得住的事物；（二）性质方面，知识必是可以传递的。知识的工具是思想，思想的伎俩无非提纲挈领、分类立别。凡可提纲挈领、分类立别者必带公共性质；凡可传递者必须是带公共性质者。譬如思想研究一堆桌子，首先要以形状、木料、颜色等纲领提挈那些乱杂无章的桌子，将其分出种类；至于某张桌子所独有而无关紧要的特点，可以不顾，因为：（一）如此独一无二的特点，若一一顾到，必至顾不胜顾；（二）顾到也无用，既是独一无二的特点，便无须传递，因其与利用厚生的目的无关。传递的作用在于把一部分人的经验分给他人，使大家在积极方面，能以曲制全、以往逆来；在消极方面，能避免重蹈前人的覆辙。独一无二而不关紧要的特点，虽好，我们不能得其益处，因其不会重见；虽坏，我们不怕受害，也因其不会重见。据此理由，可见宇宙间绝对特殊的事物不在知识范围之内。这是一点。

绝对普遍者也不在知识范围之内。绝对普遍者是一切知识的第一原理（the first principle），第一原理是最后、最根本的假定，只好信赖，无法证明，一切知识由之出发。第一原理若求证明，知识必须另找出发点；如此类推，将至无穷，知识必至永无出发点，无出发点则知识不能成立。所以知识上的第一原理是知识的起点，不是知识的一部分，因其不可证，而知识本身却可证，非但可证，而且须证，否则不成知识。

总结以上两段的话，可见知识有两个限制：绝对特殊的事物和绝对普遍的原理，知识的能力之所及只是介于二者之间的一段。

四、知识的性质

前文提过，知识有两个要件：（一）对象方面，只容纳把捉得住的事物；（二）性质方面，必是可以传递的。这两个条件决定了整个知识的性质，换句话说，对于"知识是什么？"的问题，可以从这两个条件推出答案。

知识只容纳些把捉得住的事物，所以只和事物的内蕴（essence of things）发生关系。内蕴非他，是事物的共同性质（universal properties）。唯有事物的内蕴把捉得住，因其是事物的常性；偶性（accident）便把捉不住。譬如说一张桌子什么形状、什么颜色，人人都听得懂，因为形状和颜色是桌的常性，非有不可，无时无之；若说此桌的某只脚有个什么奇怪的东西，就未必人人都懂，因其只是桌的偶性，可有可无，时有时无。常性在事物上是同一的。例如圆形，在一切桌上同是那个圆形；至于偶性，则此桌所有和彼桌所有不会相同，所以把捉不住。

知识必是可以传递的，所以又和事物的因发生关系。传递的目的在于把一部分人的经验分给他人，以收利用厚生之效。欲得此效，须能以往逆来，以曲概全。以往在某条件下得某益或某害，便知如今在此条件下必得此益或此害，而求其所以趋避取舍；两次抓炭烫手，便知十次、百次，乃至无数次抓炭必也烫手，而设法避免抓炭。以往逆来、以曲制全的功效，关键在于知事物的因。知某果出于某因，则欲得某果，须设某因；不欲得某果，务去某因。如此，则情形简单，对于宇宙间的事物便有把握。

五、知识的程序

整个知识有以下各层：（一）知觉（perception）；（二）记忆（memory）；（三）经验（experience）；（四）学术（science and art）；（五）最高或最普遍的原理（the highest or the most universal principles of all）。这个次序是知识产生和发展的次序，与名学上的次序（logical order）相反，这个次序倒转一下，便是知识在名学上的次序。在名学上，最高原理的认识最先，个别事物的觉察最后；在知识产生和发展的次序上，却是先有个别事物的觉察，后有最高原理的认识，因为最高原理是以抽象的能力从个别事物中所发现的。凡在名学上居先者（原则［principle］或共理［universal］之类），实际上更确实（more certain）、更明白（more knowable），然而在认识的程序上，显得不如在名学上居后者（个别事实之类）之确实、明白，因为原则或共理之类离官觉最远，在认识的程序上，近于官觉的个别事物却显得确实、明白。

一切知识的第一步必是知觉。知觉供给原料，没有原料，知识不能成立，好比无毛线织不出衣服。这是就一般的知识说。若论学术，则无论哪一门，都有其原理或规律。原理规律是以归纳法从个别事物中所求得。对于个别事物的觉察就是知觉。归纳法以知觉为材料，原理规律得自归纳法，而学术成于原理规律；由是可知，学术的基础建筑在知觉上。

若对于个别事物随觉随忘，换句话说，知觉若不能保留，知识也无从产生。禽兽之无知识，或其知识之简单，都由于它们的知觉不能保留，或保留得不多、不久。人的知觉能保留，保留得既多且久。知觉的保留谓之记忆，记忆是人类知识的绝大关键。知识是一种内心的构造：一则通过知觉取得外来的材料；再则以记忆力积累外来的材料；三则以创造力对于所积累的材料加工。

加工的第一步是整理工作，整理工作分三步：（一）抽摄（abstracting）；（二）排比；（三）分类。抽摄是把记忆所保留之同样的知觉抽出有关系的部分，排比是把所抽的部分排列比较以察其异同，分类是按异同的标准把所抽的部分归类。分类的结果成立了概念。例如眼见一物，有了知觉，以后虽不见此物而脑中还有其印象，此印象就是记忆。积累了许多对于同物的记忆，便起抽摄作用把有关系的部分抽出，如形、色等等；然后把所抽的加以排比，见其中有种种同异之处；再按同异分出种类，如色中有红，有黄……，形中有圆，有方……，物的概念之成立如此，事的概念之成立如此，乃至因果的概念之成立亦如此。这一层在知识产生的程序上谓之经验；——此处所谓经验不是广义的，广义的经验简直是知识的全部，此处所谓经验专指概念的成立而言。

概念包含"共"的性质，概念是共理的基础。有了共理、原则、规律等，才有学术，学术是继起的一层。学术的职志在于解释宇宙种种现象，解释的方法在于求得共理、原则、规律这一类的工具。要求得此等工具，非先有概念不可。其次，解释现象，先要把捉现象。如何把捉？（一）从变化不居的现象中，找出固定不变的部分；（二）就形形色色的现象中，求其纯简同一的部分。概念是如此把捉的结果，也是初步把捉的结果。根据这个初步的把捉，进而为第二步、第三步，乃至无数步的把捉，便成共理、原则、规律，一门学术、两门学术,以至无数门学术,而成今日的文化。

贯穿一切学术的原理谓之最高或最普遍的原理。因其统摄一切原理而居其上,所以最高;因其贯穿一切学术,所以最普遍。到此地步,算是达于知识的最高层。亚氏以为,按理(即按名学上的次序),先掌握最高原理,然后由最高原理到一切学术,由一切学术到其各所特有的规律、原则、共理,由其各所特有的规律、原则、共理到其各所特有的概念,由其各所特有的概念到其各所统辖的个别事物;——这是知识应用的次序,如此,才能以往逆来、以曲制全,而致利用厚生之效。然而知识产生和发展的次序并不如此。

知识产生的最大关键在于共理的成立。由特殊的事物到普遍的共理,可谓知识历程上最重要的转变。亚氏在这方面有其独到的——和柏氏不同的——见解,可分两点来说:(一)共理寓于殊事殊物,自身没有独立的存在;(二)共理由殊事殊物中得来,此外别无来源。这两点创见完全由于他对存在的观念而来。他以个别事物为存在,此外别无存在;而且个别事物包含形式与质料两部分(参看前章第四节第三小节)。形式和共理异名而同实;个物包含形式,就是包含共理。唯有个物是存在,个物的形式或质料不能独自存在。在此两前提下,必得如下的结论:(一)共理寓于殊事殊物,因其包含于个物中;(二)共理不能独自存在,因为唯有个物是存在,个物中的任何部分不能独自存在。第一点既明,第二点当然不成问题;——共理既是寓于殊事殊物,当然要从殊事殊物中得来。

共理要从殊事殊物中得来,因共理寓于殊事殊物。共理如何寓于殊事殊物?这就牵涉到潜能现实问题。共理之寓于殊事殊物,等于物之处于潜能之境。感官与个物接触时,所接触是一些公共的性质(universal properties)。例如眼见一物,所见无非形与色;手触一物，所得无非热、冷、精、粗等觉；舌尝一物，所得无非甜、酸、苦、辣等味。凡此所见所得都是公共的性质；至于一物之特殊的部分，感官无从知晓。可见知觉所得全是物之公共的性质。知觉接触物之公共的性质，却不省其为许多物所共有，只知其在此物、彼物。发现此等性质为许多物所共有，乃是思想的事。由知觉到思想是知识的发展。然则，共理在知觉阶段是潜能。因其只被认为属于此物、彼物；共理在思想阶段是现实，因其已被发现为许多物所共有，不限于此物、彼物了。

六、错误问题

亚氏对于错误问题（problem of error），抱绝对信任知觉的态度。他以为，感官的知觉总不会错，错误起于心官的思想。感官知觉到什么就是什么，错误是心官的思想加以解释以后的事。例如：眼见某色，耳闻某声，所见所闻确是某色某声；思想加以解释，说某色出于某物，某声来自某源，就可能发生错误。

亚氏如此信任知觉，想来有两个原因：（一）特意矫正柏拉图的主张。柏氏在知识问题上，偏重心官的思想，畸轻感官的知觉，结果构成绝对理想的体系。亚氏力矫柏氏之偏，提出绝对信任知觉的主张，然未免失之矫枉过正。（二）限于时代的潮流。希腊古代关于知识问题不是偏重知觉，便是偏重思想。偏重知觉者以普拉塔个拉士（Protagoras）为代表，偏重思想者以柏拉图为代表。亚氏既反对柏氏之偏重思想，便如钟摆之由右而左，势必偏向知觉，因当时关于知识问题只有这两个极端的立场。认为知识起于主观与客观——知觉与思想——适当配合的作用、互相纠正的结果，乃是后起的折中论调。在亚氏的体系中却已隐约见此趋势，他一方面信任知觉，一方面却也注重思想。

第三节　知识的对象

一、范畴的产生

实际上，范畴（category）之说属于形上学范围，因其所讲是宇宙间事物的分类。同时又是形上学与名学之间的媒介；若以国界为喻，范畴之说是名学与形上学两国之间的接壤地带。前面提过，名学以研究思想的形式为事，思想必有对象，因此名学不能不顾思想的对象。思想的对象是事物，所以名学与事物发生关系。范畴是事物的分类，于是名学又与范畴发生关系。这是范畴之说同时跨两界——名学界与形上学界——的原因。

或人说，范畴之说是柏氏学院中所旧有的，亚氏只是承袭旧物。然而或人之说缺乏证据，未必可靠。我们至多只能认为，亚氏发现范畴曾受柏氏启发或暗示。柏氏的理型是宇宙万物抽象的概念，其实和亚氏的范畴属于同等性质。理型有实质、性质、数量、关系等理型（参看拙著《柏拉图》，第 102 页），范畴也有实质、性质、数量、关系等范畴，即此可见二者性质相同。

还有人——如德国的徒仁代冷堡（Trendelenburg）——说，亚氏的范畴是从研究文法得来。文字是代表宇宙万物的符号，万物有多少类，字也有多少类，字的分类和万物的分类原则上相合。范畴是万物的分类，所以和文法上八部的字（eight parts of speech）两两相对。徒氏曾举例证明每个范畴都和文法上某部的字相合：实质范畴（category of substance）和实质一类的（substantial）字相合。品德、数量、关系等范畴（category of quality, quantity, and relation）和区别字（adjectives）（区别字有言品［adjectives of quality］和言量［adjectives of quantity］者）及疏状字（adverbs）相合。方位、时间等范畴（category of place and time）和言地、言时的疏状字（adverbs of place and adverbs of time）相合。施感范畴（category of activity）和施事的云谓字（active verbs）相合，受应范畴（category of passivity）和受事的云谓字（passive verbs）相合，形势范畴（category of posture）和不及物的云谓字（intransitive verb）相合，服习范畴（category of possession）和既事受事的云谓字（perfect passive verb）相合。

徒氏的说法固然有一部分理由，然而亚氏未必全因研究文法而发现范畴，毋宁说是曾得文法的暗示；当时文法学尚未十分发达，文字分部之说还是发端于亚氏（他只把字分为名物、云谓两部），亚氏以后方才成立。况且范畴和文字八部之分并不完全切合，实际上只和名物、区别、疏状三部相和。此外，文法上同部者往往分属几个范畴。例如品德、数量是两个范畴，在文法上只属于区别一部；方位、时间也是两个范畴，在文法上也只属于疏状一部；其他如施感、受应、形势等各成一个范畴，在文法上则统归于云谓一部而已。

然而话说回来，亚氏范畴说之成立，其借助于文法的研究确是不可掩的事。第一步，他把端与词分开，换句话说，就对物的单举（things said without combination）和复谓（things said in combination）加以分别。例如"人"、"跑"、"在此地"等等是对物的单举，"人跑"、"人站在此地"等等是对物的复谓；加以分别，前者谓之概念（concept），后者谓之判断（judgment）。第二步，把各概念之间彼此相属、相谓的情态分为若干类，名曰"属谓的种类"（kinds of predication），亦称"范畴"。比如说，"这是桌子"，是把某物属于实质之类，即以实质谓某物；"这是好的"，是把某物属于品德之类，即以品德谓某物；其他以此类推。以上两步是文法上的事。文字是事物的符号，文字的分类必与事物的分类相符，据此，最后一步，他断定范畴是宇宙万物客观的分类。这就入了形上学的范围，形上学与名学之间的媒介也在于此。

二、范畴的数目

亚氏所发现的范畴有十个：（一）实质（substance），例如"人"、"马"；（二）数量（quantity），例如"二尺长"；（三）品德（quality），例如"白"、"好"；（四）关系（relation），例如"双倍"、"大于"；（五）方位（place），例如"在此地"；（六）时间（time），例如"昨天"、"去年"；（七）形势（posture），例如"站着"；（八）服习（possession），例如"武装"、"穿鞋"；（九）施感（activity），例如"割"；（十）受应（passivity），例如"被割"。

关于范畴的数目，似乎很勉强。亚氏自己以为很完备。不知他根据什么原则而得十个范畴，看来不像根据固定的原则。关于此点，古今指摘的人很多，学说上反对他的人不论，就是赞成他的人，对于这一点也不满意。例如康德认为亚氏的十范畴信手拈出，黑格尔认为随便凑合；穆勒（John Stuart Mill）批评得更厉害，他以为亚氏列举十范畴，简直等于把动物分成人、兽、马、驴、驹各类。

亚氏自己后来也把形势与服习两范畴取消，除 *Categoriae* 和 *Topica* 二书之外，在较后的名学著作中不再提这两个范畴，料他自己也觉得疣赘。

三、范畴的性质

关于范畴的性质，可有两方面的看法：（一）在文法方面，范畴是最广泛、最普遍的所谓（the widest and the most universal predicate）。加于任何词主（subject）的"所谓"或"所属"总不外乎这些范畴。例如说"某君是一个人"、"斗是一件量具"、"白是一种颜色"，"人"、"量具"、"颜色"等"所谓"在范畴上属于实质、数量、品德。又如问"桌子是什么？"，自然要答应"桌子是一个实质"；问"白是什么？"，自然要答应"白是一种品德"；问"七是什么？"，自然要答应"七是一个数量"。这是一点。此外，范畴也是一切"所谓"的分类。例如说"某物是桌子"，"桌子"这个"所谓"属于实质之类；说"某物是白的"，"白的"这个"所谓"属于品德之类。又如就苏格拉底一人加上许多说法，换句话，给他许多"所谓"之词：实质方面，便说他是"一个人"；数量方面，说他是"若干尺高"；品德方面，便说他是"扁鼻子"；关系方面，说他是"某女子的丈夫"……无论对于一物如何说法，总逃不了这几个范畴。（二）在形上学方面，范畴是宇宙万物的几个总类。一个概念已经统摄若干个物，一个范畴又统摄许多概念。任举一个概念，都能指其属于哪一个范畴。例如"石头"属于实质范畴，"弯曲"属于品德范畴，"前天"属于时间范畴，"此地"属于方位范畴。

我们所以同时能有这两种看法，只因文字是事物的符号，而文字的分类必与事物本身的分类相符，范畴既是事物本身的分类，则与文字的分类必也相符。由此而言，文法上"所谓"的分类与形上学上事物的分类并无二致，文法上最广泛、最普遍的"所谓"和范畴直是一物。此点认清，范畴的性质就不难了解。

但是关于范畴的性质，还有一个说法：普兰提（Prante）在其所著《名学史》（第209页）上曾说，亚氏的范畴并不是万物的总类，他所以创为范畴之说，原意并不在于揭示宇宙间的事物有多少类，有几个基本形式，其意只在说明实质所表现的种种样相，如在品德上所表现者如何，在数量上所表现者如何，在时空上所表现者如何，在动作上所表现者如何，等等。甘柏尔兹（Gomperz）在其所著《希腊思想家》（G. G. Berry 的英译本第四册，第 39 页）上也有如下一段的话：

> 如此偏激的抨击很难扼其要害，此等抨击往往由于误解亚氏的本意而起。我们请问：亚氏当时如何找到这十个范畴？……亚氏在讨论此问题的著作中，所举的例很能表示他当时所想的是什么一回事：他假定一个人站在目前，设想关于此人所可问者共有多少事。由此发现对于作为词主的此君所可加的"所谓"共有十类。从"此人是什么东西？"起，一直问到极细微的问题："他如何装束？"……关于他的品德、数量等问题，引起"他的面貌白皙……身长数尺"等答案。关于他与各方面有何关系的问题，其答案含有"大于"、"小于"、"美于"、"丑于"等等比较之词。关于时间的问题，便有"他昨天如何、明天如何"的答案。关于施感和受应的问题，便有"他方割、方烧"和"他被割、被烧"等答案。如此枚举只是要表明一物所能有的"所谓"至多有几个。

四、各范畴的地位

各范畴的地位并不平等，前四个最重要，而实质的地位在其他范畴之上，其他范畴皆从分析实质而得；因此，其他范畴谓之偶性范畴（accidental categories）。一物的内蕴以外的其他性质都是偶性。偶性寓于实质，偶性变而实质不变。在 *Analytica Posteriora* I. 22 中，亚氏以实质以外的范畴与实质相对，认为实质的偶性；在

Metaphysica XIV. 2, 1089b 23 中，他又把所有范畴分为三类：（一）实质；（二）附性或赋性（attributes）；（三）关系。无论如何，实质总是主体，其他范畴皆其附庸。

苏格拉底晓得分别事物的常性（essential properties of things）与偶性（accidental properties of things），把常性收入概念之内而成事物的界说。柏拉图则把一切概念客观化而成绝对的、自在的理型。然而概念的范畴极广，偶性也能成概念。于是偶性概念也成了理型，和常性概念同臻于绝对、自在之域。（参看拙著《柏拉图》，第101—102页）亚氏提出实质与物性（property）的区别，比他们二位都进步：比柏氏进步在于分别实质范畴与偶性范畴之轻重。然而他的进步或是由于曾受柏氏的暗示。柏氏的理型说指出，理型是自在的，事物是附存的，换言之，本体是自在的，现象是附存的。这或许提醒了亚氏，他的实质范畴与偶性范畴的关系恰等于理型与事物、本体与现象的关系，也是实质范畴自在，偶性范畴附存。

五、实质范畴

实质范畴是其他范畴的"底质"（substratum）。从其他范畴上看，实质范畴是预设的（presupposed），否则其他范畴不能成立；就事物本身说，若不先有实质，则一切形形色色的表现（即物性）都无所附着。

实质有两种：（一）初级的实质（primary substance），即个物（individual things）；（二）次级的实质（secondary substance），即个物所于属的类（genus）和别（species）。这两种实质的区别如下：（一）个物只做词主，不做"所谓"，因每一个物独一无二，不能以此个物"谓"彼个物。个物是特殊的，概念以及"类"、"别"却是普遍的；只能以普遍者"谓"特殊者，不能以特殊者"谓"普遍者，所以个物只做词主而不做"所谓"。例如此桌此椅独一无二，不能彼此相"谓"。若云"这是桌"，"那是椅"，则以桌、椅概念（也就是"别"之一种）"谓"此时此地的桌、椅。所谓个物也者，专指某时某地的一物。若云"桌、椅是家具"，则以一个更广的概念（较高一层的"别"，即称为"类"亦可）"谓"此时此地的桌、椅，以及凡桌、凡椅的概念。这是一层。此外，个物也不能附于任何物，凡附于物者必是附性或赋性，如方、黄、硬、辣等等。如说方形和黄色附于此桌，闻者以为当然，若说此桌附于此椅，闻者便会发笑。（二）"类"、"别"可为词主，可为"所谓"，然而也不附于任何物。例如说，"这是桌"，是以"桌""谓"一张特殊的桌，"桌"是所有个别的桌的概念，也就是统括它们的"别"。再说，"桌是家具"，此"桌"为词主，"家具"为"所谓"。以家具谓"桌"，是以一个较广的概念"谓"一个较狭的概念，以一个较高的"别"统括一个较低的"别"。同是一个"桌"概念或"别"，可为词主，亦可为"所谓"。至于"类"、"别"之不附于任何物，因其统括事物，而不是事物的附性。

他把实质和附性做比较，以见实质范畴和其他范畴（即"偶性范畴"）之不同处。且举最高重要的三点：（一）实质不附于任何物，附性则必附于事物。此点很明显，上文已讲过，此处不赘。（二）实质没有与之相反者，也没有程度的差别（difference of degree）。例如人就是人，没有什么与人相反者；苏格拉底就是苏格拉底，没有与苏格拉底相反者。人就是那样的人，不会更人些，或更不人些；苏格拉底就是那样的苏格拉底，不会更苏格拉底些，或更不苏格拉底些。至于附性，却有相反者，如冷与热相反；也有程度的差别，如较冷、较热。（三）实质是纯一的。例如就个物说，一桌是如此一桌，就类别说，"桌"概念、"家具"概念……是如此概念，不会改变。至于附性，则时常会变，物会从热变冷，热与冷也各有许多变的程度。

第四节 概念

一、概念的内容

知识是对于事物的探索，既费力探索，当然要取其精要部分。概念所包括就是探索所得的精要部分。所谓精要部分是事物的内蕴，因此，每一概念所代表乃其所统括之事物的内蕴。常说"概念指物"，其实概念所指只是物的精要部分。例如"桌"概念，其所指只是有面、有脚、有固定形式、有某些用途的家具，至于其材料为何、形式如何、脚有几只……却不曾指到，其实也无须乎指到，因其不是精要部分。

亚氏认为事物的内蕴是事物的形式，然则概念所代表是事物的形式，一物一时一地所呈现于感觉的部分，概念并不包举。别无他故，只因一时一地所呈现于感觉者既特殊又繁杂，概念不能一一包举，概者概括也，如一一包举繁殊的细节，便失去概括的意义与作用，不成其为概念了。

二、概念的性质

"普遍"二字足以代表概念的性质。知识是人类的官觉思虑对于宇宙万物的概括作用（generalizing process），概括所得只是万物的普遍部分，因知识的能事止此。而且知识所要求必是万物的普遍部分，因知识的最后目的在于利用厚生，要达到此目的，非传递不可，要传递非普遍者不可。知识之传递有如货物之运输，运输要用舟车，概念好比舟车，专为知识办理运输。知识所运输既是普遍的东西，则概念之所载当然除普遍者以外别无其他。

现在请把概念的特点列举如下：（一）每一个概念至少要包括两个或两个以上的事物。甚至最低的概念，其所指也是两个或两个以上之事物的共性。（二）概念不包举个物一时一地所呈现的感觉部分。此点前面已经提过。（三）一物的概念是一物的界说，其所举是一物的必要性质，与此物恰恰相称，不能移于他物。

三、概念的分类立别

求概念的方法，苏氏发其端，柏氏竟其绪，到亚氏还是笃守师传。拙著《柏拉图》有一段话此处适用，姑且抄在下面：

> 我们只就所有的桌子，取其共同要素（即桌之所以为桌，无之便不成桌）而成桌的概念……桌的概念既已成立，同时椅的概念、床的概念等等都已成立，然后再就这些概念，求其共同之点，而成更高的概念，便是家具的总概念。依此类推，随时能得高上更高、总上又总的概念；较高和较总者谓之"类"（genus），较低和较散者谓之"别"（species）。从具体事物求概念，再从概念求更高、更总的概念——化个物为别，化别为类，类复成别，别复归类——此工作是……求概念的工作（formation of concepts）……概念好比数学练习题，答案可以还原，类可以还原到别，较高、较总的概念能回到较低、较散的概念，逐步还原，最后达于个别的具体事物。此工作是概念

分类立别（division or classification of concepts）的工作。前者是……向上的工作，后者是……往下的工作；——向上所以求得事物的普遍原则，往下所以考察原则是否恰当，能否统括个物并应用于殊事。考察概念之恰当与否，非但要把概念与其所统括的个物相参证，还要与其所不统括者相纠正。例如桌的概念，不但要与个别的桌相印证，还要与非桌（或椅）相参考，以视此概念所涵要素是否桌所特有，而非其他家具所共有。每个概念都经过这样考察，便愈见严密，愈见准确，所涵的意义不多不少，恰恰妥当，丝毫不差。此等概念才能永久……（第57—59页）

亚氏关于概念分类立别的方法，大都采自柏氏，虽然对于柏氏的方法并不十分满意。柏氏的方法，从上文所引的话，已足见其一斑。为清醒眉目，画图如下：

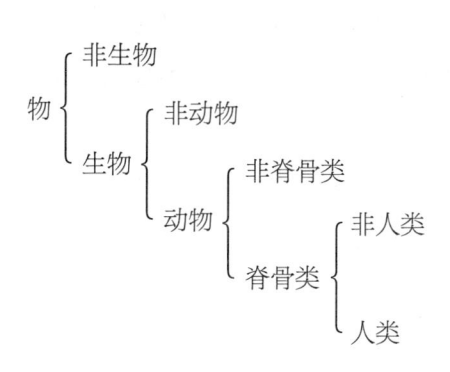

```
       ┌ 非生物
物 ┤
       │       ┌ 非动物
       └ 生物 ┤
               │       ┌ 非脊骨类
               └ 动物 ┤
                       │       ┌ 非人类
                       └ 脊骨类 ┤
                               └ 人类
```

四、概念与"类"、"别"

概念和类别异名而同实，一个概念包括若干个物的要素，若干个物之分为类别，就是根据那些要素。例如"桌"概念包括凡有面、有脚、有固定形式等的东西，那些东西之所以归于一类而统称为桌，就是根据"有面"、"有脚"、"有固定形式"等共同要素；可见"桌"概念与"桌"类相合。又如前图，"人"是概念，也是类别；"动物"是概念，也是类别；"生物"是概念，也是类别。其他以此类推。

一个概念包括许多不同类之物者，谓之"类概念"（generic concept）。例如"家具"概念包括桌、椅、柜、床等等，桌、椅等等各自成类，而统括于"家具"概念中；"家具"概念谓之类概念。把"别"的性征（distinctive properties of species）加于类概念，便成"别概念"（specific concept）。例如"有面"、"有脚"、"有固定的形式"、"有某种用途"等性征加于"家具"概念便成"有面、有脚、有固定形式、有某种用途等的家具"，这就是"桌"概念。"桌"概念是别概念，而"家具"概念是类概念。别概念再加上较低的"别"的性征，便成较低的别概念，如此递加，最后达到最低的"别"（infimae species）；最低的"别"之下便是个物。个物不能成概念，能成概念者至少两个或两个以上的个物。由此可知概念与"类"、"别"同一性质。最低级的概念等于最低级的"别"。

五、概念与同异

宇宙万物无绝对相同相异者，所谓同异（identity, difference），都是在某一观点上的看法，换句话说，是根据某一标准的分类，再换句话说，在类概念或别概念之下才有同异之可言。凡同属于一"类"或一"别"的事物便是相同，否则相异，此无他，只因有类概念或别概念为标准。由此可见，概念是审别同异的尺度。

按形式质料的原理，宇宙万物之相同相异，最高限度只能达到一半。何以然？先从异方面说起：二物无论如何相同，总是两个，因其被两个空间分开，用亚氏的话，质料总是不同。两个若成一个，便是占据一个空间，亦即质料同一，然则便是一物，无所谓同异。再从同方面说：许多物属于同一概念，用亚氏的话，就是形式相同。宇宙万物成于形式与质料相合，质料总不会相同，形式则有相同者，有不相同者；相同处只限于形式，所以说，物之相同者只相同到一半。再从异方面说，物之形式既已相同，则无论如何相异，只限于质料，所以说，物之相异者只相异到一半。

第五节　词

一、词的性质

前面（本章第三节第一小节）提过，亚氏曾把对物的单举和复谓加以分别，单举者为概念，复谓者为判断。其实判断与词（proposition）只是一物，在心为判断，发为言语文字谓之词。

判断发生以前，心中所有只是单举的物像（likeness of things said without combination），这是概念，也就是零星的经验（atomic experiences）。判断是物像或概念的合或分，合者谓之正判断（affirmative judgement），分者谓之负判断（negative judgement）。

判断是内心合或分的作用。合或分所用的材料是从外界得来的物像，或由物像所绅绎成的概念。合或分以前，物像或概念是散漫而不相关联的单位，此之谓对物的单举；合或分以后，物像或概念才成正或负的关系，此之谓对物的复谓。

二、词的要素

词的要素是概念，每个词包含两个概念，其一谓之"词主"，其他谓之"所谓"。例如"甲是乙"一词，甲与乙是概念，甲是词主，乙是所谓；"是"字撮合甲与乙，谓之"缀系"（copula）。

亚氏分析词，按柏氏的办法，把词分为"名物"（noun）和"云谓"（verb）两部分。他自己的贡献在于对名物和云谓各下明确的界说。他认为：一个名物是一个音符，代表习惯上所赋予的意义，并无时间关系；一个云谓也是一个音符，有固定意义，有时间关系，表示对于某物的某种说法。

起先，他恍惚见到如此分法不够精细，觉得缀系应当另提出，然而不曾指明缀系只是下判断者用以撮合词主和所谓的工具，与词主和所谓本身无干。因此，缀系和所谓仍然混在一起，统称"所谓"，不曾把词分为词主、所谓、缀系三部。后来，他关于此点愈看得明白，在比较成熟的著作——*Analytica Priora*——中，缀系便完全与所谓分开；他把所有的词都化成"甲是乙"或"乙属于甲"的公式。大概因为讲连珠推论时，发现在一个原词（premise）中为所谓者往往在另一个原词中成为词主，所谓绝对不能拖着一个缀系。例如在"甲—乙，乙—丙，∴甲—丙"连珠中，乙在第一原词中是所谓，在第二原词中成了词主；乙若拖着缀系，则第一个原词中的所谓是"—乙"，"—乙"在第二原词中为词主，于是第二原词的公式便成了"—乙—丙"，——这岂不是笑话？

三、词的种类

本章开头提过，设言的词（hypothetical proposition）和析言的词（disjunctive proposition）是后世所增，亚氏当时不曾发现有这两种词，他心目中只有直言的（categorical proposition）一种，所以他分类时，只就这一种来分。

他把词先分三方面，每方面再分若干类。三方面是：（一）性质（quality）；（二）数量（quantity）；（三）型相（modality）。性质方面有：（一）正词（affirmative proposition），如"苏格拉底是人"；（二）负词（negative proposition），如"苏格拉底不是猴"。数量方面有：（一）全谓的词（universal proposition），如"凡人都是圆颅方趾的"；（二）偏谓的词（particular proposition），如"有人不会说话"；（三）独谓的词（individual proposition），如"我的父亲是个数学家"；（四）浑谓的词（indefinite proposition），如"核桃不容易吃"。型相方面有：（一）实然的词（proposition of actuality），如"今天下雨"；（二）必然的词（proposition of necessity），如"今天一定下雨"；（三）可然的词（proposition of possibility），如"今天或许下雨"。

四、词的真伪

亚氏以为，概念本身无真伪之可言，因其只是单举的物像、零星的经验，还不成一句话，无所谓错，无所谓不错。各概念间起合或离的作用后，才发生真伪问题，因为既以此概念"谓"彼概念，换言之，既说出话来，就有说得对与说得不对的分别。话便是词，因此，真伪问题只限于词方面。

讨论真伪问题的中心点都在标准上，就是，在什么条件下才算真，否则便伪。亚氏所提条件如此：他以为词的根本性质在于概念的合或离，换句话说，词的作用在于把外界二物撮合或分离。外界二物本是合的，说其为合的词或判断便真；外界二物本是离的，说其为合的词或判断便伪。总括一句，真、伪标准在于内心概念之离合与外界事物之离合相符与否，此标准即所谓"符应说"（Correspondence Theory）或"摹本说"（Copy Theory）。

第六节　演绎法——连珠推论

一、连珠推论的由来

连珠推论是亚里士多德发明的，原文"syllogism"一名也是他起的。他是第一人指出思维的进行是连珠式的。他不但发明了连珠论法，而且充分发挥了关于此论法的一切理论。

亚氏何以会发明连珠推论？有什么东西驱策他向这方面探讨？大家知道，他对科学兴趣浓厚，一生追求科学知识。科学知识如何求得？在什么标准下知识才算科学知识？他的答案是：提出证明，可以证明的才算科学知识。如何证明？用什么方法证明？这个问题驱策他做一番探讨，促成连珠推论的发明。

二、连珠推论的性质

连珠推论代表思想的进程，此进程是潜能现实的作用。怎样说呢？由例、案（major premise and minor premise，亦译"大原"、"小原"）以至于判（conclusion，亦译为"委"），是必然的发展。判所揭示真理本已隐约涵于例案之中，只是把它明白托出。比如"人皆有死"，"某甲是人"，则"某甲之有死"本已涵于"人皆有死"之中；下"某甲有死"的判，并非发现一个新事实，只是把原有的托出，也就是把潜伏在例案中的事实加以现实化。

总结前面的话，可为连珠推论立界说如下：（一）连珠是一个推论形式，代表思想进程；（二）此种思想进程是由隐而显，由潜能而现实；（三）一例一案必然引出一判，别无其他的假借；（四）判所揭示真理，表面上和例与案所涵各不相同，实质上是从例案引申而出。

三、连珠的构成

构成一个连珠，基本原素是三个词，前两个是一例一案，后一个是判；比如"凡有机体都会死（例），人是有机体（案），所以人会死（判）"。这是就词方面说。就概念方面说，一个连珠包含三个概念，其中一个是其余两个的媒介，所以叫作中介（middle term）。作为中介的概念，与其他两概念都有关系；其他两概念彼此有关系，因其各与中介概念有关系。这和几何学上"二物各等于另一物，则彼此相等"的定理同一道理。判中的词主和所谓都叫作端（extremes），词主是小端（minor extreme），所谓是大端（major extreme）。比如方才的例，"人"是小端，"死"是大端；"有机体"则是中介。判中的大端见于例，小端见于案；中介只见于例和案，不见于判。

四、连珠的格式

中介在连珠中撮合大小两端而成判，其本身所在的地位有种种不同，因此，连珠有种种格式（figure）。亚氏发现了三个格式，第四个是后人发现的。

第一格式：中介在例中为词主，在案中为所谓，也就是，做大端的词主，做小端的所谓。如"人都有死，苏格拉底是人，所以苏格拉底有死"；用符号表明，等于"M—P, S—M, ∴ S—P"。第二格式：中介在例与案中都为所谓，也就是，做大端的所谓，也做小端的所谓。如"工人不会剥削，他会剥削，所以他不是工人"；用符号表明，等于"P—M, S—M, ∴ S—P"。第三格式：中介在例与案中都当词主，也就是，做大端的词主，也做小端的词主。如"中国人讲孝道，中国人是黄种人，所以黄种人有讲孝道的"；用符号表明，等于"M—P, M—S, ∴ S—P"。

亚氏提出以上三个格式，承认它们各自成立。至于第四格式，相传是公元第二世纪的名医盖冷（Galen）所加上的，其公式如下："P—M, M—S, ∴ S—P"，如"广东人是中国人，中国人是黄种人，所以有些黄种人是广东人"。亚氏当时也见到有第四格式的可能性，只是不认为一个独立的格式，大概因其结论有些勉强。如方才的例子，与其用第四格式，得"有些黄种人是广东人"的结论，不如用第一格式："中国人是黄种人，广东人是中国人"，而得"广东人是黄种人"的结论之较为直截了当。可见第四格式的毛病在于结论不自然；不自然的原因，在于以"别"为"类"的所谓，换句话说，把真正的大端强作小端，真正的小端强当大端。

第一格式，亚氏认为完善的格式（perfect figure），第二、第三，认为不完善的格式（imperfect figure）。思想的进展，在第一格式中，从小端经中介而达大端，成一条连续不断的线，这是顺序的；在第二、第三两格式中，思想的进展便不如此。且把三个格式各制一图如下（见下页）：

第一格式

```
M - - - - - - - - - → P
      ╲ ╱
      ╱ ╲
S - - - - - - - - - → M
S ─────────────────→ P
```

第二格式

```
P - - - - - - - - - → M
      ↑
S - - - - - - - - - → M
S ─────────────────→ P
```

第三格式

```
M - - - - - - - - - → P
                     ↑
M - - - - - - - - - → S
S ─────────────────→ P
```

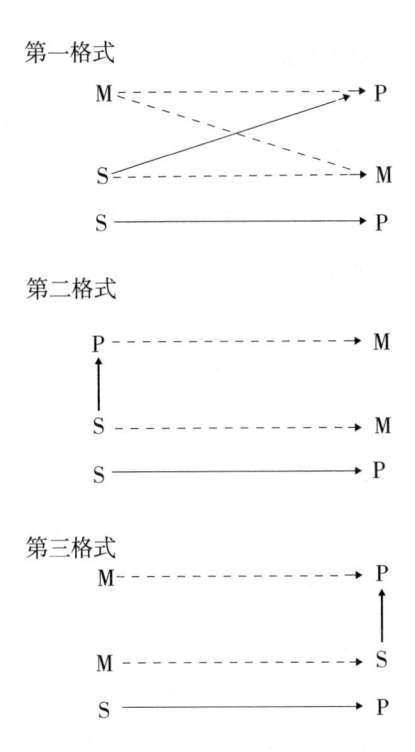

演连珠是引用一个成例于待判的一案，此例若适用于此案，则此案得判。上方各图所表示的，是引用"M—P"、"P—M"、"M—P"等成例于"S—M"（第一格式）、"S—M"（第二格式）、"M—S"（第三格式）等案，各成例分别适用于各案，故得"S—P"等判。第一格式从 S 经 M 到 P 成一条线；第二、第三两格式都不如此，它们各成三条路，如上图所表示。这是一层。还有一层，第二、第三两格式因其可化为（reduced to）第一格式，故其所判的案或证的事实能站得住；这等于说，离开第一格式，第二、第三两格式不能独立。

以上三个格式都是直言连珠（categorical syllogism）的格式。前文已经提过，亚氏只设直言的词，不设设言与析言的；其于连珠亦复如此，不设设言连珠（hypothetical syllogism）与析言连珠（disjunctive syllogism）。

五、辩证法与诡辩法

连珠的真假，标准不只在形式上。形式固然要正确，然而形式正确是初步条件，不足以保证连珠之必真。除形式正确之外，连珠是以本质为标准而定其真假的价值，价值有三等：（一）必然的（apodictic）；（二）辩证的（dialectic）；（三）诡辩的（sophistic）。

必然连珠所揭示是必然、无疑的真理，成为科学的论证。此种论证根据最后的原理，至少也根据可以证明或能够还原到最后原理的前提。辩证连珠所揭示是或然、存疑的真理，所根据的前提未达绝对的确实性，只是一般人所拥护或有学问者所赞同的。诡辩连珠更次一等，其所根据的前提尚未达到或然程度，乃用强词夺理的手段颠倒是非，以达其骗人的目的。三种价值不同的连珠，形式上都对，本质上真假的程度相差很远。——必然连珠所以是真，因其所据前提是必然的；辩证连珠所以真假参半，因其所据前提是或然的；诡辩连珠所以是假，因其所据前提就是假的。

读者可能提出一个问题，就是：辩证连珠与柏拉图的辩证法有无分别？并无分别。柏氏所认为为学的唯一方法，亚氏却认为是初步的方法，只用此法不足以达确实的真理，还须加以必然连珠，即谨严的演绎法。于此可见亚氏比柏氏进一步，从他以后，才有科学的论证（scientific demonstration），科学才能成立。

亚氏虽把辩证法认为次一等的方法，却不低估辩证法的价值。辩证法的价值有三点：（一）训练敏锐的脑筋，以分析言辞，明辨是非。（二）养成雄辩的口才，以揭人之理短，示己之理长。（三）做为学的初步的方法。前两点是当时希腊社会上所公认，为父兄者往往出优厚的束修，使子弟从师学辩，以备在当时所谓民主的政治上取得胜利。至于第三点，却是柏氏的创见，然而他还没有认识到辩证法只是为学的初步方法。

辩证法的价值,前两点无须讨论,只要讨论后一点。辩证法在学术上初步的作用有消极和积极两方面。消极方面,揭开一切乌云黑障:(一)分析并综合常识上的种种见解,重新加以估价;(二)汇集问题各方面的答案,做一番考查和比较;(三)举出一切困难,设法解决。这三点是为学的先决条件,经过这一番工夫,才能进一步而得真正的结果。积极方面,辩证法能帮助各门学问求得最高原理。最高原理往往不能以论证求得,论证必须以它为出发点,而它本身不能加以论证。最高原理不能借论证求得,则必须借辩证法。彻底说,最高原理只是假定,假定唯有以意为之,严格的论证于此不适用。辩证法的长处,在于包举各方面的意见,抽取其精粹而立为假定,由此假定出发,危险性较少,因为各方面意见的精粹就是各方面经验的总结。

前面说,当时希腊为父兄者往往出钱使子弟从师学辩,以备将来做政治舞台上的武器。然而所学的本领往往成了诡辩的伎俩,这就比辩证法又次一等。辩证法和诡辩法之间只有一发之差,因辩证法所据前提已是或然的,稍不小心,便成强词夺理,结果与诡辩法同样颠倒是非。苏格拉底用辩证法讨论问题,当时有人疑他同辩士的诡辩无异,即此可见辩证法与诡辩法多么相近!

六、连珠论法与推理

推理(inference)是根据所已知推知所未知。名学的最大功用在于教人推理。推理有两种:一是由上而下,由公共原理推到特殊事实,此种推理谓之"演绎推理"。一是由下而上,由特殊事实推到公共原理,此种推理谓之"归纳推理"。亚氏所谓推理,偏于演绎方面，当时归纳法还不甚发达。

在亚氏心目中，几乎推理的方法就是演绎，演绎的方式就是连珠；因此，推理真假的价值等于连珠真假的价值，同样分为科学的（即必然的）、辩证的、诡辩的。科学的推理根据真实可靠的前提，辩证的推理根据半真半假的前提，诡辩的推理根据完全假的前提。

第七节　归纳法

一、归纳法的性质

归纳法和演绎法同是思维进行的方式，而方式各异，这就决定了两种方法的性质。归纳法和演绎法在思想进程上分道扬镳。思维在演绎的过程由普遍而特殊，方向是由上而下的。比如"人都有死，某甲是人，所以某甲会死"的演绎推理，"人都有死"（例）是普遍的原理，"某甲是人"（案）是当前的事实，"某甲会死"（判）是推论所得的另一事实。此另一事实不必当前所见所闻，乃是根据一例一案得来。援用一例于当前一案而得一判，这正表示思维由普遍而到特殊的过程。反过来，思维在归纳的过程由特殊而普遍，方向是由下而上的。考察许多个别事实，由此抽出普遍原理。比如考察许多个别的人，见其个个有死，于是成立"人都有死"的普遍原理。

前面讲知识的程序（本章第二节第五小节）曾说，由最高原理到个别事实是知识在名学上的次序，由个别事实到最高原理是知识产生的次序；依知识在名学上的次序，原则共理之类居先，个别事实居后，依知识产生的次序，情况适得其反；名学上居先者实际上较名学上居后者为确实、明白，可是常识的看法亦适得其反。这段话和此地所要讲的有互相发明之处；所谓由最高原理到个别事实，用此地的话,就是由普遍而特殊,这是演绎法的事;所谓由个别事实到最高原理,用此地的话,就是由特殊而普遍,这是归纳法的事。所谓名学的次序就是论证的次序,所谓知识产生的次序就是发现(discovery)的次序。论证所证是事实,论证所据是原理,所以非由普遍而特殊不可;发现所现是原理,发现所借是事实,所以非从特殊而普遍不可。名学上居先者实际上较确实、较明白,名学上居后者对于常识较确实、较明白,那么,由名学上居先的普遍法则而出发的演绎法也是实际上较确实、较明白,由名学上居后的特殊事实而出发的归纳法也是对于常识较确实、较明白。

二、归纳法的功用

演绎法从事于证明,归纳法从事于发现,所以前者谓之"论证名学"(logic of demonstration),后者谓之"发现名学"(logic of discovery)。归纳法发现原理。原理从事实中抽出,非论证所得,而论证必须根据原理。如"人皆有死"的原理,是从此人有死,彼人有死,乃至人人有死的事实中抽出,非论证所得,亦非任何理论所能证明(can not be proved by any argument);然而离开直接见闻而欲知某甲会死,非据"人皆有死"的原理加以证明不可。

一切科学的原理都以归纳法得来,原理是科学的基础,有原理才有科学。所以归纳法对于科学的奠基有绝大作用。科学既已奠基,还须以理论加以证明、组织,否则不成体系,科学也站不住。所以演绎法对于科学体系的建立有绝大用处。概括一句,科学基础的奠定要靠归纳法,科学系统的建立要靠演绎法。

读者或许会问:前面曾说辩证法有助于为学之求原理(本章第六节第五小节),此地又说科学的原理以归纳法得来,然则归纳法与辩证法的关系如何？辩证法运用归纳法到相当程度，只是还不精密。辩证法主要是论证，可是论证之前必须用归纳法求论证的根据。试看柏拉图对话录中辩论问题，虽然全用演绎法做连珠式的推理，却也列举许多人对于有关问题的意见或答案，以此为推论的根据，这不是运用归纳法吗？

三、完全的归纳法与不完全的归纳法

亚氏理想中的归纳法是完全的归纳法（perfect induction）。何谓完全的归纳法？先从不完全的归纳法（imperfect induction）说起。不完全的归纳法是未尽一切事例的归纳法（induction of non-exhausted instances）。譬如"人都有死"的原理之成立，未必考察过一切人，见其一一有死，却把它立为原理。就相当数目的个别事例抽出以曲概全的普遍原理，此种方法谓之"不完全的归纳法"。完全的归纳法是不完全归纳法的反面，是尽一切事例的归纳。

关于完全的归纳法，亚氏自己设喻如下："人、马、骡等等寿长，人、马、骡等等无胆汁，所以凡无胆汁者寿皆长。"其实这是一个连珠，谓之"归纳的连珠"（inductive syllogism）。归纳的连珠有个必要条件，就是小端与中介的范围广狭相等；如无胆汁者必须只是人、马、骡等等。此即所谓尽举一切事例（complete enumeration of instances）。

据我们看，遍举事例绝不可能，因为既往和未来者绝举不出，现在者又何尝能举得尽？譬如亚氏当时是否考查过所有的动物，确实发现只是人、马、骡等等没有胆汁呢？有的人、马、骡等等都见过，的确都是无胆汁的，于是便认为尽一切的例证了；其实何尝，不说当下的人、马、骡等等根本不能一一见到，就是能够一一见到，还有以往的呢，还有未来的呢？

严格说，一切原理都是假定的，归纳法之为科学求原理，其实是为科学假定原理。原理之假定必须符合两个条件：一是有效（it works），在实际运用中得其预期之果。二是在运用过程不遇反证的事实。如此，原理才站得住。事证增加，原理的确实性也增加，然而始终达不到绝对确实的程度，因为总不能尽所有的事证。反过来，谁也不能担保效用不遇限制，反证不会发现；效用遇到限制，原理便须修改，反证一被发现，原理就要推翻。古今有不少科学公例（scientific laws）已被反证推翻，或因效用的限制而修改。牛顿公例（Newton's Law）不是已被相对论修改了吗？

四、归纳法在亚氏方法论上的地位

亚氏运用归纳法时，所举事例多寡极不一致。有时尽一切事例，成完全的归纳；有时以曲概全，成不完全的归纳；有时仅举一个事例。他只是以归纳为演绎推理的附带条件，论证的主要方法还是演绎。归纳是以个别事实印证演绎所根据的原理。原理成立的关键在假定，归纳提供佐证以起人们的信心。佐证不拘多寡，能起信便罢。归纳事例的数目和原理的可了解性（intelligibility）成反比例：原理不难了解易起信心，事例便无需多；原理难以了解不易起信心，例证就要多。

第八节 论证

一、论证的性质

亚氏在《分析前篇》（*Analytica Priora*）中研究普通思维的形式

（form of reasoning），在《分析后篇》（*Analytica Posteriora*）中讨论科学思维（scientific reasoning）与辩证思维（dialectic reasoning）以及诡辩思维（sophistic reasoning）的区别。何谓"科学思维"？就是本节所讲的"论证"（demonstration）。论证是学术上说理证事的方法，亦称科学的证明（scientific proof）；其工作是提出原理以证明事实。

亚氏所谓论证，就是连珠推论。然而论证都是连珠式的（syllogistic），具连珠式者未必都成论证。何以然？前面说过，连珠有必然的、辩证的、诡辩的，必然的连珠根据必然的前提，辩证的连珠根据或然的前提，诡辩的连珠根据错误的前提。只有必然的连珠是论证，辩证和诡辩的连珠都不成论证。论证的工作在于指出事物间的因果关系，因果关系未确或无因果关系者，虽具连珠形式，实质上仍然不是论证；即此之故，辩证和诡辩的连珠不成论证。

二、论证的限制

寻常对知识有两种看法：（一）认为知识是循环的，如中国纪年的甲子之周而复始；（二）认为知识可以无限倒溯（infinite regress），如由己身溯到父母，由父母溯到祖父母……一直溯下去，不知第一代祖宗是谁。这两种看法都不对：其一取消了知识的价值，因为知识循环只是知识重复（tautology），重复的知识有何价值？其二推翻了知识的可能性，因为无限的倒溯最后必到不可知之点，则知识的究竟是无知识，无知识不能为知识的基础，无基础的知识不能存在。

亚氏以为上述的错误看法由于错误地假定了知识全部可以证明，换句话说，认为论证可以无限制地应用。亚氏不以此假定为然，他认为论证有限制，有不能应用的领域，即经验所得的事实和归纳所得的原理。如我们不曾眼见耳闻某甲死，却要证明他会死，于是提出论证，说："人都有死，某甲是人，所以某甲会死。""人都有死"是归纳所得的原理，"某甲是人"是经验（如眼见、耳闻或其他同其价值的间接的经验）所得的事实。经验所得的事实最亲切、最直接，无需证，亦不能证，因为论证是间接的，其所证必须通过作为媒介的原理才能成立。至于归纳所得的原理之不能应用论证，乃因归纳在经验范围汇集许多经验所得的事实，汇集到相当程度，突然一跃而达到超经验的原理，原理只能作论证的根据，本身不能以论证加以证明。

每一个论证（即"连珠"）都包含一个超经验的原理（归纳所得的）和经验所得的事实，二者在论证中处于不可证和无需证的地位。总起来说，全部知识有其最后根据，即所谓第一原理，也有其原始资料，即纯感觉上的原素；二者是全部知识的头尾两段，论证所不能及者；唯有中间一段是论证所能达的范围。亚氏所谓论证的限制，除了个别论证有其限制以外，主要是指论证在全部知识上的限制，论证所能达的范围限于知识的中间一段。

三、论证的条件

论证有四个条件，都是关于前提（premises。前文译为"原"。——编者）的：（一）两前提（即例与案）必须是真的（true）；（二）大前提（即例）必须是第一性的（primary）；（三）大前提的可了解性（intelligibility）必须大于结论（即判）的可了解性；（四）前提与结论之间必须有因果关系。兹分别解释如下：

前面讲连珠时，说有三种价值不同的连珠，其中一种谓之必然的连珠，必然连珠的前提是真的，其余两种连珠的前提或是假的，或是真假参半。方才讲论证的性质，说论证是以必然连珠组成的，其他两种连珠不能成论证。此处说论证以真的前提为其条件之一；这个条件根据必然连珠的要求而提出，因为论证是以必然连珠组成的。

所谓"第一性"，是指在本论证的要求下无须证明，换句话说，对于要求论证者是明白而不待证的。对于要求论证者，论证必须有出发点，此出发点对他若是待证的，则须另提论证以证此出发点，此论证便失去作用。如证明"某甲会死"，必以"人都有死"为出发点；对于要求证明"某甲会死"者，"人都有死"若是待证，则须一证再证，原证便失其效用。

大前提的可了解性必须大于结论的可了解性，要大到什么程度？大到对于要求论证者自明（selfevident）而不待证的程度。如几何上"全体大于其中之部分"的原理，对于学几何者一目了然，无需证明。唯有自明的大前提能作论证的出发点。结论是论证的结果，对于要求论证者不能一目了然，必须经过论证才能了解，所以结论的可了解性小于大前提的可了解性。

论证是必然连珠组成的，"必然"也者，是说有某种前提，必有某种结论。在现实世界（the real world）中，事物之间有因果关系；因与果必然相连，故因果关系是必然关系。甲为乙之因，乙为甲之果，其间有必然关系，不容例外。表示事物间因果关系的言词谓之论证，在论证中，前提表示因，结论表示果。

四、论证的对象

论证是必然连珠组成的，其前提与结论之间成因果关系，所以论证的对象是必然（necessary）的事实，偶然（contingent）的事实非论证所能为力。如要证明某甲会死,必须某甲一定会死;若有例外,而某甲或会死或不会死,则一方面证明他会死,另一方面又证明他不会死,两方面的证明互相矛盾,彼此俱不成立。

所谓必然的事实,由动方面看,是一物的动作;由静方面看,是一物的品德。此种动作或品德是一物的本性所表现,换句话说,出于一物的内蕴(essence),否则不能成必然的事实。如人之有死,是人的本性所固然,即人的内蕴本含此种品德(property);此种品德是人的常德(essential property),"人"概念包括此常德,人的界说中有此一项。

根据前面两段话,可见论证的对象只是必然的事实,所谓必然的事实是一物的常德。因此,论证仅与事物的常德有关,事物的偶德(accidental property)非论证所能及。

五、论证的要素

每个论证含三个要素:(一)所证(that which is proved);(二)被证(that of which something is proved);(三)所由证——原理(that from which something is proved—the principle),如"人都有死,某甲是人,所以某甲会死"——"某甲会死"是所证,"某甲"是被证,"人都有死"是所由证——所据而证的原理。

所证有两个特性:(一)间接(mediate),因其从所由证和被证两前提推演而出;(二)代表一物的常德,因所证必是必然事实,而必然事实是一物的常德(关于此点可参看前目)。所由证有四个特性:(一)较所证为直接(immediate),因其是所据而证的原理,所证由之推演而出;(二)在逻辑上居先(logically prior),因其是普遍的,先普遍后特殊是逻辑上的次序;(三)可了解性大于所证,因其处于不可证、无须证的地位；（四）代表所证的因，因为有代表某因的前提，才得代表某果的结论，而所由证是代表某因的前提。至于被证，（一）是当前的事物，较之所由证更为直接。（二）所证是关于被证明的言说（something said），被证所处是词主的地位，因此，被证与所证成词主与所谓的关系（the relation of subject and predicate）；所证是被证的常德，被证所处是本体的地位，因此，被证与所证又成本体与赋性的关系（the relation of substance and attributes）。

六、论证的功能

论证的功能有二：（一）据因以求果；（二）由普遍原理推知特殊事实。关于这两点，读过以前各目即已了然，此处只需设喻：某甲是人，"人都有死"的因有以致"某甲会死"的果；某甲是人，据"人都有死"的普遍原理，能推知"某甲会死"的特殊事实。

这两个功能使论证能以往逆来、以曲概全，而致利用厚生之效。然而论证的最大关键在原理，原理愈多，论证运用的范围愈广，功效愈大。原理以归纳得来，可见归纳和演绎是相辅而行的方法，用演绎法驾驭自然（control nature），用归纳法开拓驾驭的范围。

第九节　界说

一、界说的原则

界说有三项原则：（一）对于所界对象（the object defined）必须举其内蕴；（二）对于所界对象必须恰尽其义，不多不少；（三）所举之义必须合乎"类"、"别"的次序，先后不可颠倒。现逐一解释如下：

内蕴是物所以为物的必要条件；就个物说，无此条件，便非此物。如书院之所以成书院，因其为聚徒讲学之所；"聚徒讲学之所"是书院的内蕴，也是书院的界说。就一般说，物的内蕴是物的基本赋性（attributes or essential qualities）。人为物以人所欲达的目的为赋性，人所赋予的性质是人为物的内蕴；如书院目的在"聚徒讲学"，加上"所"字，便成书院的内蕴。至于自然物，除其基本赋性，别无内蕴可言。为事物立界说，要注意两点：（一）举其基本赋性。如为高等哺乳动物（mammals）立界说，举其饮食的习惯，不如举其齿系（dentition）的特征，因其齿系的特征决定其饮食的习惯，前者比较后者为基本。（二）将所界之物纳于一"类"而成其中一"别"，以其基本赋性为此"别"在该"类"中与他"别"的分界（modification）。如说"杜鹃是啼鸟"，是把杜鹃纳于"鸟类"，并以其基本赋性"啼"为其在"鸟类"中与他种鸟的分界。这是所谓"界说成于'类'加'别'的差性"（definition consists of the genus and the specific differences）。

"对于所界对象必须恰尽其义"，是说，一物的界说只是此物的界说，移于他物便不适用。在恰尽其义的界说中，主词与所谓之间可以画等号。二者之间可以画等号者，彼此的地位可以调换——甲可等于乙，乙可等于甲；再则两边的分量相同——甲的分量等于乙的分量，乙的分量等于甲的分量，这就是不多不少，否则不能恰尽其义，便不成正确的界说。

"所举之义必须合乎'类'、'别'的次序，先后不可颠倒"，此项原则为自然物立界说时最适用。为自然物立界说，把所界之物纳于一"类"，再加上此物的基本赋性，以示此物是该"类"中的一"别"；如说"杜鹃是啼鸟"，是把杜鹃纳于"鸟类"，加上赋性"啼"，以示杜鹃是"鸟类"中善啼的一"别"。若所于纳之"类"较高,则所加的赋性较多,逐层加上——"类"加差性(differentiae,即基本赋性,因其加于"类"上,以区划"类"中之"别",故称"差性")而成"别","别"再加差性而成"别"中之"别",如此递加,所加的差性多少,视所界的物之为"别"与所于纳的"类"相距的程度如何。试为著者本人立一界说;提出界说以前,先做一图如下:

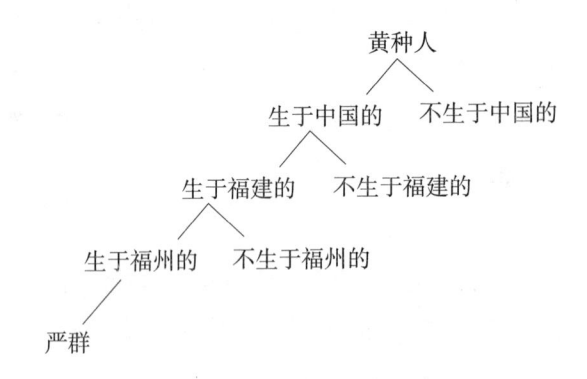

```
                    黄种人
                   /      \
            生于中国的    不生于中国的
           /       \
    生于福建的    不生于福建的
    /       \
生于福州的   不生于福州的
   |
  严群
```

上图所界的对象是"严群",所于纳的"类"是"黄种人"。为严群立界说,把他纳于黄种人一"类"中,一一加以限制,结果,"严群是生于福州市、福建省、中国的黄种人"。"严群"与"黄种人"之间相隔许多层,中间各层必须全数举出,举时次序不可颠倒。总而言之,运用第三项原则时,要注意以下两点:(一)必须尽举中间各"别"的差性(complete enumeration of the differentiae pertaining to the intermediate species or subaltern genera),不可有所挂漏;(二)递举中间各"别"的差性,次序不可紊乱。

二、界说的成立

立界说有三个方法:(一)汇合(composition);(二)类分

（division）；（三）会通（generalization）。为"最低别"（infimae species）立界说，适用汇合法。所谓"汇合"，是把一切基本赋性汇在一起，合成一个界说：如桌，是家具"类"中最低的"别"，桌的界说便是汇合形状、颜色等赋性而成的。较高的"别"（intermediate species or subaltern genera）乃至"类"的界说，则须兼用类分与会通二法。

类分如何？用图表示如下：

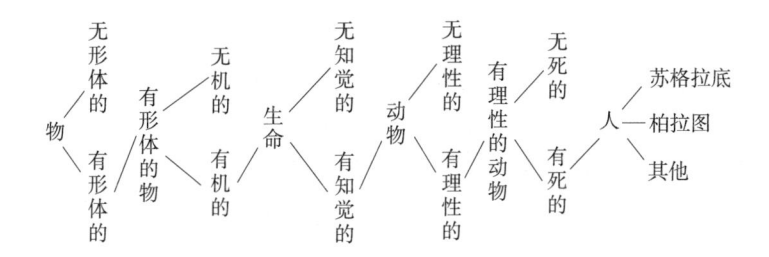

```
                                                            ┌ 苏格拉底
                                              ┌ 无死的     │
                                  ┌ 有理性的  │            ├ 柏拉图
                      ┌ 无理性的  │  的动物   └ 有死的 ─ 人│
          ┌ 无知觉的 │           │                        └ 其他
          │          │           │
    ┌ 无机的          ├ 动物      └ 有理性的
物 ─┤    │           │
    │    └ 有知觉的  └ 有理性的
    │ 有形体的
    │ 的物
    └ 有形体的
      无形体的
                生命
                有机的
```

上图是二分式（dichotomy）的，每层都分为二，把所注意的差性举出，其他所不注意者统用"非……"的形式包括，以与所注意的差性对立。所谓"非……"，是指非所注意的差性；如所注意的差性是"红"，非所注意的差性便是"非红"，"非红"包括红以外的一切差性。唯有如此，才能尽一切差性。然而此种分法，只能用以知"别"；为"别"立界说，此种分法有用。立"类"的界说，则此法不济事。"类"的界说之成立，在于一一剔选各"别"所有的差性，取其共同部分，去其不共同部分，会通而成界说；此法并不一一举出各"别"的差性，除却所注意者，其他但用"非"字概括，所以不能用于为"类"立界说。

还有一种分法，谓之世系式的（genealogical）类分。此种分法一一举出各"别"的差性（但也未必能尽一切差性），大有助于为"类"立界说。请看下图：

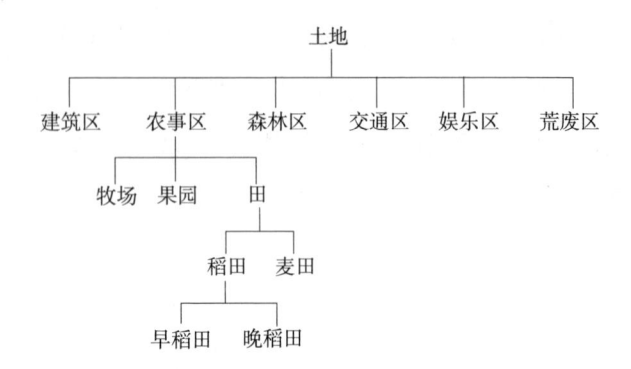

```
                        土地
         ┌────────┬──────┼──────┬──────┬────────┐
       建筑区    农事区  森林区  交通区  娱乐区   荒废区
              ┌───┼───┐
            牧场  果园  田
                   ┌──┴──┐
                  稻田   麦田
                ┌──┴──┐
              早稻田  晚稻田
```

上图每层的每个"别"原可逐一地分，兹只分其一，已足表示此法的特点。

  上面二图中，最高一层（如第一图的"物"、第二图的"土地"）谓之"总类"（summum genus），最低一层（如第一图的"人"、第二图的"早稻田"等）谓之"最低别"（infimae species），中间各层（如第一图的"有形体的物"以下、第二图的"建筑区"等以下）谓之"低类"（subaltern genera）；换句话说，类分起点的"类"为"总类"，类分终止的"别"为"最低别"，类分正在进行中的各"类"为"低类"。各"低类"彼此之间，对下说，谓之"类"，对上说，谓之"别"。由"总类"算起，第一个"别"对于第二个"别"，便成了"类"；第二个"别"对于第三个"别"，又成了"类"；——如此类推。在类分进行中，除却最高和最低两层，中间各层是亦"别"亦"类"，所以称为"低类"。分到"最低别"，不能再分；"最低别"以下就是个物，不成"别"了。如第一图的"人"以下就是个别的人，如苏格拉底、柏拉图……；第二图的早稻田和晚稻田以下就是个别的田，如这块田、那块田……

  类分是往下的工作，以视一"类"之中有多少"别"，换句话说，由"类"而寻"别"。至于会通，则分后由下往上追溯的工作，以视从各个不同的"别"能否找出一个共同的"类"。此二种方法，前者有助于"别"的界说之成立，后者有助于"类"的界说之成立。

三、界说与论证

界说与论证有如下区别：（一）界说所界的是共理（universal），论证所证的是殊事（particular）；（二）界说界定"是何"（what），论证证明"有此"（that）；（三）界说只有正的（affirmative），论证却正负（affirmative and negative）兼有。

第十节　第一原理

一、第一原理的性质

前面提过，论证只是知识的中段，知识还有头尾两段，就是感官所得到的事实和良知（intuitive reason）所认识的原理。此种原理谓之"第一原理"（the first principle），是一切知识的最后根据；无此最后根据，知识便站不住。读者知道，亚氏有一个基本观念贯串他的全部思想体系，就是形式与质料的观念。感官所得的事实是知识的质料，良知所认识的原理是知识的形式，二者合而知识产生。后者属内，前者属外，若用康德的术语，后者是预设的格式（a priori form），前者是所与的复象（the given manifold）。

知识的中段又谓之"间接的知识"（mediate knowledge），知识的头尾两段亦称为"直接的知识"（immediate knowledge）。头尾两段所以称为直接，（一）因其超出论证范围，（二）因其自明（selfevident）。唯其超出论证范围，所以不可证（indemonstrable）；唯其自明，所以无需证。不可证与无需证者，唯有靠主观的信赖

（subjective conviction）。这是一点。

二、第一原理的发现

关于第一原理的发现，有两个困难问题：（一）第一原理既是自明而无需证明，若是先天地存于吾心，难道我们不会觉得？（二）第一原理既是一切知识的最后根据，若非先天所固有，然则如何得来？因为知识不能无起点，取得知识必须有所凭借。

对于前面所提的两难问题，亚氏想了个解决方法，就是潜能与现实的说法。他以为：第一原理既非先天所固有，亦非后天所取得。若是后天所取得，取得时必须有所凭借，而第一原理是一切知识的凭借，其自身不能别有凭借。然则第一原理究竟如何发现？他说，在我们的认识本能中，原有认识第一原理的潜能。认识本能的最初步是知觉（perception），知觉所觉察一概是事物的公共性质，只是觉察时并不知其为事物的公共性质，但见其在此物、彼物。（以上请参看本章第二节第五小节末段）会发现在此物、彼物的性质为许多事物所共有，乃因吾心有认识共理的潜能。第一原理是最高的共理，共理中之最共者；故吾心有认识第一原理的潜能。第一原理既经发现，便是吾心的潜能臻于现实。

发现第一原理，要经过两个步骤：（一）知觉上的觉察；（二）良知上的认识。所谓觉察，是对于特殊事实的觉察；所谓认识，是对于普遍原理——第一原理——的认识。特殊事实觉察到相当的数目，良知便认识其中隐约所涵的普遍原理。此种认识是顿悟的，是直觉的（intuitive），是自内的（from within）。

知觉上的觉察是归纳的事，其工作在于汇集特殊事实，事实愈多，共理愈著。其实，知觉和特殊事实接触时，所觉察无非共理之类。如见一桌，所觉察的圆形是许多桌所共有。累积个别的觉察，始知屡次所觉察者相同，而征其为共。读者记得，我们前面说过，亚氏用归纳时，所举特殊事实不拘多寡，有时尽举，有时不尽举，有时只举一两个；无论如何，做到认识普遍原理便罢。所举特殊事实只能帮助良知认识普遍原理。发现第一原理，绝不是列举特殊事实所能尽其事。认识的本能，除知觉以外，还有良知，担任第一原理的认识，知觉不过做它的准备。但是，假如没有知觉替它觉察许多事实，假如未经过归纳法汇集材料的工作，良知也不能凭空认识或发现第一原理来。由此可见，认识本能最后一步的良知虽然是内心所固有的，是不由于外铄的，认识却也需要经验上所得的材料。

还有关于良知自身的一点，就是，良知是百无一失的（infallible），它对于它的对象，只有认识不认识，没有认识错的。这才是良知之所以为良知，唯其如此，一方面，第一原理不可证明，唯有靠主观的信赖；另一方面，这种信赖却不为虚，因为良知不会错的：它所认识的第一原理是绝对的真理。

三、矛盾律和排中律

亚氏满口说一切学术之上有公共的第一原理，但不见他切实举出。其实，这恐怕是不可能的事，在五花八门的学术之上，要找个贯串它们一切的原理，恐怕只是不可实现的理想而已。可是，亚氏从所有的原理之中，却找出两个最明白、最可靠、最无条件的原理，它们就是矛盾律（law of contradiction）和排中律（law of excluded middle）。

矛盾律是说：一物不能是如此又非如此（a thing cannot both be and not be so and so），它的公式是，"甲不能是乙又非乙"；这两个相反——正负——的言说不能都对，不能都错，必有一个对的，一个错的，绝没有两可——可对可错——的状态。排中律是说：一物不是是如此，即是非如此（a thing either is or is not so and so），它的公式是，"甲不是是乙，即是非乙"，这两相反——正负——的言说，每一个不对则错，不错则对，只有这两条路，二者必居其一，没有一条中间——不对不错——的路。

矛盾律和排中律是寻常名学书上所谓"思想律"（law of thought）。思想律本来有三条，第一条叫作"同一律"（law of identity），这里把它略掉，因为矛盾律已经把它的意义包含在内，其实就是把它的意义用负的语气（negative form of language）表出。

一切学术无非是思想的事，乃至最客观的（the most objective）自然科学，也是思想对外界东西的描写，外界的东西无论怎样呆板，怎样客观，总离不了"思想"两个字。矛盾律和排中律是思想的规则，所以，一切学术，当其用思想的时候，都不能不遵守它们。严格说，矛盾律和排中律不是贯通一切学术的第一原理，倒是一切学术用思想时所共守的规则。要说它们是一切学术的第一原理，唯有在这个意义之下可说，不然，在那些五花八门的学术之中，哪里能找得到贯通它们一切的总原理？

第六章　形上学

第一节　绪言

一、形上学的名称和《形上学》一书的内容

形上学这名称创始于后世学者。这一门学问，柏拉图叫作"辩证法"（Dialectics），亚氏称为"第一哲学"（the first philosophy），又称为"神学"（Theology）。这门学问所研究的是宇宙的第一原因或最后根据（the first cause or the ultimate ground），所以有第一哲学之称；而第一原因或最后根据就是上帝，所以亦称"神学"。

亚氏所留传的著作，《形上学》一书最欠完整，它不是一部有系统的东西，只是断片文字的凑合——虽然是以某种问题为标准的凑合，而内部很少联络。其实形上学在亚氏始终是问题，是许多困难的集中，严格说来，他在这方面只有零星的意见，没有整个的系统。这部书的内容正表示他对这问题研究的状况，现在把它分析制表如下：

卷次	内　容	考　语
Ⅰ-A	形上学的绪论——从四因的观点批评前人的学说。	列为第一卷是确当的。
Ⅱ-a	普通研究哲学的绪论。	和前后各卷没有关系。卷名为a，就是表示全书辑成以后插进去的。
Ⅲ-B	基本问题的建白。	应当紧接第一卷。
Ⅳ-Γ	论形上学的对象，兼论矛盾律排中律。	

续表

卷次	内　容	考　语
Ⅴ-Δ	界说或定义。	其中界说，有的简直和形上学全不相干。也是半路插入的。
Ⅵ-E	论形上学和其他理论科学的分别，兼论各种的"有"。	应当列于第四卷之后。
Ⅶ-Z Ⅷ-H	论实质、内蕴，兼论形式质料，和它们所合成的个物。	这三卷上下有联络。
Ⅸ-Θ	论潜能现实。	列于第六卷之后，是天然的次序。
Ⅹ-I	论各种的么匿（此处疑误。——编者）兼论一与多、大与小、同与异等问题。	固然是全书总体的一部分，可是应当列为最后一卷。
Ⅺ-K	由头到第八节第九节，是第三、第四、第六各卷的摘要；其余是物理学一书二、三、四、五各卷的摘要。	和全书的大计无关。
Ⅻ-Λ	续论实质、形式与质料、潜能与现实等问题。兼论运动变迁，和第一动源——上帝。	亚氏思想最成熟时之作。
Ⅷ-W	对于柏拉图的意典说和他晚年数理化的意典说的批评。	第四、第五两章和第一卷第九章第一至十五完全重复。唯一的不同只是：在第一卷里，他用柏氏学院的同人的口气批评，这里他用学院以外的人的口吻批评。
ⅩⅣ-N		

二、形上学的可能性问题

前面说过（本部分第四章第一节第二、第三小节），亚氏把一切学问统归哲学范围之内，在这些学问之上，又创一门超越的学问（supreme science），叫作"第一哲学"或"最高原理之学"。可能性的问题就在这里发生：宇宙间的事物既有各种学问去分科治理，形上学还有它的特殊工作吗？万事万物都被各门科学拿去研究，还有什么留下给形上学？各科学各有它的原理，哪里又来什么最高原理？假如形上学以宇宙一切事物为对象，换句话说，把各科学所研究的东西统统拿来研究，那么只有形上学一门就够了，何必又要各门科学？倘若如此，各门科学都被形上学所兼并，而全归乌有了。如果一方面各门科学仍旧存立，一方面在它们之上又有一门形上学，这形上学有什么事可做？形上学纵使从各科学的原理绅绎所谓最高原理出来，这最高原理所管辖的范围是什么，难道能统御五花八门的科学吗？换句话说，宇宙间的形形色色，这几条原理能包罗得尽吗？

亚氏对这些问题曾经考虑，他的答案大约如此：（一）关于对象的问题，他说形上学不怕没有对象。据他看，一切学问所研究的无非是万有，万有之中当然有分别，有种类和等级之可言。形上学所取为对象的"有"是最基本最普泛的"有"（the most ultimate and general being），其他科学的对象都是比较浅狭而且分殊的"有"。万有有等级的不同，所以研究万有的学问也有第一、第二……之分——形上学称为"第一哲学"，物理学称为"第二哲学"，等等。（二）关于最高原理的问题，他说这种原理不但可以找得到，而且有它所管辖的范围，这范围随形上学的对象而定。它的范围是"凡有"（being as such）的范围。宇宙万有，不论分殊的程度与状态如何，只要是"有"，都得服从若干规律，这规律就是形上学的最高原理，这种原理亦称"凡有"的原理。换句话说，无论从何等的"有"，都能抽出它的"仅仅一有"（bare existence or being），这个"仅仅一有"是形上学上最高原理的范围；形上学上最高原理，亚氏认为就是矛盾律和排中律。

据著者看，亚氏的形上学可能不可能的问题，就是今日哲学能否存在的问题。今日有一班人说哲学不能存在，因为科学这样发达，门类这样多，世界上的事物与问题全被科学搬去了，哪里还有哲学效劳的余地？著者认为哲学到如今还是不怕没有对象，不过和亚氏所说的对象不同。现在哲学的对象是整个知识的问题。科学是知识的总体，它们把宇宙一切拿来研究而成知识，可是知识本身（若用亚氏的话，可谓"凡知"或"仅仅一知"）上有种种问题，如知识的来源和能力等等，是科学所管不到的，这就是哲学所特有的对象，哲学的对象是一切知识或科学背后最基本，而它们所顾不到的问题。

三、形上学的问题与题材

亚氏以前的哲学家，关于形上学方面，遗留下来不少问题，亚氏先要承继这份遗产，然后再想开发新的富源。那些问题集中起来，共成四项，这四项是他整个系统发展的大势：（一）关于真如的问题（problem of actuality or reality）；（二）关于个物与共理的问题（problem of the individual and the universal）；（三）关于总与散、一与多的问题（problem of unity and manifold, one and many）；（四）关于生灭变化的问题（problem of becoming and change）。

宇宙间的形形色色，到底物物是真、事事是实呢？或者它们只是外相（appearance），背后还有真如？自有哲学以来，大家都承认有真如，都努力找真如，至于真如的性质究竟如何，大家的意见颇不一致。有的主张真如是物质的，是有形体的，如苏格拉底以前的哲学家之以火、气、水、土等等为宇宙之根；有的主张真如是思想的，是无体的，如安那萨哥拉（Anaxagoras）之以思（mind）、以理（nous or reason），柏拉图之以意典，为万物之源。

个物和共理到底孰真孰幻？有人主张个物是真，共理是幻；有人主张共理是真，个物是幻。更有人不承认分殊的个物，也不承认抽象的共理，以为宇宙只是块然一"有"，什么个物共理一概是幻。第一种是唯名论者（nominalist）安剔曾尼（Antisthenes）的主张，第二种是柏拉图的主张，第三种是潘门尼底（Parmenides）的主张。

这个问题是前一个问题所引起的。前一个问题由眼下的形形色色推想到背后的根源,这个问题是发现了背后有根源以后,再拿来和个物比较轻重、估计价值的一种办法。所谓眼下的形形色色无非是个物,所谓背后的根源无非是共理,所以这问题叫作个物与共理的问题。比较和估计还是以真幻为标准,表面上似乎兜圈子,其实不然,因为共理和个物的概念是第一问题中所没有,在这里可算是思想上一对新的花样(type)或基型(norm)。

　　第三问题是从前两个问题来的,前两个问题发现宇宙间有个物和共理,同时还想估定它们的地位,第三个就问它们如何并存于宇宙之间。经验明明告诉我们,世界上有总有一,同时也有散有多,这两对相反的对象怎样调和?例如一斗米,不是一吗,总吗?然而其中又有无数粒的米,这不是多吗,散吗?何以一斗米同时又一又多,又总又散?关于这个问题的答案也是各派不同:伊里亚派(Eleatic School,如潘门尼底和任诺﹝Zeno﹞之流)主张这两种现象不能并存、无法调和,于是便否认多与散的存在,以为只是幻相而已。辩士派反过来否认有一有总,利用多与散的现象证明是非善恶之无标准,结果个人的意见尽成宇宙一切的尺度。安排杜克里派(Empedoclean School)和原子论派(Atomistic School,如卢屑普﹝Leucippus﹞和德模克利图之流)于物质以外不承认有物,所以一与多、总与散在他们只是物质上并列和分置的现象。毕达哥拉派倒想出调和的方法。他们以数统万物,万物虽多而散,有数统之,可以成一成总;万物是形下的,数是形上的,于是非但一与多、总与散有了着落,同时形下形上也得联络。柏拉图用意典说解决这问题。他说,万物是多是散,有意典统之,所以意典是一是总;意典又是多是散,又有最高意典统之,所以最高意典又是一是总。(参看拙著《柏拉图》,第107—110页)柏氏此说的功效和毕派的一样。

宇宙间变迁生灭的现象也是经验所见得到的，这到底是怎么一回事？一物何以能够由无而有、由有而无？凡生灭变迁之中都有运动（movement），运动又是哪里来的？赫拉克利图（Heraclitus）主张变迁绝对之说（theory of absolute flux），以为宇宙间尽是变迁，简直找不出不变的东西。伊里亚派在块然一"有"的宇宙观之下，不承认有运动的现象；没有运动，自然也不会有变迁生灭。其他如麦加拉派（the Megarians）和辩士派，对这问题都下过检讨的工夫。安排杜克里（Empedocles）、安那萨哥拉、卢屑普、德模克利图等，比较有具体的答案，他们把变迁生灭认为是不变不灭的物质表面上的分合聚散。柏拉图对这问题的解决，有一部分和他们相似，他把变迁生灭的现象归于物世界，认为是宇宙的外相，这点和他们相似；可是他更进一步而建设一个理世界，认为这是真实的境界，在真实的境界里面没有生灭变迁的现象。

前人所留下和亚氏所承继的问题既如上述，我们就得问问他着手研究时所取的题材（subject matter）是什么。他的题材有两方面：（一）第一原理；（二）"凡有"。

所谓第一原理，是名学上的第一原理，也是形上学上的第一原理。在名学方面，它们是思想律（law of thought），在形上学方面，它们是"凡有"律（law of being）；没有它们，思想便无法认识外界的东西，外界也无"有"（即东西）之可言。假如甲可以同时"是甲"，或"非甲"，思想怎能认识东西，因为你说甲是这个，同时它又不是这个，乃至这个也不是，那个也不是，你不能指定它是哪一个，简直把捉它不住。这是站在内的思想方面说，不能没有几条基本的法则；反过来，站在外的对象方面说，至少也得有物。假如甲可以同时"是甲"和"非甲"，或"非甲"和"非非甲"，那么便是无物，因为物的基本条件在于可以"指得"（to point to），如果你指得是它，它又不是它，乃至无处可指，就是它根本无物。无物，思想自然没有认识它的可能。所以思想能够成立，便可证明外界有物，外界有物，思想才能成立；这是思想律同时也是"凡有"律的原因。名学上发明思想律，能使形上学的地位稳固，因为它证明外界有物，换句话说，替形上学的对象——"凡有"——奠好根基。根据这个精神，第一原理之为亚氏研究的题材，在次序上比"凡有"居先。

"凡有"的根基既已稳固，亚氏便进而研究"凡有"。然而宇宙充满着万有，万有是一切学问的对象，形上学是学问的一种，或最基本的学问，那么它的对象也是万有之一，或最基本的"有"；"凡有"就是万有之一，就是最基本的"有"。亚氏在一切学问之上建立形上学的时候，便于万有之中找出"凡有"做它的对象。"凡有"怎样找出的？他用分析的方法，也像柏拉图找意典一样，把万有逐层剖剥，至终得到"凡有"。于万有之中，先把偶然的部分除掉，所余的是必然的——有因果律可寻的——部分。偶然的部分，他认为在知识的范围以外，任何学问都不能研究；必然的部分，他认为在知识的范围以内，是学问的对象。于必然的部分之中，他又分为两部分：（一）属于思想的；（二）属于事物的。前者是内的、主观的心态，属于名学研究的范围；后者是外的、客观的物情，属于名学和心理学以外其他学问研究的范围。属于事物的部分又分实质（substance）和附性（attribute），实质又分有形体的（the sensible）和无形体的（the insensible）两种。有形体的是附性加在本质之上所成的万物，亦称"实体"（the substantial）；实体可分两大类：（一）灭的（the perishable）；（二）不灭的（the imperishable），它们统属于自然哲学（philosophy of nature）研究的范围。无形体的是永久的（eternal），亚氏认为是宇宙万物的动源，叫作"第一动因"（first moving cause），也就是上帝；这就是"凡有"或纯有（pure being），就是形上学的对象。为明了起见，制图如下：

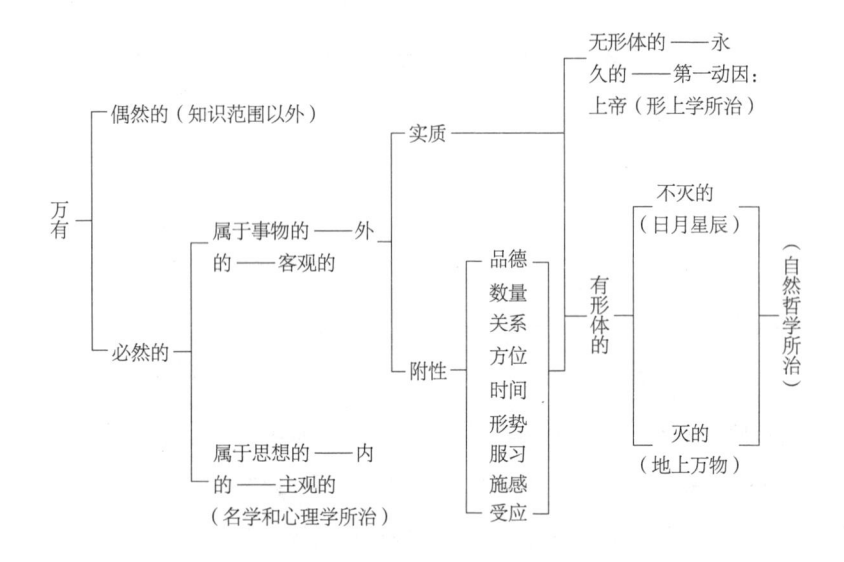

```
                        ┌─ 偶然的（知识范围以外）
                        │
                        │                        ┌─ 实质 ─┬─ 无形体的——永久的——第一动因：上帝（形上学所治）
                        │                        │       │
                        │          ┌─ 属于事物的── │       │            ┌─ 不灭的（日月星辰）
                        │          │  外的——客观的 │       └─ 有形体的 ─┤                        （自然哲学所治）
万有 ─┤                  │          │              │                    └─ 灭的（地上万物）
      │                  │          │              │
      └─ 必然的 ─────────┤          │              └─ 附性 ─┬─ 品德
                        │          │                        ├─ 数量
                        │          │                        ├─ 关系
                        │          │                        ├─ 方位
                        │          │                        ├─ 时间
                        │          │                        ├─ 形势
                        │          │                        ├─ 服习
                        │          │                        ├─ 施感
                        │          │                        └─ 受应
                        │          │
                        │          └─ 属于思想的——内的——主观的（名学和心理学所治）
```

四、形上学的性质

亚氏认为人类求知之欲是先天的，人类当初民时代或孩提时期，就有一种惊疑的天性（natural disposition to wonder and doubt），这种天性向外发展，便是求知之欲。求知的第一步尽于五官之所接；接久而生记忆；积记忆而起经验；由经验中取得应用的法则而成"术"（art）；讲求因果，为知求知，不拘应用，便叫作"学"（science）；由寻常的因果进而追究最后一因，就成"智慧"（wisdom）。人类求知识，到"智慧"这一步，惊疑全部取消，因为宇宙最后一因既已找到，一切都有着落，便没有什么不可解之谜。因此我们可以说，哲学始于惊疑，终于无惊无疑。由惊疑到无惊无疑，这整条路线是广义哲学（参看本部分第四章第一节第二、第三小节）的路线；无惊无疑是狭义哲学——形上学——的境界，是知识的登峰造极处。

形上学在整个知识上的地位既已明白，我们不难了解它的性质：（一）所赅最广——形上学所求是宇宙的最后之因、万有的普遍根据，如网之纲，纲既在手，网中的鱼往哪里逃？宇宙的最后之因、万有的普遍根据，既为形上学之所求，则宇宙万有，形上学自也无所不包。（二）所致最难——最后和普遍的离感官最远，人类之求知，去感官愈远，便愈显得困难。而形上学所求是宇宙的最后之因、万有的普遍根据，所以在各门知识中，形上学是最难的。（三）所示最确——宇宙的最后之因和万有的普遍根据必不能多，只是一个；以一制全，万无一失，其中因果关系没有例外，准确程度莫过于此。形上学操这种唯一的原因和根据以解释宇宙万有，故所示最确。（四）所教最深——凡一切教导的事无非教人求因果、找根据，形上学把宇宙的第一原因和最后根据指点出来，故所教最深。（五）所向最高——形上学的对象是知识的最高对象，是其他一切对象所趣之鹄，换句话说，其他对象为了这个对象才有研究的价值。（六）所造最神——形上学所取得的是宇宙的一把总钥匙，拿着这把钥匙，一切宝藏都能开，其功用比其他学问都神得多。

五、形上学和其他学问的分界

形上学和其他学问的分界全在题材上。前面刚说形上学的题材有第一原理和"凡有"两部分。其他学问之所以存立，也脱离不了第一原理，其题材不出万有的范围。可是，同是第一原理，在其他学问和在形上学，其应用的态度不同；同是"有"，在其他学问和在形上学，其种类与等级互异。

第一原理在形上学和在其他学问，其不同之点有二：（一）在其他学问，第一原理是一种默认的前提，一向不发生问题，换句话说，不知不觉地遵守它，视为固然，从不想到有它存在。例如物理学家说"力是什么"，当他说这句话的时候，他的意思当然不是说"力不是什么"，然而他不曾想到这句话背后的根据，换言之，他应用了第一原理中矛盾律的原理，自己倒不觉得。形上学家便告诉他：他这句话所以成立，不至同时变成"力不是什么"，都因为背后有矛盾律管着，你说"甲是乙"的时候，才不至于同时变为"甲非乙"。由此可知，其他学问无意识地应用第一原理，形上学有意识地认定第一原理的地位。（二）第一原理在其他学问的应用属于主观的思想和言说方面，在形上学的应用属于客观的对象与存在方面；换句话说，在其他学问上，第一原理所居的是名学上思想律的地位。在形上学上，第一原理做"凡有"的根据，成了"凡有"律。因为，其他学问各取万有之一曲为对象，所以"万有"的根据在它们不是直接的问题，形上学以"凡有"为对象，所以"凡有"的根据在形上学是直接的问题。

宇宙充满着万有，万有是一切学问的对象。然而万有有等级的不同，因此学问也有门类的分别。形上学之所以别于其他学问，在于它的对象是最纯粹、最普遍的"有"；其他学问的对象是万有之一曲，所以不是最普遍的，上面加以种种附性，所以不是最纯粹的。总括一句，形上学的对象是"凡有"（being in general），其他学问的对象是有定性的"有"（being determinate）。这是从静的方面看。再从动的方面看，形上学的对象是自己不动而使人家动的，所以叫作不动的主动者（unmoved mover），其他学问的对象是自己不能动而常常被动的。前者是无形体的（incorporeal），后者（除一部分为名学和心理学所治者外）是有形体的（corporeal）。前者是无限的（infinite），后者是有限的（finite）。

笼统地说，形上学和其他学问的分界大致如此。再从个别方面看，前面万有分类的图已经指示我们了。第一步，亚氏先把偶然的——无因果律可寻的——部分排出一切学问的范围以外。然后，把主观或没有实质上的存在（having no separate substantial existence）的部分划归名学和心理学的范围，把客观或有实质上的存在（having separate substantial existence），而不免于运动变迁的具体东西（concrete entities）划归自然哲学的范围，再把由具体东西所抽出不变的形态（aspects）——如数量、关系、方位、形势等——划归数学的范围。最后把那又有实质上的存在，又能免于运动变迁的部分留作形上学的对象。

然而实际上，亚氏的形上学，在题材方面，往往和名学与自然科学相混。他把形上学的问题和真正名学的问题统称为名学上的问题，他在名学书上讨论范畴和第一原理，在形上学书上也同样讨论——这都是形上学和名学分不清的证据。至于他的物理学书上的材料，简直看不出和形上学书上的有什么严格的分别。

六、亚氏和柏氏在形上学上意见的分歧

亚氏做学问有一个习惯，就是，无论研究什么问题，一下手先把前人已有的成绩算个总结账。他在形上学方面自然也是如此。《形上学》一书的第一卷和最后两卷，几乎全部是关于柏氏和柏氏以前各家的批评。他对于柏氏以前各家的批评比较简略，对于柏氏的批评却非常详细。他简直不断地批评柏氏的学说，因为他的系统是对于柏氏的一种革命，就说得缓和些，也是由柏氏的系统渐渐解放出来的，所以必须把自己的新旗帜和柏氏的旧旗帜所不同的地方标识得很鲜明。

亚氏替柏氏以前各家算账的结果，是发现他们有两个共同的

缺点，就是：（一）他们只发现宇宙的质因（material cause），其他形、动、鹄三因（formal cause, efficient cause, final cause）简直不曾想到；（二）他们的唯物主义把其他的路塞住了，换句话说，他们囿于物质的范围，所以找来找去，总不外乎几个物质的原素（material elements），始终不能发现形上的原理（incorporeal principles）。柏氏比较进步，他发现了形因和鹄因（因为他的意典是万物的形式，也是宇宙的鹄），而依旧缺少动因。亚氏自以为贡献处在于加上一个动因，他的哲学就在这一点上发挥。须知柏、亚二氏根本不同的地方在于一个注重静方面的"有"（being），一个注意动方面的"变"（becoming or change）。柏氏重"有"，所以把意典和事物分立起来，专就意典方面发挥，对事物方面比较疏略。他对于事物的变化迁流不大厝意，所以也不努力去找动因。亚氏重"变"，所以非找着动因不可；并且，不只是成立一个形上学的系统就算了事，同时还要钻进事物里面去找它们变化迁流的痕迹，因此开辟许多新的学问，做后世科学的始祖。

柏氏哲学的中心在其意典说，所以亚氏就这方面攻击，他的批评，先对意典说的本身，再对意典的数理化。

亚氏对于意典说的批评，大致集中在以下三点：（一）意典不是实体的东西（nothing substantial）；（二）意典既不是实体的东西，就不能离个物（individual things）而独立；（三）意典缺乏动力（moving force），缺乏动力，便不得为万化之因。

柏氏的老师苏格拉底替知识界开辟一条新路，他教人求知识先要求概念，他说，要知道一件东西，必须先认清它的概念，否则对它的认识不是全错，就是半错半对。概念好比一只船，要得知识，必须由它去运载。这种说法是对的。到柏氏手里，才把概念当作实体的东西，在他叫作"意典"；非但如此，他以为求得概念，即已尽了求知识的能事，换句话说，概念就是知识，此外别无知识。这种看法有些过分，亚氏就反对他的过分之处。亚氏承认概念是知识唯一的媒介，因为变动不居的万事万物，必须化成固定有常的概念以后，才能作为知识的对象；但是，过此而把概念认为实物，他就不赞成了。这是一层。其次，概念固是知识的媒介，然而得到概念，未必就算尽了求知识的能事。柏氏的哲学到意典说（就是他的形上学）成立便止；亚氏却于形上学以外，更设许多科学，这就证明他得到了普遍的概念不就此满意，还要到特殊的事物里面去钻。钻的结果，又得一堆概念；又不满意，再去钻，不断地钻，概念也不断地找着，结果科学天天发达，门类日多。这种精神就是亚氏所以能做科学始祖的原因。

亚氏说，概念不是实质（substance），没有具体的存在（concrete existence），因为它是普遍的；凡普遍者不得成物（a thing），乃是物的附性（attribute），在语言上，不能做词主（subject），只能做"所谓"（predicate）。个物才是实质，因为它不做他物的附性，也不做他物的"所谓"——这是实质的基本条件。若把概念认为实质，像柏氏之于意典，则矛盾百出，信手举来，可得以下三点：（一）概念若是实质，便非普遍，换句话说，就不是许多个物的共相（universal）；然而概念不得不为共相，普遍是它的基本性质。硬把概念认为实质，就是把共相当作个物——这是大错特错。（二）一个概念尽许是许多概念合成的，如果概念是实质，则一个实质可以是许多实质合成的；实质就是个物，那么，许多个物，在同一时间之内，能够占据同一空间——这岂不是笑话？（三）按柏氏意典说的原则，物物都有意典做模型，同样的物模仿同一意典，而意典又是实质，换言之，即是个物。准此推理，意典既然也是个物，那么它和与它同样的个物（即模仿它的个物）又是模仿另一意典；如此类推，意典层出无穷，物上加一意典，意典又变成物，其上又得另加意典——意典方出，辄自取消，逐层上去，意典始终不能成立。所以，按柏氏自己所定的原则，意典说是不能成立的。

至于意典之不能离个物而独立，只是意典非实质的必然结果。亚氏为学往往诉诸经验，他说，我们实际的经验（狭义的，非广义的）所接触无非具体的个物，思想在经验之上加以作用，然后才知道许多个物之中有其共同的性质（characters common to many individuals）。这些共同的性质是真实的（real），是客观的（objective），绝不是主观的幻想；其真实与客观的程度尽许和个物相等，然而不必因此便与个物分立（separately exist），它们本来潜存（subsist）于个物之中。并且，（一）柏氏既把意典认为个物的内蕴，一物的内蕴怎能和一物分立？换句话说，内蕴与其所于为内蕴之物（the thing whereof it is the essence）分立，这话是矛盾的。况且柏氏关于这一点也没有充分的证明。（二）苏、柏二氏之创立概念与意典，其本意在于帮助求知识，换句话说，想对变动不居的万事万物有所认识，必须找出它们里面不变的部分。概念与意典就是它们里面不变的部分，若是独立起来，和它们毫不相干，岂不失去功用？岂不依然无法认识万事万物？试问创立概念与意典的本意何在？（三）意典或概念若不在个物之中，便不能做个物的内蕴，那么对于一物之所以为一物，丝毫没有好处（making no contribution to the being of a thing）；形形色色的宇宙，绝不是悬空的意典所能解释。物之为物是由于形式在质料上起一种分划区别的作用；而作为形式者和作为质料者本身都是个物。物之成物，都是形式寄托于质料在个物上起作用的结果。例如人之所以成人，因人的形式拍在筋骨血肉上；人的父母和人的筋骨血肉都是个物；父母生子是把他们身（即一堆筋骨血肉）上所有人的形式拍在儿女身（亦即一堆筋骨血肉）上，这就是形式在个物中所起的作用。（按亚氏以父供给子女的形式，母供给子女的质料。）又如房屋之所以成房屋，关键在其形式，房屋的形式存于建筑师（个物）脑中，实现在材料（个物）上，这也是形式在个物中对于作为质料的个物起作用。可见宇宙间的万物，无论自然人造，其由来非悬空的形式所能致，形式必须存于个物之中，才能起生成的作用。

关于意典缺乏动力的结果，可分两层看：（一）不能解释宇宙万物的存在（cannot explain the existence of thing）。你纵使承认有马的意典，然而世上如何有具体的马？马的意典没有动力，就不能产生具体的马；一切意典都没有动力，就不能产生万物。所以宇宙万物之生成与意典无干。柏氏说些"分得"（participation）和"模仿"（imitation）的话，以为万物是模仿或分得意典而成的；然而"模仿"和"分得"究竟什么意思？亚氏认为只是含有诗意、不可解的比拟（unintelligible, poetic metaphor）。"分得"和"模仿"的话纵使可解，其中还有问题，就是"如何"与"为何"（how and why）的问题——万物如何分得或模仿意典，万物为何分得或模仿意典？意典既没有动力，则万物与意典之上，必须另加一个动力，使其分得或模仿其他；否则，万物若能自动去模仿分得，那么就是自生自成，既是自生自成，又何必模仿意典、分得意典，乃至以意典为根为源？（二）不能解释宇宙万物变动不居的现象。就算"分得"和"模仿"的话有意义，就算万物模仿或分得意典的解释可以成立，就算万有之由来的问题已经解决，然而万物"变迁"的问题依然存在。因为按定义（by definition），意典是静止的（motionless）、不变的（immutable），万物若是模仿或分得意典，那么万物也是静止和不变的；但是事实恰恰相反，然则万物中那些变动的现象哪里来的？这个问题便把柏氏问倒。

意典非实质、意典不独立、意典缺动力——这三项是亚氏对于意典说主要的批评，我们已经逐项叙述过了。还有次要的三点亦须注意，就是：（一）意典只是万物的重复（concrete things duplicated）。为解释万物的由来，而找出意典，然而意典的内容和万物的内容简直一样，因为，按定义，它们只是万物的模型，换句话说，另一副的万物。例如人之意典亦称"理想的人"（ideal man），"理想"二字究竟有什么内容？恐怕此二字等于虚设，人之意典的内容和具体的人并无分别，结果不是无聊的重复？亚氏说得有趣，他说，柏氏之设为意典以解释万物，就像有人以为小数目难数，加上一倍反而好数。（二）意典只是万物的提升（concrete things exalted）。柏氏想在有形体、有变动、有生灭的宇宙之中，找其无形体、无变动、无生灭的原理，找来找去找不着，结果只好硬把眼前的万物提升，在每物之上，加以"无形体"、"无变动"、"无生灭"等字样，认为就是各物的原理。其实"沐猴而冠"，强当作人，哪里行呢？所以亚氏把意典比于拟人宗教（anthropomorphic religion）上的上帝，这种上帝是人意中权当作神的人（deified man），意典也是自然界里权认为可久的万物（eternalized things of nature）。（三）一物尽可分成许多概念，如人，可分为"生物"（living being）、"两足"（biped）、"人"（man）等概念；假如每一概念都是一个意典，那么一物尽许是模仿无数意典而成的。这是第一层。每物都可归类，此类的概念就是此物的意典；例如把圆颅方趾的一物归"人"之一类，"人"便成了圆颅方趾一物的意典。然而类上有类，往上直推，不知所止，那么一物之上不知有多少意典，重重叠叠；例如桌子归"桌子"一类，"桌子"之类又归"家具"一类，"家具"之类又归"人造品"一类，这许多层的类就是许多层的概念，它们直接或间接都做了桌子的意典，因为它们直接或间接都统得到桌子。这是第二层。一类之上又有一类，就是一层意典之上又有一层意典；按定义，低层模仿高层，高层是模型（type），低层是所仿（copy）；如此不断地往上推，每个意典一方面是模型，一方面又是所仿，意典层出无穷，它们也不断地一方面做所仿，那么和意典为模型的原则不符。这是第三层。

亚氏对于意典说本身的批评大致如此，现在再述他关于意典数理化的意见。柏氏晚年受毕达哥拉派的影响，把原来的意典说和毕派的数理论混合起来。毕派以数为万物的根源，亚氏说：他们"明白指出某某数是公道，某某数是灵魂，某某数是理性，某某数是幸运——乃至一切东西无不可用数来代表"（《形上学》，Ross 译本，Oxford University Press 版，Book A, 5: 22-32）。意典本来也是万物的根源，于是柏氏便把意典认为与数同物。同时，把数学的位置排在意典与事物之间（interposing between the ideas and the things of sence），把数学的对象认为介于意典和个物间的存在（existence intermediate between ideas and particular things）。

亚氏对于意典数理化的批评可分以下三点：（一）数不能产生万物。按定义，意典是万物的由来，换句话说，负生物之责；若把数等于意典，难道数是万物的由来，数能产生万物？这话亚氏绝不相信，他最反对把实体的东西归源到几个空头的数目（to derive material things from empty numbers），或把物质上的原素等于数学上的空间（to identify the material elements of things with mathematical space）；他认为实体的东西有数之一德（a property of number），物质上的原素有空间的特性（spatial characteristics），然而此外还有其他的德和别的特性。（二）质与量分不清。老实说，一个意典只是一个概念，概念是质上的分划（qualitative determination），数目是量上的分划（quantitative determination），二者怎能相等？任何二数可以相加而成一数，然而不能任何两个概念相合而成一个概念。倘若硬把数等于意典，暂且不提可能不可能的问题，就说可能的话，数也失去它的本性，那就不是数，那就变成另外一物。（三）物德与物如（property and thing-in-itself），或附性与实质（attribute and substance），混为一谈。按定义，意典是物如，是实质；然而数只是表现在物如之上的一德，附于实质之中的一性。用亚氏的术语说，数是范畴中的"数量"，"实质"以外各范畴全是实质的附性，它们全合起来还不能等于实质，难道"数量"一范畴倒能等于实质？

亚氏关于意典数理化的批评既如上述，现在再看他对于数学的观念如何。他那数学上的数（number）和形（figure）都认为是形下的物性的抽象（abstraction from sensible qualities）。例如"一"的由来便是如此：睁开眼睛，看见形形色色的东西，把它们一切不同之点都撇开，只把它们"个个都占一块地方"这个同点抽出，说它们都是一个东西；然后再进一步，把"一"和"东西"分开，不管它是不是东西，只提出这"一"，于是便成"一"的数（拙著《柏拉图》，第 115 页）。至于形，也是用类似的方法，在形下的物上，将其质（matter）的部分抽去，所余只是几条界线之所范围（area surrounded by boundaries），这就是形。这是头一步的抽象，进而把第三向的量积（third dimension）抽掉，所剩的只是面（surface）；再进而把第二向的量积（second dimension）抽掉，所剩的只是线（line），叫作舒积（extension）；再进而把第一向的量积（first dimension）——舒积——抽掉，所剩的只是点。在亚氏，这种抽象的数学上的对象固然也是介于最高的概念（the highest concepts），或最普遍的共相（the most universal universals）——如"有"（being）与"一"（unity）等——和具体的事物之间，然而不像柏氏那样把它们认为独立的物件（independent entities）。

第二节　第一原理

一、矛盾律、排中律与"凡有律"

前面说过，亚氏所求的第一原理是贯串一切学问的原理。其实五花八门的学问，对象既已分歧，方法又复互异，要想由它们之中找到这种原理，实在困难，也许是永不可能的事。但亚氏总不断努力，总想求到一种原理，在最低限度上能够贯串一切学问，他努力的结果，发现了所谓矛盾律和排中律。关于这二律的性质、内容及其如何发现，已在前章第十节里述过，此地不必再赘。我们此刻所要知道的是二律的含义。

谈到二律的含义，要注意方才所说"最低限度"四字。一切学问的对象种类孔多，其方法极繁，然而有一个共同之点，就是，它们的对象脱不了万有的范围，它们的方法逃不出思想与言语。无论它们的对象是万有中的何种，草木也好，土石也好，质也好，力也好，总归是"有"。此"有"叫作"凡有"，是一切学问所共同的，那么，关于"凡有"的法则自然也是它们所共有的；此种法则叫作"凡有律"，就是矛盾律和排中律。然而对象上所同尽于此矣，过此不能再有所同，所以说"最低限度"。不管它们的方法如何繁杂，它们总不能不思想、不说话，这点也是它们所共同的，那么，关于思想和言语的法则自然也是它们所共同的；这种法则称为"思想律"，也是矛盾律和排中律。然而方法上所同也尽于此矣，过此不能再有所同，所以说"最低限度"。总括一句，矛盾律和排中律的含义有二：（一）名学上的含义；（二）形上学上的含义。在前一含义下，它们是思想律；在后一含义下，它们是凡有律。

然而思想律何以和凡有律相合，换言之，矛盾律与排中律何以又是思想律，又是凡有律？此中有待解释：按亚氏实在论的态度（realistic attitude）说，二律之所以为思想律，正因为它们是凡有律，换句话说，外界的"有"若不是如此这般，内心的"思"也就不是如此这般。我们无论想一件什么东西，必须遵守矛盾律和排中律：我们不能想它同时有某德，同时又无某德（矛盾律）；我们必须想它不是有某德，就是无某德（排中律）。或有某德，或无某德——或有或无，必居其一。所以这样，全因为外界的事物，对于某德，本来不能同时亦有亦无，一时非有则无，非无则有。表面上看，二律好像只是思想上的必然性（necessity of thought），其实原是万有中的必然性（necessity in the being of things），前者倒是根据后者方才成立。假使否认矛盾律的凡有律，只承认它是思想律，那么，举个实例，譬如这张纸，我们说："我们不能想它同时亦白亦非白，而这张纸本身能同时亦白亦非白"；接受这句话，就是承认我们能想它同时亦白亦非白，否则我们怎能知道它本身能同时亦白亦非白？难道这宗事实是半天飞来的，不曾经过我们的思想？换句话说，接受这句话，就是，当我们正说不能想一物同时亦 X 亦非 X 的时候，承认能想它同时亦 X 亦非 X；此中俨然有矛盾，所以，否认矛盾律为凡有律的话不能成立。假定否认排中律为凡有律，就是否认万有各有固定的性质，那么，万有之中的你和你否认此律的话是否有固定的性质？假如也在否认之例，也没有固定的性质，那么，你否认此律的话尽许不是否认，你否认此律时尽许不曾否认。这是一层。复次，万有之各有定性，其含义在于定性彼此能够互相排斥，这才是任何否认（deniable negation）的根据，因为否认就是以甲定性排斥乙定性；假如万有没有定性，那么，对于它的任何否认都不成立，结果，对排中律——万有有定性之假定——的否认自也不能成立。

二、矛盾律、排中律消极的证明

亚氏对于二律并不想证明，因为它们是不可证的。宇宙中的万事万理，假如一一都要证明，结果变成无尽的还原（infinite regress），无尽的还原对知识没有好处。我们必须假定一些原理，自证（self-proved）而不受他证的原理，作为一切知识的出发点，否则知识永远不能成立。二律便是这种原理，它们的证明就在它们的本身，故曰"自证"；它们能证明其他，其他不能证明它们，故曰"不受他证"。然而何以见得二律是自证而不受他证的？积极方面，二律既不可证，只好在消极方面，反驳否认它们的人。反驳的手段有两种：（一）指出他们就是根据二律而否认二律；（二）指出他们否认的理由不充足。这种反驳虽不是积极的证明，然而能够叫人对于二律的信仰更深，其功效等于证明，故曰消极的证明。

否认二律的人就是根据二律而否认二律，这句话怎么说？（一）我们不必听他否认的话，无需请他道出理由，只要他说一个字，譬如"人"，他已经承认二律，换言之，已经用到二律。何以见得？他说这字，其意必有所指，所指必是固定的一物：他说"人"，当然是指人，不是指非人，此地他应用了矛盾律；反过来，既不是指人以外的一切非人，当然必是指人，此地他应用了排中律。由此可见，不说话罢了，说话，就得以二律为根据。怀疑二律，必得闭口对二律不置可否，否则自相矛盾。所以，彻底的怀疑主义者必至废止言语方可。（二）否认二律就是把万事万物的分别与界限取消，那么否认二律的人同时也是非人，或许是牛，或许是马，或许是任何物；他的否认同时也许就是承认，也许非承认非否认，他否认二律的话也许与二律毫不相干。如果要使这种否认成立，他至少必须承认"否认"和"承认"有分别；承认这个分别便是承认二律，那么，他的否认就是承认，此中又是一个矛盾。（三）否认二律不是全部否认，就是局部否认。局部否认，则尚有所承认的部分。全部否认，唯有两种说法：或（甲）凡所肯定都可否定，凡所否定都可肯定。在这种情形之下，否认二律的话亦可否定，对于二律的否定亦可即是肯定，那么，这话或这种否定不能成立。或（乙）凡所肯定都可否定，而所否定未必都可肯定。在这种情形之下，否定二律的话既是一种肯定，自然亦可否定；或者可说对于二律的否定就是"所否定未必都可肯定"之一例，殊不知这种说法就是承认有些事理有其固定的是非，二律一定非，对于二律的否定一定是，那么，这又是承认二律，至少，此刻否认二律的时候，不得不承认二律，这是多么矛盾？

否认二律者所提理由大概有两点：（一）观察自然界的变迁生灭，发现相反的性质往往出自同源，换言之，同一东西尽许产生不同的现象；例如同此一杯水，可热可冷。可见一物本有相反的性质，用公式表示，等于"甲亦乙亦非乙"。在这种情形之下，矛盾律不能成立。（二）同一东西在各人感官上所留的感觉尽许不同，例如一粒果子，甲尝尝觉得甜，乙尝尝觉得酸；非但如此，同一东西在同一的人感官上所留的感觉尚且不同，例如这粒果子，他昨日尝过觉得酸，今天再尝却觉得甜。可见一物非但有相反的性质，其实无固定的性质。再用公式表示，等于"甲非乙非非乙"。在这种情形之下，排中律也不能成立。

对于第一点，亚氏用潜能现实的道理来驳。在潜能的状态之中，一物固然能有相反的性质，如水之可热可冷。然而潜能只是"能"而已，相反的性质并未实现。再以水为例，对于热冷只是"可"而已，实际上未热未冷。在现实的状态中，相反的可能便已取消，二者必须实现其一，而只是实现其一。例如水，既到热或冷的程度，则非热即冷，非冷即热。所以，在现实的状态之中，一物仍不背二律的原则。况且还有一种实质,完全脱离潜能和变迁的境界,这就是上帝,上帝绝对不背二律。

对于第二点,亚氏先把其所蔽揭开,然后再驳。所谓"蔽"也者,只是无谓的误会与不真确的了解。亚氏说,否认二律者蔽在以曲概全,以形下测形上。他们看见宇宙中有一部分变动不居的现象,便以为全部就是如此;形下的事物变动不居,就推测形上的也是这样。其实他忘了:(一)地上的(sublunary)形下之物只是整个自然界的一小部分,除此之外,如天上的日月星辰等,它们也都是不变的。(二)除却形下的东西,还有形上的;形下的有一部分变动不居,形上的绝对没有这种情形;(三)就在变动的东西上,还有不变的部分,否则何以知它们在哪里变?必有不变的部分和变的部分作比较,我们才知道有变。(四)在量上变的,在质上未必也变。

所蔽既已揭开,亚氏便进一步驳他们的理由。他们的理由集中于一物在感官上所呈的现象不一。亚氏说,这句话一经分析,便显得不可靠:所谓"不一"也者,是否于同一时间(at the same time)、对同一感官(to the same sence)、在同一关系中(in the same respect)、同一条件下(under the same condition)?如果这几个要素一概同一,一物所呈于感官者绝不会有相反或矛盾的现象。就是时间不同,其他要素若是依然不改,还不至于有相反的现象。例如一杯酒,所以先饮显得甜、再饮显得酸的缘故,不是酒本身发生变化,而是饮者非一人,或一人而其前后的味觉和嗅觉有不同,或再饮时是在吃糖之后;反过来,如果一切要素尽同,绝不至于前后有甜与酸的变化。甜之为甜总是一样,一物在产生"甜之感觉"(sensation of sweetness)的种种条件下,所产生的感觉总是甜,绝不是其他感觉。倘若产生其他感觉,除却外来的关系与条件,不是此物,就是感官,起了变化。在这种情形下,简直可说物非原物,感官非原感官;在另一物或另一感官上，起另一种感觉，也是合理的事。总而言之，感觉是感官和对象，以及二者以外的要素，如关系、条件等，所组成的。这些要素有一变，感觉也就不同；——这不算同物而起相反的现象。这些要素若是不变，则感觉始终如一。这正证明感觉是不背二律的。

方才说，感觉是感官和对象，以及二者以外的要素，如关系、条件等，所组成的。根据这句话，最显而易见的是对象和感官成相对的形势。若说感官是活的、对象是死的，推到极端，对象变成完全被动，唯感官之所欲为，用辩士的名言来说，必至"人是万物的尺度"。尺度在人，在各个人：甲说某物如此便如此，乙说某物如彼便如彼；并且他们换一时间，尽许换个说法。在这种情形之下，外界的万有失去规则，二律便取消了。亚氏指出这话不对，他说，对象和感官固然相对，然而对象并不被动，并不倚靠感官，否则感官何以不能选择感觉？我们何以不能要什么感觉就起什么感觉？一盆水，我们伸进手去，本想要感觉热，何以偏感觉冷？由此可见，外界的对象本是独立，本有其固定的规则；二律便是它们的规则。

在思想上，人们不能一时一刻离开二律，即如以上所证；现在再看在行为上如何。在行为上，人们也片刻离不了二律；换句话说，人的一举一动，无形中都被二律管住。假如推翻二律，则人同时亦非人；人之所认为善者同时亦恶，所认为恶者同时亦善；所要做的同时也是不要做，所不要做的同时也是要做；所已行的同时就是未行，所未行的同时就是已行。在这种情形之下，行为界的状况如何，岂不是一团矛盾？在这种矛盾的状况之下，人们还能有所举动吗？恐怕唯有自顾狼狈而已。

第三节　实质

一、范畴与实质

亚氏讲名学时,把范畴讨论得很详尽。讲形上学,又提出讨论,然而不如讲名学时详细,因其意不在讲范畴,而在讲实质,只为实质是范畴之一,不得不联想到范畴,借以阐明实质在范畴中的地位,以及和其他范畴的关系等等。

要说明实质在范畴中的地位,及其与其他范畴的关系,最好用一棵树作例。浑然一树,它是一物(a thing),叫作"实体"(the substantial),亦称"实质"(substance)。进一步,把它的基本(primary or essential)部分,或树之主体,和次要(secondary or accidental)部分,或树之枝叶,分开。树之主体等于实质范畴,树之枝叶等于其他范畴。混然一树称为实质,把树之枝叶去掉,所余树之主体也叫实质。可见树之主体是代表树的,有它,树才成树;加上枝叶,不外是树,没有枝叶,树还是树,树之主体是必要的,树之枝叶是可有可无的。同样,一物之实质代表一物,有它,才成一物;加上其他范畴,不外一物,没有其他范畴,还是一物。因此,说起一物,直叫它实质,不提其他范畴,未尝不可,反正实质可以代表一物。其次,枝叶附于主体之上,主体做枝叶的托子,即底质(substratum);同样,其他范畴寓于实质中,实质做它们的底子(base)。乍看只是一树——一个实体,一经剖解,发现许多枝叶,枝叶时有变化,树之为树依样不改;同样,提起实质,只是一个范畴,一经分析,分出许多范畴,许多范畴可有可无、忽有忽无,实质总是独立不变。

其他各范畴由实质一范畴分析出来,实质范畴代表物之本体(substance),其他范畴代表物之附性(attributes),前者是源本的(original),后者是由来的或演成的(derived or deduced)。附性附于本体上而成物，然而不是物之必要条件。虽然，物因附性而表现，宇宙的形形色色都是附性所表现出来的。附性表现的方法有三种：（一）在本体上做它的性质（qualities）；（二）在本体上做它的动作（activities）；（三）在本体以外做它的环境（external circumstances）。性质分两种，其一属于物的本身（即在一本体上），其他属于物与物的关系上（即在本体与本体之间）；属于物本身的又有表量（signifying quantity）与表质（signifying quality）的分别，前者和物之质料或底质（matter or substratum）发生关系，后者和物之形式（form）发生关系。动作最显明的有两种，就是"施"和"受"，双称曰"施感"与"受应"。此外还有"形势"与"服习"两种（前者等于不及物的动作，后者等于既事受事的动作），其地位不甚稳固，亚氏后来简直把它们去掉。环境也有两种，就是"时间"和"空间"，空间亚氏叫作"方位"。其实时间、空间两范畴应当属于关系范畴，因为它们是表示关系的；亚氏每次列举各范畴时，都把它们放在关系范畴之后，或者就是因为这个意思。现在为明了起见，再把实质以外各范畴和实质的关系，制图表示如下：

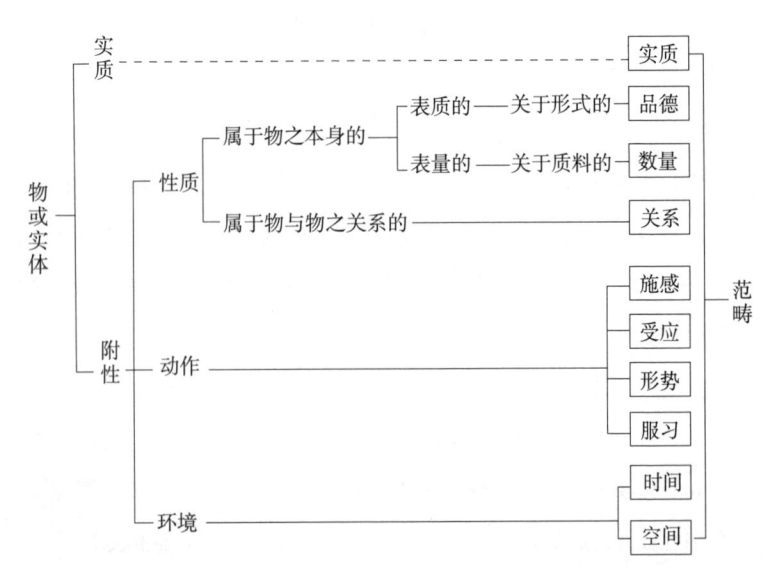

```
                                              ┌─ 实质
实质 ─────────────────────────────────────────┤
                                              
                    ┌─ 属于物之本身的 ─┬─ 表质的 ── 关于形式的 ─ 品德
                    │                  └─ 表量的 ── 关于质料的 ─ 数量
            性质 ──┤
                    └─ 属于物与物之关系的 ──────────────── 关系
物或                                                                      范
实体                                                                      畴
            动作 ──┬─────────────────────────────────── 施感
                    ├─────────────────────────────────── 受应
附性                ├─────────────────────────────────── 形势
                    └─────────────────────────────────── 服习

            环境 ──┬─────────────────────────────────── 时间
                    └─────────────────────────────────── 空间
```

至于实质与其他范畴轻重的比较，可以集中以下三点：（一）实质能自在独存（can exist apart），其他范畴不能。这就因为实质是物的本体，其他范畴是物的赋性，本体自在，赋性必须依附本体而存。（二）在一物的界说里，实质比其他范畴居先（prior in definition）。界说的功用在于说明一物是什么，要说明一物是什么，必须先举其本体，后及其赋性；——这是名学上天然的次序。（三）在知识上，实质比其他范畴居先（prior for knowledge）。对一物要有真确的知识，必先知道一物的界说，换言之，必先认清它是什么。在界说里，实质比其他范畴居先，这正证明在知识上也是如此。因为要认清一物是什么，必先识其本体，其次及其赋性；——这也是名学上天然的次序。

一物有一物的实质，即一物的本体；整个宇宙也有整个宇宙的实质，即整个宇宙的本体。宇宙的本体即前所谓无形体的实质，也就是上帝（参看本章第一节第三小节的万有分类图）。万物的本体即前所谓有形体的实质，换言之，即被质量（形属质，体属量）等赋性所附着的实质；这种本体，即在万物之中求之。宇宙的本体——上帝——是最高级和最纯粹的本体，万物的本体是比较低级和不纯粹的本体。用潜能现实的话说，前者的现实程度最高（most actual），故曰"最高级"；后者的现实程度较低，故曰"较低级"。前者没有执著，换句话说，完全脱离物质或质料，故曰"最纯粹"；后者有执著，换句话说，总不能脱离物质或质料，故曰"不纯粹"。按目的论的宇宙进化观（conception of the teleological development of the universe）说，较低级的本体之中还有等级，进化就是逐级超越，以最高本体——上帝——为最后之鹄。

从万有分类图上看，上天下地的万物——所谓有形体的实质——属于自然哲学研究的范围，自然哲学研究它们就是求它们的本体，因为一切学问的目的在求万物的根据，而万物的本体便是万物的根据。上帝——所谓无形体的实质——属于形上学研究的范围，形上学研究上帝便是求全宇宙的本体，因为一切学问的目的既在求万物的根据，则最高学问——所谓第一哲学——就得求万物之总体——整个宇宙——的根据，上帝便是这种根据。万物总体的根据和万物个别的根据，其关系非常密切，求万物总体之根据的学问和求万物个别之根据的学问，其关系自必同样密切；其实前一种根据包括而且统御后一种根据，前一种学问也同样包括而且统御后一种学问。所以，形上学或第一哲学，在原理上，是一切学问的纲领；在材料上，是一切学问的大成。形上学的原理能统一切学问的原理，一切学问的材料可做形上学的参考。

因此，亚氏讲实质范畴，必以其他范畴为参考，而论其彼此间的关系；讲宇宙本体，必以万物个别的本体为比较，以见其高下的程度。

二、实质是什么

关于实质是什么的问题，亚氏没有固定的答案。在形上学书上，他曾提出这个问题，就是，实质到底是形式呢？或者是质料？或者是二者相合而成的整体（composite whole produced by the combination of both）——个物？他对这问题没有定论，有时把实质等于形式，有时等于个物，有时又像等于质料。

在亚氏的各书里，能找出无数处他把实质等于形式。他这种主张常和知识的问题并提，就是：（一）他认为唯有共相可知，换言之，共相能做知识的对象，殊质（particular）不能；（二）一物的形式（即内蕴）即一物的共相，因为形式是一物和其他同类之物所共有的；所以，（三）一物之中，唯有其形式部分可知，能做知识的对象。然而，（一）凡可知者必是真实的（real）；（二）实质之所以为实质，就因为它是真实的；所以，（三）形式既是一物中可知的部分，可知者既是真实的，实质既以其真实而为实质，然则实质和形式相等，简直就是形式。然而，若把实质等于形式，便和实质的两个基本条件不符。那两个基本条件是：（一）自存（self-existent），（二）不做"所谓"；形式却也不自存，也做"所谓"。例如"人性"（humanness），是具体的人的形式，然而脱离具体的人，"人性"便不能自存。这是一层。复次，"人性"是一切人的"公共所谓"（common predicate），可以"谓"甲，也可以"谓"乙、丙、丁……由这两点看，把实质认为形式，是不妥的。

前面说（前章第三节第五小节），实质范畴是其他范畴的底质，这话就是讲，实质是一切赋性的底质。然而亚氏一向又把质料认为底质，那么质料似乎就是实质。可是这话也难成立，因为质料只是光光的一个潜能境界（a state of bare potentiality），在其中，什么都说不上，而实质却是现实的境界。亚氏又把质料认为一种特殊的实质（a special kind of substance），他说，形式之为实质，是现实中的实质；质料之为实质，是潜能中的实质。其实这话仍然说不通。除非把实质改了定义，否则它总是代表绝对的存在（absolute existence）；而潜能是将存未存的意思。以质料认为潜能中的实质，等于说，质料是将存未存的绝对存在；既是绝对存在，又说将存未存，这话之为矛盾可知。

综上所说，可见形式因缺乏实质的基本条件，换言之，因不自存和做"所谓"，而不得称为"实质"；质料因不合于实质的性质，换言之，因不是绝对的存在，而不能等于实质。那么，有实质的基本条件，并且合乎它的性质的，究竟是什么？唯有个物是的。例如一块金子是个物，是实质；它是自存的、不做"所谓"的、绝对存在的。若说"金子有重"，"重"便是"所谓"，依金子而存，其存在与金子相对。

把个物认为实质，似乎是亚氏较后的见解。他在先成的《范畴论》（Categoriae）书上，把个物认为本性的实质（primary substance），把类别（genera, species）等认为次性的实质（secondary substance）；后来在形上学书上，简直否认类别是实质。

把实质等于个物，是把它认为形式与质料的合体。实质指自然界的物，其概念是本体上的（ontological），不是名学上的，换言之，是外界的实在（reality），不是思想上的假设（assumption）。所以，实质必是形式与质料的合体（除上帝一个例外），其意义重在"合"，重在"整"，单举一方面不成，因为自然界中没有形式与质料分立的东西。所谓实质能独立自存也者，是指形式与质料的整体能独立自存；赋性不附在实质上固然无存，然而实质没有赋性也不成物。总括一句，实质是个整体，包括品德、数量、关系等赋性，唯有这个才能独立自存。凡单举的品德、数量等赋性，都是用思想上抽象的作用由整体的实质中抽出，它们自己在自然界中不能各自成物；它们之附于实质，并不是由外加上，所谓"附"者，只是思想上的形容，并非原来不附，到一时期才附。至于一切附性抽尽以后，还说有物存焉，还说有个底质，这也是思想上的假定。思想有一种习惯，总不能把一物等于其所有的一切性质，总以为一切性质以外，还有一些不可知的部分，那不可知的部分加上一切性质，才能成物。这是一点。复次，既不把一物所有的性质等于一物，换言之，既把一切性质认为附在一物之上，那么必有一件东西托住它们，否则它们无处可附；所谓底质就是这种托子，除此以外，底质究竟是什么，实在无法知道。根据这两点，可见底质这个概念，只是思想上的一种必要的预设或假定（necessary presupposition or assumption）。所以有这个假定，所以必须假定这个，据著者看，无非由于思想的习惯，换句话说，思想上了某种套子，既被某种套子套上，结果必有这个假定。现代哲学把宇宙万物认为只是结构（structure），只是事件（event）的凑合，把底质的概念打破，可算思想上的一个进步；然而所以有这个进步，无非因为现代的思想改了习惯，换句话说，脱离了旧有的套了。总而言之，亚氏所论实质与底质，是两种不同的概念：前者是本体上的概念，所指者物，如树、书之类，意义平常，并不难晓；后者指物之一切性质的托子，是思想上，或名学上的假定，亚氏尽管把它由内往外推（projected outside），认为自然界的一境，其实我们已经看穿，它只是思想上的假定。

　　前面说，底质是一物中除去一切性质以外所遗留的不可知的部分，然而亚氏曾把质料或物质（matter）认为底质，然则底质是物质，并不是不可知了。其实不然，亚氏此地所谓质料或物质，当然不是指那中间的质料或物质（intermediate matter），如造房所用的木石砖瓦，其本身仍能各自成物者；他所指的必是初级的质料或物质（primary matter），此种物质做一切物的质料，而本身不能自成一物。初级的物质也是什么性质都没有，也是一切性质抽尽以后的概念，这种概念，无论如何，总是思想上的假定。这是一层。复次，若把底质——初级的物质——认为时间与空间（即此时此地），或时空的交叉点（intersection of time and space ＝ T—S），如德国哲学史家蔡勒尔（Zeller）之把柏拉图的质素当作空间（参看拙著《柏拉图》，第153—155页），则底质是时空，并不是不可知了。其实也不然。按现代物理学的说法，时空已经不是牛顿式的绝对的存在（Newton's absolute time and absolute space），乃是相对的，是一切物之性质——结构或事件——彼此交叉的一种表现。然则试把底质认为物性的交叉，且看如何。底质根本是一切物性抽尽以后的空托子。物性抽尽以后而讲底质，便不能以物性的交叉当底质，因为底质既与物性分开，托子既一无所托，哪里会有物性的交叉，所托的痕迹？物性的交叉之需要物性为前提，正同性质之必须假定一个底质做托子。况且，我们所寻是物性的托子，托子未寻得以前，物性且无处附着，哪够得上谈交叉？交叉是物质有处附着以后的事，物性有处附着又是托子寻得以后的事；总而言之，只能由托子讲到物性的交叉，不能由物性的交叉推求托子。倘若如此，便是倒因为果，便是名学上的次序颠倒。名学上的次序颠倒，这种理论就不能成立。所以，按亚氏思想的套子，即在物性必须有托子的前提下，以时空讲底质，是讲不通的，因为以时空讲底质，乃是用现代思想的新套子（即打破底质概念以后的套子）说明旧套子以内的概念，这种解释的结果自然和亚氏的原意不合。那么，底质也不是时空，底质仍是不可知的，在外界找不着它的存在，充其量只是思想上的假定。

亚氏对于实质是什么的问题，始终没有划一的答案。虽然他较后的意见把实质等于个物，然而在他的书里，前后的意见并见，平等记录，并不曾标明孰是定论。我们且就他所用的名词上考究，或许能够补充前面所未尽之义。他讨论形上学的问题时，有几个常见的名词，如 substance（实质）、attribute（附性或赋性，即物性或性质）、substratum（底质）、form（形式）、matter（质料或物质）、universal（共相或共理，即普遍）、particular（殊质或殊事，即特殊），等等。

substance 译为"实质"，然而这字有许多歧义：（一）有时指个物，在此意义下，应当译为"实体"；（二）有时指物之所以为物，即物之内蕴（essence），在此意义下，译为"本质"较切，意思说基本的性质；（三）有时指一切物性（即性质）背后的托子，在此意义下，就得译为"底质"；（四）有时和 attribute 对举，在这个情况下，便须译为"本体"，attribute 译为"附性"或"赋性"。

在第一意义下，实质就是自然界中具体的物，如天地山川、草木禽兽、床榻几案等等都是。具体的物包括两部分：可知的物性和不可知的底质。具体的物是特殊的，把实质等于具体的物，就是把它认为特殊，即特质。由此可见，在第一定义下，"substance"一词兼包 attribute 和 substratum 二词的含义。然而这个定义，容不下没有物质成分的"事"，如人事界的动作云为、自然界各物体间的关系与运动所发生的"事"；换句话说，按这个定义，实质这个概念包括"物"（things），而不包括"事"（events）。亚氏却把宇宙间的精神（spirits），乃至所谓最高的精神，最纯粹的形式——上帝——放在实质之列；这种办法似乎有矛盾。

在第二意义下，就是把实质当作形式。所谓物之所以为物，等于说，物之所以得归某类、得称某名。凡一个混沌或不可知的 X，要成为物，第一步必须归物之类、受物之名；第二步再归物之类中的一个小类，受某物之名。例如某处有个 X，我们先把它归物之类，叫它为物；然后再把它归到物之类中的一个小类，如"桌"之类，名之曰桌。物之所以归类，因为它具有可以归类的条件，这种条件就是它的性质。物的性质是寄托于物之底质上的附性或赋性，这是一点。某物之所以归入某类，因其性质有和某类的性质相符者，换言之，某类所公有的性质，它也有。这是第二点。综上两点，可知物之所以为物者，就是它和同类之物所共有的性质。这种性质叫作"内蕴"。内蕴是由物性中所提出若干性质之与其同类之物的公性相同者，其他不相同者放下。不相同者叫作"偶性"（accident）。所以物性之中，涵有物之内蕴，和物之偶性。物之内蕴即物之形式；亚氏叫作形式的，柏氏叫作意典，所不同者，形式在亚氏不能独立自存，意典在柏氏能独立自存。物之形式即物之共相，是一物中普遍的——或与其他同类之物所共有的——部分；所以，把实质当作形式，就是把实质认为共相。总括一句，在第二意义下，"substance"一词等于"attribute"一词的一部分的含义，同时还等于形式和共相二词的含义。

在第三意义下，实质等于底质。底质，按亚氏的意思，就是质料或物质。一物的形式是一物的主要性质或内蕴，形式所寄托的底子是质料或一物之物质部分——这叫作"底质"。那么，在此意义下"substance"一词既等于substratum又等于matter。此处我们注意亚氏思想转变的痕迹，非常奇怪。他的实质的定义，由形式变到底质（即质料或物质），或由底质变到形式，好像摆子（pendulum）那样由这头摆到那头，因为这样转变等于（一）一刻把实质看作最现实的东西（形式），一刻把实质看作最潜能的东西（底质），（二）一刻把实质看作最形上的东西（形式），一刻把实质看作最形下的东西（质料或物质）。并且，质料或物质在一物或个物中，就是一物或个物之所以为"一"为"个"，换句话说，就是一物之所以为单位，而不至于与其他同类之物浑为一体的缘由；那么，质料或物质是一物中特殊的部分（性质或形式是一物中普遍的部分）。底质若是初级的质料或物质（primary matter），它便是最特殊或绝对特殊（absolute particular）的。把实质等于底质，就是承认实质是绝对特殊的。绝对特殊者不可知；知识多少需要些共同的根据；然则，把实质等于底质，岂不是把实质纳于不可知之境，由最现实的外界的存在拉到最潜能的内心的假设？

亚氏对于"实质是什么"的三种答案，从他思想变迁的次序上看，到底孰先孰后，很难确定。似乎以实质为形式的答案最先，因为这个答案显得他尚未摆脱柏氏的影响，把形式认为实质简直与柏氏之把意典认为实质一鼻孔出气。其次便是以实质为底质的答案。这个答案大概是他摆脱柏氏的影响不久、尚未平心静气的一时极端的主张——由最形上转到最形下，从绝对普遍趋于绝对特殊，这都代表两个极端。最后是以实质为个物的答案。这个答案带调和的色彩，是他自己的思想已经成熟，同时对柏氏的思想已经心平气静的主张，是观前顾后、首尾呼应、不取一往直前的态度的表现。这个答案提出以后，固然能使第一个以实质为形式的答案取消，然而不能使第二个以实质为底质的答案取消，实际上和它始终分不开。何以故？因为，既把实质等于个物，着重点便在"个"上，否则仍旧保存第一个答案好了，何必要换这个？所以要换这个，目的就在避免形式的共性，而取个物的殊性（即个性），避免形式的抽象性，而取个物的具体性。然而个物的殊性和具体性哪里来的？当然不是从普遍而抽象的物性来的，乃是从特殊而具体的质料或物质（即底质）来的。因此，每提实质是个物的话，便无形中偏重那物性背后的底质。

在本体与附性对举的情况下，按理，"substance"一词又是等于 substratum，因为本体既与附性对举，则本体是一物之中附性除外的部分，这部分便是底质。然而亚氏绝不肯把万物的本体认为底质，认为质料或物质；在他，万物的本体和全宇宙的本体是精神的，不是物质的，是形式，不是质料。在这个前提下，本体必是形式，于是"substance"一词又等于 form。总括一句，从本体与附性对举的立场上看，本体应当是底质；按亚氏的意思，本体却是形式。这两个立场有冲突。据著者看，亚氏既把本体等于形式，就不得以本体与附性对举，因为形式与附性不是相对的东西，而是相涵的东西，形式只是附性中的一部分，即其主要部分，或称为"内蕴部分"。亚氏只能把附性分作两段，成为内蕴与偶性对举，以内蕴为本体，以偶性为现象。这样专就附性上分析，不必假设一个底质，"底质"概念简直可以不要。

最后一句，亚氏以实质为个物的主张，彻头彻尾是反对柏氏的结果。他把实质认为个物，其用意在于把宇宙的真实存在由悬空的理世界（即柏氏之意典界）搬回踏实的物世界，把理与物合在一处，把哲学的方向转到于殊物中求共理。这是亚氏修改柏氏的地方，也是他自己的创见所在。然而他毕竟是承继苏、柏二氏之传：苏氏为学之求概念，柏氏为学之寻意典，都是求共理的办法，概念和意典无非是共理；亚氏的形式也是共理，在这点上，他可算完全师承苏、柏二氏的主张。苏氏以概念为知识的唯一途径，柏氏以意典为宇宙的真实存在，他们对于共理（概念与意典同是共理）实在化（hypostatize）与客观化（objectify）的程度虽有高下的不同，其偏重共理的趋势却是一样。到亚氏，才把形式与质料并提对举，此中有两层意义：（一）并提表示并重，二者没有畸重畸轻；（二）对举表示相对，二者缺一不能独立。形式属共，质料属殊，二者无轻重、不单存，合在一处，便成所谓物。物就是实质。物中有共的部分，有殊的部分。共的部分是形式，是同类的公性；殊的部分是质料，是一物所特有的底质。所以，以个物为实质的定义实包其他（即以形式为实质及以质料为实质）两个定义，因为个物之中原有"形式"与"质料"两部分。这都是思想对于外物的分析，外物本身只是浑然一体；此点不要忘记。然而思想既有这个方便，则每举一物，思想亦可因一时的注意所在，专抽其共的部分，或殊的部分，权当一物的代表：以共的部分代表一物和其同类的公性，即一物之所以为某物；以殊的部分代表一物所特有的物质，即一物之所以为"一"（unique）为"个"（individual）。用同样的说法，我们可以把头两个实质的定义，即以实质为形式及以实质为质料的定义，认为整个的实质定义中的两方面：其一言共，其二言殊。另有一个统括这两个小定义的大定义，亦即整个的实质的定义——以实质为个物的定义便是。这种说法可以把实质的三个定义调和起来，合成一个，免去彼此冲突。亚氏虽然不曾这样说，我们不妨根据他的立场，揣摩他的意思，替他解释如此。

三、次性的实质与形上的实质

读者听过前面的话，知道亚氏有所谓本性实质与次性实质之称。除本性实质是个物之外，所谓次性实质便是统括个物的概念，如"类"、"别"的概念。然而"类"、"别"的概念之得称为实质，只是由于一种引申之义（derivative sense）："类"、"别"的概念包举若干个物的内蕴或公性，个物既是实质，那么，包举它们的公性的概念，固亦可以权称实质。"类"、"别"的概念之称为实质，既由于个物的引申，然则愈近于个物的"类"、"别"（即愈低级的"类"、"别"）愈足以称实质，愈远于个物的"类"、"别"愈不足以称实质。例如："桌"最近于个别的桌，故最足以称实质；"家具"较远于个别的桌等等，便较不足以称实质；"人为品"更远于个别的桌等等，更不足以称实质。其他如此类推。

然而严格说，"类"、"别"的概念不足以称实质，因其不合实质的基本条件，就是：（一）不自存。它们是共相，共相不能自存，必依殊质而存；（二）常做"所谓"。它们做个物的"类"、"别"，就是做个物的"所谓"；把个物归于某类或某别，也就是把某类或某别的概念"谓"个物。

其实"类"、"别"就是形式。读者记得，我们前面说过，物之所以为物，和物之内蕴及物之形式，异名同实。一物之所以为某物者即一物与其同类之物的公性，一"类"或一"别"的概念的内容也就是这种公性。"类"、"别"的概念等于一"类"一"别"之物的公性，一"类"一"别"之物的公性等于物之所以为物，物之所以为物等于物的形式，然则形式之与"类"、"别"相等，自不待言。"类"、"别"只得称为次性的实质，充其量，形式也只得称为次性的实质；愈高的（即愈远于个物的）"类"、"别"愈没有资格称为实质，则愈纯粹的形式也愈没有资格为实质；严格说，"类"、"别"简直不足以称实质，形式也简直不足以称实质。这又是形式非实质的一个佐证。

亚氏既有本性的实质与次性的实质之称，又有形下的实质（sensible substance）与形上的实质（non-sensible substance）之别。形下的实质是个物，形上的实质有三种：（一）上帝——本身不动的宇宙动源（the unmoved mover of the universe）；（二）宇宙的智慧（the intelligences of the universe）——被上帝所动而去推动日月星辰；（三）人的理性（the human reason）——身体死后仍能自存。

在本性与次性和形下与形上的分别下，本性的实质既和形下的实质相等（因为同是个物），然则次性的实质是否和形上的实质相等？它们的地位是否相同？形上的实质是否像次性的实质，也不足以称实质？它们的地位不同。严格说，次性的实质不足以称实质，形上的实质却大足以称实质。次性的实质不合实质的基本条件，就是，不能自存，常做"所谓"；形上的实质尽合实质的基本条件，就是，能自存，不做"所谓"。

实质除两个基本条件之外，还有一个主要性质，就是"现实性"。按亚氏说，上帝等等都是现实的，正合于实质的性质，所以不愧称为实质；而且，上帝是最现实的，所以最足以称实质。亚氏又说，上帝是宇宙的形式，理性是人身的形式；然则，何以形式只得称为次性的实质,乃至严格一说,竟不足以称实质?或者所谓次性的实质,所谓不足以称实质的形式,乃是上帝与理性两种除外的形式;然而,就说是两种除外,所余的形式毕竟还是现实的,仍与实质的性质符合;何以它们独不足以称实质?这是矛盾的一点。复次,姑且不论渺茫的上帝与宇宙智慧,专就人的理性说,我们确实知道它是人的一"类"所共有,即"人"的公性,亦即"人"的内蕴或形式。它也是一切人的"所谓",我们一问人是什么,最切的答案是"人是动物中有理性的",这就是以理性"谓"人。然而须知,公性不是实质,不做"所谓"是实质的基本条件之一。人的理性显然是公性,公性显然做"所谓",倒足以称实质。这又是矛盾的一点。

四、实质与共理个物

其实柏拉图以前的哲学家已有实质的概念,然而不明显,只是隐隐约约的。到柏氏,这个概念才大显,他把实质认为抽象的、为物之内蕴或模型的意典。亚氏却把实质的观念改变一下,他认为实质是具体的物。柏氏又有两个相对的概念,即"共理"(按即"意典")与"个物"(universal and individual),或"共相"与"殊质"(universal and particular);在他,共理与个物,或共相与殊质,完全分开,各自存在。亚氏也承继这两个概念,然而把它们合起来,认为共理寓于个物,或共相附于殊质,前者依赖后者而存在。

柏氏所谓共理与个物分立,是说:除个物(或殊质)的世界以外,另有一个共理(或共相)的世界。个物虽有共理的模样,然而只是模仿共理到若干成分;共理之为共理,仍是与个物隔如鸿沟,不曾寄托于个物。因此,便有"共理真"、"个物幻"之说。共理绝对真。若说个物也真,那只是相对地真,它们真的程度和它们模仿共理的程度成正比例。亚氏所谓共理寓于个物,是说:共理固然有,然而必于个物求之,除在个物中所发现的共理以外,没有自成一界的共理。物若无理,不能成物,因为理是物之性,天下无无性之物;个物若无共理,知识不能成立,因为共理是一切知识的根据,知识不能没有公共的根据。然而理毕竟是物的理,共理毕竟是个物的共理;无物,有何理之可言,无个物,有何共理之可言?共理与个物分立,便失其意义。然则共理、个物二者相对,浑然一体。累累个物,加以思想上分析和抽象的作用,才有物与理、个物与共理的分别,然而思想只可把理与物认为相对,过此而把它们绝对分立起来,便是思想的错误。所以,在亚氏,共理真,个物也真。共理是思想上的真,是认识论上的真;个物是存在上的真,是形上学上的真。同样,思想上的真和存在上的真也是相对的,无思想上的真,便无以见存在上的真,无存在上的真,思想上的真就也落空;换句话说,无共理,无以知个物,无个物,共理也失去效用。

亚氏认为,按定义,实质是存在上的真(existential reality),不是思想上或概念上的真(conceptual reality)。存在上的真有外界的存在,概念的真没有外界的存在。所以,实质有外界的存在,共理没有,因为共理是思想上的真。把共理当作实质,是概念上的真和存在上的真混为一谈。柏氏的意典等于共理;他把意典认为外界的存在,当作实质,就是混淆了概念上的真和存在上的真。亚氏纠正柏氏的错误,不把形式当作实质,而把个物当作实质,因为形式,和柏氏的意典一样,等于共理,没有外界的存在,而个物有外界的存在。同时,把个物当作实质,意思是承认个物为真;这提高个物的价值,因为唯有真而非幻者才有研究价值。柏氏把个物看作幻,因此瞧不起个物,认为没有研究价值。然而科学是研究个物的;柏氏以为个物没有研究价值，亚氏以为大有研究价值，所以科学不始于柏氏，而始于亚氏。这就是他们二位在学术史上影响不同的地方。

五、共理个物与知识

柏氏之求知识，专从形下的事物抽取形上的要素或内蕴。形下的事物变，其内蕴不变；形下的事物是散的，其内蕴是总的；形下的事物乱杂无章，其内蕴秩序厘然。柏氏认为内蕴是知识的对象，形下的事物不堪为知识的对象。为什么呢？知识有两个使命：（一）解释现象；（二）宰制环境。要完成这两个使命，非有适当的工具不可。适当的工具是什么？就是"原理"、"公例"。原理与公例有两个基本条件：（一）普遍；（二）永久。有两种主要性质：（一）概括性；（二）条理性。所谓普遍也者，是不受时间空间的拘束。不受时空的拘束，唯有形上的东西才能。一个原理解释一种现象，必须无论现象见于何时何地都能解释。一个公例宰制一种环境，也是不论何时何地，只要环境相同，则种下某因，必收某果。原理与公例有超时空的效用，只是因为它们是形上的。所谓永久也者，就是不变的意思。原理与公例必须如此，才成其为原理公例，否则今日有效，明日作废，便失去原理与公例的原义。事实上，原理与公例固然有被推翻的，然而不被推翻者，大家总是公认为永久的。其次，一个原理能解释许多现象，一个公例能宰制许多环境——许多现象或环境概括于一个原理或公例中，这便证明现象或环境是散的，原理或公例是总的。现象或环境未经解释或宰制，是茫无秩序的，既经解释或宰制，便显得有秩序；其实秩序是属于原理或公例一边的，存于原理或公例中。由此可见，原理与公例不是形形色色、变动不居的事物表面上的东西，必须在它们背后求之；更不是有形的个物，乃是无形的共理。知识要成立，必须求原理与公例；用柏氏的话说，共理是知识唯有的对象。柏氏这个观点，亚氏是接受的。

然而柏氏过分处，他以为要研究个物，必须求其共理，既得共理，却忘记共理是为研究个物而求的，反而以为个物不值得研究，有共理就够了；再把共理认为与个物分立，于是共理便另成一界。亚氏反对这一点。他认为：个物是存在上的真，所以值得研究，共理是思想上的真，所以研究个物必须假手于共理。他着重地指出，所研究的还是个物；为便于研究，为合于思想的要求，才从个物中求其共理，共理是思想对于个物所能为力的部分。共理不能成个物，不能有个物的存在，不能与个物分庭抗礼、自成一界。所以，在亚氏，共理自始至终做研究个物的工具，其始是从个物中抽出，其终仍是归还个物；故曰：共理寓于个物。

思想是人类普遍的功能，这种功能有普遍的法则（名学便是），所以个物中的普遍部分才能做思想的对象，因为普遍的法则只能应付普遍的东西。感觉虽然也是人类的普遍功能，然而没有普遍的法则，所以不能对付个物的普遍部分。感官之于个物，只能混然一觉，不能抽出其共理来。感官虽然在物上所觉的都是普遍的性质（如色形等等），感官却没有抽象的能力，不能把所感觉的性质由个物中抽出，汇成普遍的概念或共理。这种工作，思想能做，然而思想有时忘却共理原是从个物中抽出，不能脱离个物。柏氏以为共理另成一界，便是忘却这一点；亚氏主张共理寓于殊物，是纠正柏氏在这一点上的错误。

现在有个问题，就是：思想之研究个物，只抽出其中的普遍部分做对象，然则损失岂不很多？普遍部分只是个物中的一部分，难道其他部分一概放弃？对于此问题，可分两截答复：（一）个物中的普遍部分是个物的主要部分，抓着这个，大致已足代表个物。（二）

思想之研究个物，志在知其"物"，不在知其"个"；换句话说，只要替个物分类立别，找出条理公例来，至于其中"个"的部分，一则无法对付，二则即使有法对付，也无甚用处，所以放弃也无伤。可是现代有人专注重事物中"个"的方面，以为唯有这方面是真的，是原本的，是可靠的。他知道理智（即思想）对这方面无能为力，于是另找一种功能，叫作直觉（intuition）；同时排斥理智，乃至理智的结果——科学。持此说者是法国的柏格森（Bergson），他的哲学与希腊的（至少苏柏亚三世师弟的）理性主义正处相反的地位。其实亚氏在其著作中，曾隐隐约约说过人类有另一种功能，叫作直觉理性（intuitive reason），能够帮助认识个物更清楚些。大约思想应付个物中的普遍部分，直觉理性应付个物中的特殊部分。直觉理性对于个物，不用抽象的方法，不加以分析论证，只是即物摄物，混然一觉，恍然一悟。然而亚氏在这方面不曾尽量发挥，他的意思，我们不得而知其详。我们记得，他曾说第一原理非缘论证得来，乃是直觉地发现的（参看前章第十节第二小节）。此外，他还把纯粹的实质——非混合的实质（incomposite substance——不掺物质成分的实质）——划为直觉理性的对象。至于个物，其中一切性质既是可成概念或共理，所余只是不可知的底质；这种底质，直觉理性对它如何有办法，我们实在想不出。

第四节　四因

一、四因及其含义

亚氏所谓四因是：（一）质因（material cause）；（二）形因（formal cause）；（三）动因（efficient or moving cause）；（四）鹄因（final cause）。

形因即形式，质因即质料，动因即动力，鹄因即目的。四因是万物之存在的必要条件：质因是一物的原料，形因是一物的本性，又称"内蕴"，即物之所以为物；动因是造成一物的力量，鹄因是一物所要成就的标准——一物未成之前，其所凭而成者谓之目的，一物即成以后，其所成者即那物，因此，一物的目的等于既成的物。亚氏用铜像作例，说：铜是质因，此像之所以为像是形因（在此例之下即铜像的样式），铸像的匠人是动因，既成的铜像是鹄因。宇宙中任举一物，无论自然物或人造品，分析起来，都能发现此四种原因，不过人造品比较明显，亚氏以铜像作例，就是举其显者。

四因含义甚广，亚氏此说简直把万物所以生成的必要条件（necessary conditions）概括无遗。物之所以生成，其必要条件无非两部分：（一）内的结构上的原素（internal or constituent elements）；（二）外的所以使然之故。质因形因，或质料形式，即内的结构上的原素；动因鹄因，或动力目的，即外的所以使然之故。唯有外的所以使然之故合乎寻常所谓因的意义。在字义上看，"因"字的含义不能包括结构上的原素，因为结构上的原素是静的，"因"字有动的意义。

比较亚氏所谓因和近代科学所谓因，愈见亚氏的因含义之广。穆勒（John Stuart Mill）对于"因"字的定义最足代表近代科学对于因的观念。他说：因者，一种现象之不变的、无条件的前驱（invariable and unconditional antecedent of a phenomenon）。穆氏定义，第一，容不下亚氏所谓鹄因，因为所谓前驱也者，在时间上居前，而鹄因在时间上居后。第二，容不下所谓形因，因为一物的样式或概念并不是一物所以致然之因的一部分，换言之，一物既成以后，才有一物的概念或样式，概念或样式是后起的，不是前驱。形因鹄因除外，所余只是"质、力"二因，等于科学上所谓质与力（matter and energy）。然而仔细一想，亚氏所谓力和科学上所谓力又不同：

科学上所谓力是机械力（mechanical energy），亚氏所谓力是目的力（teleological energy），机械力在后推进，目的力在前吸引（"吸引"二字尚嫌有机械的意味。亚氏用"inspire"一字，译为"感动"或"鼓励"）。由此可见，亚氏的四因，只有质因和科学上因的定义相合。然而这不是说科学对，亚氏不对，这不是对不对的问题，是分工研究的问题。宇宙原有许多方面，科学之研究宇宙，由机械方面着手，故其所求之因只是机械因，它把目的方面归还哲学研究，目的因留给哲学家探讨。亚氏以哲学家兼科学家，所以两种的因并求。

凡解释一物的存在，有两种方法：（一）说明"如何"（how）；（二）追究"为何"（why）。说明如何，是设法剖白一物之存在的前因后果，重于事实上的叙述。追究为何，是从事指明一物之存在的目的或功能（end or function），重于价值上的估定。前一种是科学家的办法，后一种是哲学家——或哲学家中目的论者——的办法。亚氏之用四因解释万物的存在，就是同时说明其如何，追究其为何，所以他又是哲学家，又是科学家。他的质、形、力三因是说明如何的，鹄因是追究为何的。然而，读者往下读就晓得，亚氏又把形、力、鹄三因合并为一。他所举的例子如此：铜像之所以造成，固然由于匠人的力量，然而匠人不是凭空造这像，乃缘有个模型或概念在他心中，使他的力量出动，而造成此像。未造之前，使他去造的是这模型，在这个阶段上，模型等于动力；方造之时，所凭而造的也是这模型，在这个阶段上，模型等于目的；造成以后，铜像的样式就是这模型，在这个阶段上，模型等于形式。由此可见，动力、目的、形式只是异名同实，换句话说，动、鹄、形三因只是一因。但是，把这三因合并为一，有两个含义：（一）力因与鹄因合一，则目的变成动的，非静的。我们寻常提起"目的"二字，总想是一个静的标准在前，然后用另外一种动力把某一事物向它推进——这种观念叫作静的目的观（static conception of end）。亚氏不然，他的目的同时就是动力，这个动力不是在后推，而是在前拉——这种观念乃是动的目的观（dynamic conception of end）。（二）形式是一物的要素，若把目的与形式合一，则目的等于一物的要素，存于一物之中。并且，我们前面刚说，在亚氏眼里，一物的目的等于既成的物。所谓既成的物，就是实在的物（things of real existence）。然则目的岂不变成实在的物？这种目的观，可以替它起个名称，叫作"实在论的目的观"（realistic conception of end）。

二、前人对于四因的认识

我们以前提过，亚氏无论研究什么问题，第一步总是先替前人算总结账，进而批评他们的成绩，把无价值的部分去掉，把有价值的部分留下，最后自己发表意见，或补充前人所缺，或自己另辟新路，这就成了他的学说。他此地讨论四因的问题，当然也用老法子，先来估量前人的成绩。我们且看他估价的结果如何。

亚氏认为，四因之中，质因发现最早。最古的埃恩尼亚派即已发现质因，他们所发现只是质因。关于质因的内容，大家所见不同：泰里士（Thales）说是水，恩纳尽门尼（Anaximenes）说是气，恩纳尽门德（Anaximander）说是无定性的物质。埃派以后，赫拉克利图说是火，安排杜克里说是火、气、水、土四行（four elements），安那萨哥拉说是无穷种类的物质。

其次发现的是动因。思想稍为进步，便觉得只有物质，没有动力，万物无从产生，于是设法去找动因。哈拉克赖图的火似乎有动力的作用，因为火是最活动的。到安排杜克里更明显，他俨然假定两个原理——爱与恶——做火、气、水、土四行分合聚散的由来，亦即万有生灭存亡的动力。安那萨哥拉认为宇宙万物都是理性（nous, reason）所安排，理性就是动因。至于伊里亚派（the Eleatics），他们根本把宇宙间的运动变迁看作幻相，所以在他们的系统内，没有动因的地位。

再次发现的是形因。柏拉图的意典就是形因，毫无疑问。可是奇怪得很，柏氏系统中竟少一个动因，亚氏认为柏氏的意典并不包含动力。很早，毕达哥拉派似乎先发现形因，因为他们的数就是形式。然而他们不说数是万物的形式，倒说是原素或质料（stuff or matter），这又把数看作质因。

最后发现的是鹄因。安那萨哥拉之"理性"就是宇宙的目的。他主张宇宙有理性，原意在于解释宇宙间一切有计划的现象，予以最后的归宿。可惜他的系统愈发达，脱离目的观念愈远，结果，理性只用于解释宇宙间机械的运动，成了动因。柏拉图亦有见于宇宙的目的，他以"好"为最高意典，说"好"是万有之所趋，万有为"好"而存。然而他在这方面不曾尽量发挥，对于目的的概念只有个轮廓，没有充实的内容。

亚氏检查的结果，断定前人对于四因各有所见，而没有见其全者。质因动因，大家都见得很清楚——唯有柏氏不曾见到动因。形因鹄因，除柏氏一人对于形因有相当了解以外，其他的人很少见到，或见到而缺乏明确的概念。

三、关于四因的几个要点

关于四因有几个要点，现在胪列如下：（一）四因于其所致之果，并非互相更代的（not alternative），乃是同时并见的。例如造像：没有材料固然不行，有材料，还得有模型，否则材料始终是材料，永远不能变成像；材料模型具备，也得有匠人用力去造，不然，材料与模型不能自动合在一起，而成一像；既有材料模型，也有匠人肯用力去造，然而造时没有固定目标，换言之，只是随便矫揉一番，不按模型一步一步切磋琢磨，则像也不成像。由此可见，凡成一物，四因乃是同时所必具的条件。（二）二物彼此可以互为因果。例如操作能使身体健康，则操作是健康的动因；为求健康而从事操作，则健康又为操作的鹄因。（三）一物有其近因（proximate cause），又有其远因（distant cause），近因与其所致之近果分量相等（commensurate with its proximate effect），远因与其远果分量不相等（incommensurate with its distant effect）。例如医生是健康和病好的近因，同时又可以说一位技术专家（a technical man）是健康和病好的远因，因为医生属于技术专家一类，是技术专家之一。医生只能使人健康病好，不能其他，故曰与其所致之果分量相等；一位专家或许能使人健康病好，或许能造机器，或许能开火车，故曰与其所致之果（指健康病好而言）分量不相等。（四）一物于正因（true cause）之外，还有联因（concomitant cause）。例如屋宇的正因是匠人，匠人恰巧是鲁班，因为鲁班与匠人相联，故鲁班成为屋宇的联因。匠人不一定是鲁班，鲁班与匠人之联乃是偶然的事，故联因又称"偶因"（cause per accident）。（五）某果之因，可以说是"致某果之技能"的所有者（the owner of the faculty），又可以说是"致某果之技能的施行"者（exercising the faculty）——前者是某种技能处于静的状态，后者是某种技能处于动的状态。例如屋宇的因，可说是能造屋的匠人，又可说是正在造屋的匠人。（六）现实的因与其果相终始（simultaneous in origin and in cessation with their effects），就是，果未成，则因之动作存，果既成，则因之动作止。例如方造屋之匠人，屋未成，总在那里造，屋既成，便停止。潜能的因与其果不相终始，就是无论有果无果，成与未成，因的作用俱在。例如能造屋的匠人，随时都能造屋，未造之前，他的技能固在，造成以后，他的技能还在。（七）因有高低，因上有因，最后有个最高的因（supreme cause）。例如某人是此屋的因，然而某人之为此屋的因，因为他是一个造屋匠人，他是一个造屋匠人，因为他有造屋的技能，如此类推，至终达到一个最后的因（final cause），最后的因就是最高的因。

四、形因、鹄因与结构功能

亚氏因为研究生物学的结果，把生物学上的两个概念移到这里，借以引申四因的含义。那两个概念是"结构"（structure）与"功能"（function）。凡物质都有结构，生物不但是物质，还是有机的（organic）物质，所以结构之外，加以动作。动作多少有些方向（方向确实的程度和有机的程度成正比例），有方向的动作叫作功能。结构是一切物质的通性，功能是有机物质的特征。物质进化到有机，才于结构之上，加以功能。由有机物质的立场说，功能是它的特征，换言之，即有机之所以为有机。然而有机物质是从普通物质进化来的，按亚氏进化的观念说，进化上较高的阶级，除其本级所特有的性质以外，实包较低阶级的性质，新旧性质合起来，而成一个较高的阶级。那么，功能也和结构合起来。较高阶级的特性非但和较低阶级的特性合起来，并且前者决定后者，在学理上，可以因前者解释后者。然则，功能也能决定结构，也可以用以解释结构。

结构、功能两概念在生物学上的意义，及其彼此的关系，既如上述，现在再看它们如何应用在四因上。亚氏说，形因就是结构，鹄因就是功能。一物之存在，因为它有某种形式或结构，它所以有某种形式或结构，因为它要成就某种目的或功能。可见一物的存在，形因固能解释到相当程度，其最后解释还在鹄因。物若没有形式或结构，只是一堆混乱的材料，然而形式或结构的选择去取，又看一物的目的或功能如何。可见一物的存在，形因固能决定到相当程度，其最后决定仍在目的或功能。所以，鹄因叫作最后的因。亚氏批评柏氏对于鹄因所见未真未确，大概就是因为柏氏尚未明白指出目的能解释形式、能决定形式，在他系统内，形式还占优越地位，至少也和目的平衡。

五、"形、动、鹄"三因之合一

前面讲四因及其含义的时候，已经连带提到亚氏把"形、动、鹄"三因合一。读者知道，无论哪门学问，目的都在解释宇宙现象。它们解释现象所用工具无非一簇原则。各种科学各在其范围内解释宇宙一部分的现象，立有若干公例，作为解释其范围内之现象的原则。形上学，在亚氏，是最高学问，其范围包括宇宙全部现象，然则其原则自亦统摄一切原则。这种统摄一切原则的原则，第一条件就是要比所统摄的原则少，非但要比它们少，并且愈少愈好，最好只是一个。亚氏首先提出四因，四因就是解释宇宙全部现象的四个原则；后来他还嫌多，再没法减少，于是便把"形、动、鹄"三因合一，以形因统其他二因而成一因，以与质因相对。形因、质因不能再化为一——它们是宇宙的最后原理，解释宇宙全部现象所必用的原则。

据著者看，亚氏把"形、动、鹄"三因合一的动机不外前面所说，以下再看他所根据的理论如何。他所根据的理论大概如此：形式是物之所以为物；一物未成之前，目的在于成物；成物等于达到物之所以为物；然则物之目的等于物之所以为物，即等于物之形式，换句话说，鹄因和形因合一。物即因为要成物而努力去成物，换言之，则物未成之前，所以使其成者就是物之目的。所以使物成物者是物之动因；所以使物成物者又是物之目的；则物之目的也是物之动因，换言之，鹄因和动因合一。形因和鹄因合一，动因亦和鹄因合一，则形因、动因彼此自也合一。这样一来，"形、动、鹄"三因全体合一；分言之，则彼此相等。例如一所房子，其动因固然是造屋匠人，没有他们努力去造，房子不会成功。然而进一步看，什么能使他们去努力？就是造屋这宗事使他们去努力。造屋又是怎样？无非把一所房子的形式或图案实现于种种材料之上。然则，使造屋匠人去努力的还是房子的形式，用亚氏的话，是：匠人心目中屋宇的形式作为屋宇的动因（form of the house in the understanding of the builder is the moving cause of the house）。并且，造屋的目标也是达到实现屋宇之形式或图案为止。所以，形式又是目的。在人造品，如屋宇之类，"形、动、鹄"三因合一，在自然物，也是如此。不过人造品之造成，有个假手者（agent）：人造品的动力虽然即是形式，然而形式还得寄托于假手者之心目中，人造品的目的虽然已是形式，然而形式犹须倚赖假手者去实现。若用潜能现实的道理说，假手者心目中的形式是潜能的，这种潜能的形式是一物未成之前所向的目的，也是一物未成之前所凭以出动的能力。一物既成以后，其形式便是现实的，便是物之所以为物。至于自然物之生成，却没有假手者，它们自生自成，其动力、形式、目的都在一处，无待于外来的力量把这三因运到质料上去，自始至终，这三因都在质料之中，不像人造品那样原来是分，一旦借外力撮合起来。自然物未成之前，其形式固然也是潜能的，也是该物所向的目的，也是该物所凭以出动的能力，然而自始就在其质料上，不曾寄托于质料以外的一个假手者之心目中，无需假手者替它向质料上实现，它自己能够实现自己。因此，自然物由未成到既成，其间的努力是无意识的（unconscious strife），人造品则不然，其努力是有意识的（conscious strife），这种意识存于一个外来的假手者之心目中。

　　读者记得，我们以前曾说：亚氏把形因看作结构，把鹄因看作功能，功能有以解释结构，有以决定结构，换句话说，就是鹄因能解释形因，能决定形因。这样说来，鹄因岂不在形因之上，比形因更为重要？然而亚氏把"形、动、鹄"三因合一，不用首要的鹄因，倒用次要的形因，统其他二因，这又是什么缘故？据著者看，并没有什么特别重要的缘故，大概因为三因合一以后，所余一因与之对峙者是质因，形与质在逻辑上恰好成一对的概念，故用形因统其他二因以与质因相对。再从他的思想各部分发展的次序上看，形与质两概念似乎先成立（从柏氏的意典与质素脱胎来的），换言之，他先找到形因质因，后来感觉不够，加上动因鹄因，再后来又发现"形、动、鹄"三因相通，于是为之合并，合并以后，仍成"形、质"二因。

第五节　形式质料

一、形式质料的意义

　　"形、动、鹄"三因合一以后，成为形式与质料对峙之势。这一对概念，在亚氏，好像两把钥匙，用以开发整个宇宙的宝库。

　　照字面看，形式好像只是物的样式（shape）。其实这是一个误解，把形式等于样式，未免缩小它的范围。样式固然是形式范围中的一部分，然而形式范围甚广，样式在其中只占一个不很重要的地位。要替形式下个不遗不漏的定义,唯有说,形式是物之一切性质(all the qualities of a thing)。物之性质,粗而言之,有可感觉(sensible)与不可感觉(nonsensible)两种。可感觉的有:(一)声、色、臭、味、冷、热等等,总之,即所谓"次性"(secondary qualities);(二)形(figure)、舒(extension)、坚(solidity)、动(motion)、静(rest)等等,即所谓"物性"(primary qualities)。不可感觉的有:(一)内的结构,即其内部各部分的配合;(二)外的关系,即一物与他物的关系;(三)功能,即一物的目的。用一句抽象的话说,凡对于一物加以分划(determination)、限制(limitation)、识别(intelligibility),使其有彼此(this or that)之分、有定性可言的,这种东西叫作"形式"。

至于质料则如何?我们也要免除误会。平常对于质料的概念,有两种误会:第一种以为质料就是科学上所谓"物质"(physical substance),可举两点证明它不是的:(一)科学上所谓物质是一种绝对的概念(absolute conception),凡叫作物质的永远是物质,不会在某种关系之下是物质,在另一种关系之下又不是物质。例如铜,它始终是物质;在某种情形之下,铜固然可以变成铅,然而变成铅之后,仍是物质。至于亚氏所谓质料,却是一种相对的概念(relative conception)。质料与形式相通,在某种关系之下,是质料,在另一种关系之下,或许变为形式。例如木材,对一张床说,是质料,对一棵树说,却是形式;树,对木材说,是质料,对其种子说,又是形式。(二)寻常所谓物质,有彼此的分别。然而在亚氏看,所谓"彼"、"此"也者,是从形式来的。并且,分别无非是性质上的分别,性质就是形式的总称。所以寻常所谓物质,其实是亚氏所谓个物——形式与质料的合体。第二种误会是把质料与后世哲学上所谓"心"、"物"(mind and matter)之"物"的概念混为一谈。其实这两个概念不同：（一）"物"与"心"是绝对的，它们永不相通：物不会变成心，心也不会变成物。质料与形式却是相对的，它们彼此相通：质料可以变成形式，形式也可以变成质料。（二）物与心各有其特殊的性质，如物之性质是伸张（extension），心之性质是思维（thought）。然而质料是什么性质都没有的，一切性质全在形式之中。

关于质料的误解既已消除，现在且从正面看它是什么。其实它什么都不是，凡说一物是什么，无非把一种"所谓"加于该物之上，说它是黄，是白，是方，是圆等等。"所谓"所举尽是一物的性质。质料一切性质都没有，任何"所谓"都加不上，总而言之，它不是一物，因为有物便有性，有物性便有"所谓"。前面说：凡对于一物加以分划、限制、识别，使其有彼此之分、有定性可言的，这种东西叫作"形式"。此地我们可以说：凡无分划、无限制、无识别、无彼此之分、无定性可言的，这种东西叫作"质料"。唯其什么都不是，所以什么都能是，唯其任何性质都没有，所以任何性质都能容纳，它只是万有万化（all thing and all becoming）的可能性。质料这个概念，在亚氏系统中，不过万有万化背后的一种假定。若无这个假定，万有万化便显得无处寄托，故质料又称"底质"，就是"托子"的意思。然而这种底质是不可知的东西，因为必须由物性以知物，它既什么性质都没有，便无可知之途。

形式与质料的意义大致如前所述。不过我们觉得，亚氏替质料所下定义实在不足以尽质料之义。须知这个定义只合于所谓纯粹或绝对的质料（pure or absolute matter），还有中间或相对的质料（intermediate or relative matter），这个定义对它们便不适用。（关于纯粹的质料与中间的质料，详见下文。）因为中间的质料不能说是没有定性，例如以铜铸像，铜是质料，然而能说铜什么性质都没有么？中间的质料也不能说任何性质都能容纳，或可以加上任何形式，又如铜，可以拿来做糖么？所以，要想替这两种质料下个一贯的定义，实在不可能。原因在于亚氏把两个相差很远的概念放在一起，统称之曰"质料"。一种是名学上的假定（指纯粹的质料，即"底质"），一种是形上学上的实在（real existence）——把这两种不同的概念放在一个大概念（质料）之下，这个大概念自然不能有一贯的内容。至于亚氏对质料下如此定义的用心，我们也不难推测。前面说过，哲学家之解释宇宙现象，所用原则愈少愈好。按他们的习尚，多元不如二元，二元不如一元。所以，亚氏最初用四因，后来"形、动、鹄"三因合一，成了形式质料二元。此二元虽无法再合并，然而他总想向合并方向努力。虽然未能成功，结果弄到把质料的内容减到最低限度，质料仅仅成个名学上的假定。物之一切性质或意义，或其可知的部分，全被形式取去，所剩给质料的只是不可知的部分，质料成了不可知的底质。这种办法显然是想把质料并入形式，结果，质料的内容全部移交出来，自己毫无所留，然而名目还在，成个空空的底质。这可算是亚氏谋建一元系统的失败，他的系统所以仍不免于二元论，就为这个缘故。

二、形式质料的性质

关于形式质料的性质，最重要的有三点：（一）二者不能分立；（二）二者都是相对的；（三）形式普遍，质料特殊。以下逐点讨论：

宇宙间的一切，就其个体言，块然一物，就其合体言，累累然万物，原没有什么形式质料分得清清楚楚在那里。亚氏这样分，只是哲学家的方便，借以了解万物而已。所以，形式质料之分原是思想上抽象的作用。然而，思想虽然，一方面，把它们分开，另一方面，却不要忘记它们原是合的：它们本是宇宙间相辅相成的原理、相随相伴的元素。亚氏对这一点非常注意，再三叮咛。他反对柏氏意典说，就因为意典居然自成一界；其实意典，好比形式，与质素原是合的，其分是思想上的方便，其合是存在上的事实。复次，柏氏以为意典与质素之合乃是相侵相损的。他认为意典完全、有常、纯粹……质素缺陷、无常、驳杂……质素分得意典，则意典的性质侵入，而损其原来缺陷、无常、驳杂……的面目；意典被质素分得，其固有的完全、有常、纯粹等性质亦被质素所限制，而稍失其本色。因此，意典与质素处于相反的地位，俨若水火之不相容。柏氏又把意典认为"有"，质素认为"非有"（non-being）。这些主张，亚氏都不赞成。在亚氏，形式质料并非相反，它们倒是相辅相成的。形式固然是"有"，质料未必是"非有"，它是潜能中的"有"（potential being），潜能可以变成现实，质料加以形式，便即是"有"。

所谓形式质料相对也者，是说，在某种关系之下为形式的，在另一种关系之下为质料，在某种关系之下为质料的，在另一种关系之下为形式。例如磨琢过的石头，对未磨琢的石头说，是形式；对一座房子说，便成了质料。又如火、气、水、土四行，对初性的质料（prime matter，即纯粹或绝对的质料）说，是形式，因为它们是初性的质料加以热、冷、流、凝（hot, cold, fluid, dry）等性质所成，然而对一切较高的物质，却变为质料。

关于形式质料相对的事实，有两点值得注意：第一点可算它们相对的结果，第二点可算它们相对的规律：（一）宇宙间的万物是有层级的，这种层级由进化而成，这种进化是有目的的进化——三个概念合起来，成为有目的的层级进化。何以言之？一物对其本身说，是既成之物，本身就是形式，同时总有更做质料的可能，一旦加以新的形式，便另成一物，这表示进化；物又变成他物的质料，加以他物的形式，又成一物，如此类推，层级无穷，这表示层级；新的形式是一物之所趣向，一物于无意识中有实现新形式的要求，这表示目的。宇宙间任何物，无论有机无机，都有进化的痕迹，其进化都显得有层级，至于目的的表现，唯有在有机物上最显。（二）对上，形式变为质料，对下，质料变为形式，换句话说，一物对其较高之物为质料，对其较低之物为形式。例如人的身体较其中各机关（organs）为高，其中各机关对身体是质料，肌肉（tissues）又较各机关为低，各机关对肌肉便是形式。

读者记得，前面讲形式之意义的时候，提过形式不是样式。此刻我们发现形式质料之相对，更足以证明形式非样式，因为样式不是相对的，既做一物的样式，便不能再做他物的某一部分。

我们最后要讲到形式质料孰为普遍、孰为特殊的问题。前面提过，形式普遍，质料特殊。形式所指不是"此"（this），而是"如此"（such），"此"者限于此时此地，"如此"者不限于此时此地，无论何时何地，只要其"如"此，换言之，像此时此地，便罢。例如，此时此地有某种颜色，叫作黄，他时他地亦有与此时此地相像的颜色，也叫作黄。黄是物性，物性无有不是普遍的，因为物性见于此时此地者，总要并见于他时他地，换句话说，物性是指"如此"者。读者记得，我们前面说过，形式等于物之性质。物之性质既是指"如此"的，既是普遍的，则形式也是指"如此"的，也是普遍的。至于质料，却是指"此"的。试将一物分析一下，把所有指"如此"的部分——物性——抽尽，所余只是指"此"——限于此时此地——的部分。限于此时此地云者，是说不并见于他时他地，换言之，即此时此地所特有。一物之中，其指"此"的部分，或此时此地所特有的部分，是质料，所以质料是特殊的。

宇宙万物由形式与质料相合而成，换言之，物性附于底质之上，方才成物。形式或物性无有不是普遍，质料或底质无有不是特殊。

然则一物有两方面，一方面是普遍，一方面是特殊。普遍方面是一物之所以为物，即一物之所以归类；特殊方面是一物之所以为"一"为"个"，即一物归类以后，同时还不失其为"一"为"个"的原理——这原理叫作"一"与"个"的原理（principle of uniqueness and individuation）。

我们叙述形式质料的性质，到最后一项，仔细一想，便觉所谓"质料特殊"一语也不足以概一切质料。特殊固是初性质料的性质，然而中间的质料未必特殊，因为中间的质料本身能自成物，物皆有性，物性无有不是普遍。例如以铜铸像，铜是质料，然而不能说它不是一物；铜既是物，则其物性——如坚、黄等等——必是普遍，换言之，必与他物共之，或异时异地见于异物之中。并且，再进一步想，连初性质料之为特殊与否，也发生疑窦了。按定义，初性质料什么性质都没有，即所谓"无分划、无限制、无识别、无彼此之分、无定性可言"。假若如此，试问万物除其最近的材料（proximate matter，如铜之于像）以外，是否同以初性质料为最后材料（ultimate matter）？换言之，初性质料是否万物背后的公共材料？从"质料即质"一语看来，底质自是万物背后公共的托子，初性质料若做了万物背后公共的托子，则不是普遍的么？倘如硬说是特殊，试问特殊的地方在那里？它既什么性质都没有，既是无分划、无限制、无识别、无彼此之分、无定性可言，则缘何而特，缘何而殊？须知分划、限制、识别、有彼此之分、有定性可言，乃是特殊的基本条件！

三、纯粹的形式与纯粹的质料

万物是形式与质料合成的，任举一物，有其形式部分，亦有其质料部分。由这方面说，形式与质料分不开，换言之，天下没有无质料的形式，也没有无形式的质料。然而另一方面，亚氏又假定一个纯粹的形式和纯粹的质料。所谓纯粹，是指不掺杂其他成分的意思：形式而云纯粹，是不带质料的形式；质料而云纯粹，是不夹形式的质料。这样一来，宇宙分成三段：头段、中段、尾段。中段是形式质料的混合体，即我们感官所接的万物；头段是纯粹的形式，即亚氏所谓上帝；尾段是纯粹的质料，即亚氏所谓底质。中段的个物，因其形式、质料兼有，所以，对在它之下的个物，是形式，可称为"中段的形式"（intermediate form）；对在它之上的个物，是质料，可称为"中段的质料"（intermediate matter）。

　　头尾两段由抽象得来。任举一物，用思想的能力，将其形式层层抽去，最后达到"无分划、无限制、无识别、无彼此之分、无定性可言"的质料，这就是纯粹的质料。把形式抽去，何以要说层层？因为一物之成，尽许经过形式质料许多层的结合。例如一张床，是床的样式与木材所组成，这是形式质料第一层的结合；木材是木材的样式与树所组成，这是第二层的结合；树是树的样式与种子所组成，这是形式质料的第三层的结合；如此类推，到火、气、水、土四行，可算中段的质料之最下一层，可是它们还是热、冷、流、凝等性质和纯粹的质料所组成。四行是形式质料最低一层的结合，再下便是纯粹的质料。

　　中段的形式与质料是实在的（existent），换句话说，能够独立，因为它们就是物，物是实在的，物能够独立。例如人身上的机关是肌肉的形式，机关固能独立，然而把机关解剖以后，其质料——肌肉——仍能独立。头尾两段的形式与质料不是实在的，换句话说，不能独立，它们总是合在个物之中，因为它们由抽象得来，抽象的结果未必有其物存于外界。火、气、水、土四行可算最近于纯粹的质料，然而还不是的，它们仍是个物，仍是形式质料的合体。按原则，纯粹的形式与纯粹的质料固然不是实物、不能独立，然而亚氏却替前者立一例外，他不把纯粹的形式［共有三种：（一）上帝；（二）圆神（spherical spirits），即日月星辰之灵；（三）人灵（human soul or the rational part of man）］当作一种抽象的假定，如底质，而把它们看作实物，其实在性和一切个物相等。个物是实质，它们也是实质，不过是最高的罢了。其实纯粹的形式就是共理，而且是普遍性最大的共理。按亚氏的大前提，共理不能独立，必须寄于个物之中；此地把纯粹的形式视为不必寄于个物之中、自己能够独立，这岂不是自犯其例？他一向攻击柏氏意典独立之说，现在岂不是反唇自稽？

四、质料对于形式的限制与阻碍

我们前面说，质料什么都不是，同时什么都能是，换言之，任何性质都没有，同时任何性质都能有，再换言之，质料仅仅是个可能性（mere possibility）。然而不能不承认有例外。世界上有残缺（imperfection）、罪恶（evil）、变幻（mutability）、毁灭（corruptibility）、偶然（contingency）、盲动（blind necessity）、复杂（multiplicity）……种种不良的现象，亚氏把它们一概归根于质料。在他，形式，和柏氏的意典一般，是十全的：无残缺、无罪恶、无变幻、无毁灭、非偶然、不盲动、不复杂……万物由形式质料合组而成，万物若有这些不良现象，形式既不任咎，唯有质料负责。形式本身是十全的，它们与质料所合成的万物何以不是十全？因为质料不十全。形式何以不能使其十全？因为质料原有一种阻碍力，能够限制形式的影响，不使其达于十分圆满的地步。限制可分三步来看：（一）形式必须因质料来实现，什么形式需要什么质料。例如铸钟要有材料，必须用铜，不能用纸用布。（二）形式所实现的状态与程度因质料而不同。例如以铁铸钟不如以铜铸钟。同一的钟的形式，各因其质料而起性质的不同，优劣的分别。这便证明受质料的限制。（三）形式往往因质料而起反常或偶然的想象。例如同一父母所生子女，十胎之中，或许有一胎不成人形。又如同一模型所铸的钱，或许有一两个不像钱的。父母与模型总是那样，便是形式不改，然而质料参差不齐，所以形式受累，而成畸形异态。这便证明质料不是仅仅一个可能性，它是宇宙间，形式以外的另一原理——能与形式分庭抗礼的原理。亚氏所以不能把质料和形式合并而成一元，原因似即在此。

亚氏所以把宇宙一切不良的现象归源于质料，其心理不难推测。须知他的哲学是目的论的。目的论往往和理想主义相联，于是目的变成理想中的目的，不容稍有疵瑕。他的形式便是这种无疵无瑕的目的。然而宇宙间之有不良的现象，又是不可掩的事实。不良现象必有其由来，既不能归根于形式，唯有归根于质料。

按亚氏把宇宙一切不良现象归根于质料的办法，和柏氏的简直一模一样。柏氏看见宇宙有不良的现象，不愿将其归根于意典（其实办不到，因为意典是理想的、无疵无瑕的），只好归根于质素（见拙著《柏拉图》，第151—152页）。这样一来，和柏氏犯同样的毛病：一方面把质料当作毫无定性、可此可彼的东西，另一方面却承认它有偌大的力量，能够限制形式的进行——这俨然是矛盾。据著者看，亚氏所以犯这矛盾，原因全在他把两个不伦不类的概念（即个物的概念与底质的概念）放在一个大概念——质料——之下。你把一物拿来做另一物的材料，其所能成之物当然是有限制的，当然不能任成一物。例如铜可以造像、铸钟等等，究竟铜所能成之物是有限制的，铜不能做饼、做衣服……至于一无定性、可此可彼的普遍的底质，实在看不出对于形式有限制的能力，因此我们可说，亚氏的毛病在于把相对的质料（亦称"次性的质料"，即"个物"）与绝对的质料（亦称"初性的质料"，即"底质"）混为一谈，换言之，质料限制形式之说，可加于相对的质料，不可加于绝对的质料。

五、形式质料与现实潜能

形式是现实的境界，质料是潜能的境界，形式与质料的关系等于现实与潜能的关系。一物的形式是一物所应有而尽有的性质，一物的质料是一物对其应有的性质未有而能有的分量（capacity）——后者以其未有而能有，所以叫作潜能，前者以其应有尽有，所以称为现实。二者的关系是直接的（immediate），无需第三者从中为介。换句话说，潜能现实只是一个历程的两端，质料形式只是一物的两方面。一个历程，自其未出动之时说，是潜能的境界；自其已出动而未完了之时说，是在潜能趣向现实的途中；自其已经完了之时说，便是现实之境。同样，一物，自其未成而可成的分量说，是质料，自其既成而实有的模样说，是形式；由可成的分量到已成的模样，中间所经过的是潜能到现实的步骤，这步骤的两端就是潜能与现实。由潜能到现实，由质料到形式，只是一条线；由未成之物到已成之物，只是那一物。

所谓一物的形式，就是一物的性质，所谓既成之物，就是有定性之物，所谓未成之物，就是无定性之物；然则形式与质料之对，等于性质与无性质、定性与无定性之对。物性之中，物之功能居其重要部分，物之功能是物之目的；然则形式与质料之对，又是目的与手段之对。目的比手段完全，目的规定手段；然则形式与质料之对，又是完全与不完全、规则与无规则之对。并且，我们记清，形式是"形、动、鹄"三因之合；然则形式与质料之对，也是"形、动、鹄"三因与质因一因之对。

六、形式质料与运动变迁

一切运动变迁有两个要素：（一）根据；（二）目标。前者是运动变迁之所在（that upon which motion or change is wrought），后者是运动变迁之所趋（that towards which motion or change operates）。前者是质料，后者是形式。例如以铜造像，铜上起了运动变迁，运动变迁在铜上，所以铜是运动变迁之所在，即运动变迁的根据。铜何为而起运动变迁？为要成像。然则像是运动变迁之所趋，即运动变迁的目标。

运动变迁有四种：（一）空间上的（in space）；（二）性质上的（in quality）；（三）数量上的（in quantity）；（四）生灭上的（in generation and destruction）。因此，质料也有四层（four layers of matter），以与四种运动变迁相应。它们是：（一）变于方位的质料（matter for locomotion）；（二）变于性质的质料（matter for alteration）；（三）变于数量的质料（matter for change of size）；（四）变于生灭的质料（matter for coming into being and passing away）。这四层有固定的次序：必先有运动，然后有变迁，故变于方位的质料居第一；既有变迁，则所变非性质即数量，然而数量只是性质的一种，所以变于性质的质料居第二，变于数量的质料居第三；性质数量全变，则一物到了生灭存亡的地步，故以变于生灭的质料殿其后。

宇宙间的一切，除精神（spirits or minds）以外，至少是变于方位的质料与某种形式所合成的。天上的日月星辰便是，它们只有变于方位的质料,其他质料没有,因为它们只有运动,没有变迁——不变于质,不变于量,更不生灭。第一层的质料能与后三层的分立,其于日月星辰便是实例;后三层的往往相随,它们属于地上的万物。地上的万物有四层质料备具的,如动物;有只是后三层的,如自植物以下的诸物。

由亚氏看来,运动变迁是宇宙间不息的现象。质料加以形式,成为一物;一物又变质料,再加以形式,另成一物;如此往上,进化无穷。进化的力量在于形式能够吸引质料,同时质料以形式为目的,向形式追求(striving after form)——这种追求是无意识的(unconscious),是天生的(innate)。

七、形式质料与万物的等第

根据以前所说过的两点,证明亚氏心目中的宇宙成个阶梯系(hierarchy)。那两点是:(一)形式质料之称是相对的,换言之,一物在某种关系之下是质料,在另一种关系之下是形式。质料变为形式,形式又成质料,一层一层连接起,好像阶梯一样。(二)质料对形式有限制的能力。形式借质料来表现,质料自然而然对形式加以限制,使它不能十分表现,只得表现相当程度。然而形式不断要表现,质料不断加以限制,这样一步一步往前推:起先质料占优胜,后来形式逐渐进步,质料逐渐退后,最终形式占优胜。它们这样推进的结果显出一个阶梯系来。

形式质料互相推进的主动力在于形式。形式是目的,这目的有一种吸引力(attractive force),能够吸引质料,使其趋向形式。至于它们推进所表现出来的现象,便是运动变迁。由此可见,亚氏心目中的宇宙是动的,是进化的;万物由低而高、由简而繁、由纯而杂、由浑而划,乃是自然而然的趋势。

阶梯系中所谓高低上下以何为标准?前面说过,一物的形式等于一物的结构。按他处又说,一物的形式等于一物的性质。其实和此地的话并不冲突,因为在亚氏心目中,物之结构只是物之性质之一。他所谓物之性质,除我们寻常所谓性质者外,实包括结构、关系等等;总而言之,他的性质一概念包括物之一切,所余只是一个空空的底质,以与性质——形式——相对。这是他的形上学上的观念。这观念表现于思想言说,成了名学,使形成词主与所谓独一无二的公式(the sole formula of subject-predicate relation)。词主举底质,所谓举性质或形式;因此,近人把他的名学目为底质附性的名学(logic of substance-attributes)。又说,一物的目的即一物的功能。形式与目的合起来(即指形、鹄二因合并),则形式既等于一物的结构,又等于一物的功能。阶梯系上地位高的就是形式比质料占优胜(form predominates over matter)的,形式比质料占优胜就是形式表现的程度高,形式表现的程度高就是结构完密、功能显著。同时,阶梯系上地位高的也是价值比较大的。于是这个阶梯系又成了价值的系统(a system of value)。总而言之,这是目的论的连带情形。

形式对质料有一种吸引力,质料被形式吸引,自然而然向它趋求。然而,同时质料自身有一种限制力,和形式的吸引力对抗。这两种力量相持,起先其一优胜,以后其他优胜,结果所留下的痕迹显出一个阶梯系来。这个阶梯系的底层是未受形式羽化的纯粹质料,中间无数层是累累的万物,顶层是纯粹形式。底层是质料独霸的世界,中间是在形式质料抗衡、质料逐渐退让、形式逐渐进前的途中,顶层是形式完全得胜、质料完全消灭的境界。

根据形式质料不能分立的原则,底层和顶层不是外界的实在

（然而亚氏却替顶层开个例外，此点前面已经提过），唯有中间各层是的，它们就是我们感官所接的万物。兹为明了起见，把整个阶梯系中的各层依次胪列如下（次序由下而上）：（一）纯粹质料；（二）无机体，包括火、气、水、土，及其他；（三）有机体，包括草木、禽兽、人类；（四）天体，包括地球、行星、恒星；（五）纯粹形式，即上帝。

无机体最近底层，所以是质料最占优胜的时候，形式之表现甚微。严格说，形式未能入其内，只在其外，对它们支配的力量极小，充其量只能使其空间上向其适宜的方位出动（to move in space towards its proper place）。用近代的话说，如无机体上所发现的秩序或规则（即无机体的形式）只是摄力（gravitation）而已。

有机体却进步了，形式的力量增加了。形式能入其内，为其内自发展的原理（its inward self-developing principle），所以，有机体的功能或目的在实现自己（self-realization）、维持自己（self-preservation）。这种功能或目的叫作生命（life）或灵魂（soul）。生命或灵魂是有机体的形式，其质料即有机的体（organic body organism），此形式实现的历程叫作生长（growth）。灵魂又有等级，换言之，形式在有机体上的表现也有程度的高下。灵魂的功能方面愈多，就是形式所表现的程度愈高。草木之灵魂的功能有两方面：（一）营养（nutrition）；（二）繁殖（propagation）。——前者所以实现自己、维持自己，后者所以实现种类、维持种类。禽兽之灵魂的功能有三方面：（一）营养；（二）繁殖；（三）感觉（sensation）。——由感觉而起苦乐之感，因避苦求乐而起运动，运动与感觉连带而来。人类之灵魂的功能有四方面：（一）营养；（二）繁殖；（三）感觉；（四）理性（reason）。感觉为禽兽所特有，理性为人类所特有，换言之，是形式在它们上面表现所增加的程度。形式在它们上面的表现,唯其是一步一步增进的,所以较高之灵魂的功能,除其本级新的方面以外,也包括前级旧的方面。

到人类一阶段,形式表现的程度可算很高。起先在无机体上所表现的只是摄力,在草木上所表现的只是营养与繁殖,在禽兽上所表现的只是感觉,到人类,理性方才出来。理性乃算是形式的真正面目,宇宙的最后目的。到这一步,形式几乎全部胜利,在地上是最高的表现,更进便在天上表现了。

天体的形式不但是理性,并且比人的理性还高,还纯粹,不像地上的万物。天体不以火、气、水、土为质料,它们的质料是以太(ether)。以太和火、气、水、土四行一样,也起一种运动,不过其动向是圆的(circular)。圆的运动是永久的(eternal)运动,是完全的(perfect)运动——这都表示天体在阶梯系上的地位多么高。天体称为神物(divine being),因为有理性,理性曰神。在相当程度上,人类也有理性,所以人类亦可称为神物,然而和天体比较,仍愧不如。

按亚氏把天体当作神物,和柏氏之称天体为可见的神(visible gods),简直是一鼻孔出气。天体的理性,在一切物体的理性中,算是最高,因此,其于质料上所引起的运动也是最完全,最永久。此种运动必须是圆的,因为圆则无所不包(即完全的意思),圆则无始无终(即永久的意思)。这种说法和柏氏的又是一模一样(参看拙著《柏拉图》,第161页)。

八、亚氏的形式质料与柏氏的意典质素

有人把亚氏的形式质料认作柏氏的意典质素的变相。毕竟如何,比较一下,便能分晓。比较可从四方面着手:(一)形式与意典比较;

（二）质料与质素比较；（三）形式与质料的关系和意典与质素的关系比较；（四）形式质料与万物的关系和意典质素与万物的关系比较。

形式和意典比较，有同点，也有异点。现在先说异点：（一）形式与意典虽则同是思想的事，和感官无干，然而形式起于思想上的抽象，只有后天的来源。意典起于灵魂的回忆，却有先天的来源。何以言之？在亚氏，累累的个物，先由感官与之接触，继而思想加以作用，将个物分为两部：（甲）物之所以为物，即其普遍部分；（乙）物之所以为个物，即其特殊部分；然后把前者抽出，认为物之形式。在柏氏，却不然：他先假定意典有超自然的存在（supernatural existence），自成一界。灵魂未降生时，对于意典已有明晰的认识，因降生的劫难而迷忘，后来看见意典的摹本（即万物），便触类旁通，勾起以前的记忆，恢复当初对于意典的认识。总而言之，亚氏的形式是由经验到思想一条线上的结果；柏氏的意典一下手便是出于思想，然后诉于经验以为旁征，最终又回到思想。（二）柏氏的意典是实在的（existent），所以自成一界，与事物界对峙。不过，事物之存在是自然的存在（natural existence），意典之存在是超自然的存在。自然的存在受时间空间的限制；超自然的存在不受时间空间的限制，然而其实在性不亚于自然的存在。亚氏的形式却不然：形式是非实在的（non-existent），因为它们只是思想上的抽象（abstraction in thought）。（三）亚氏的形式，除上帝（即纯粹形式）一个例外以外，一概是相对的，即在某种关系之下为形式，在另一种关系之下为质料。柏氏的意典却是绝对的：意典永是意典，从来不会在某种关系之下为意典，在另一种关系之下为质素。（四）亚氏的形式（也是除上帝一个例外）是不纯粹的，是夹带质料的，换言之，他的形式自成一物，物则无有不是形式质料二者合成。柏氏的意典则绝对纯粹，从不夹带质素——这只因为意典非物的缘故。（五）亚氏的形式是现实的境界。所谓现实也者，是运动充分的表现，是变迁圆满的结果，因此，形式和运动变迁的成功，是动与变之历程上的终点。柏氏的意典则自始至终是静的：意典与运动变迁正处相反的地位，运动变迁适足以推翻意典，在动与变的历程上（即万物之生灭存亡的流迁上）找不到意典。异处大致如此，同处也有几点：（一）形式是普遍的，因为形式是物之所以为物，物之所以为物即物之所以归类，换言之，即一物及其同类的公性，公性当然是普遍的。意典，老实说，也只是物之公性，所以也是普遍的（不过柏氏再进一步，把意典实在化，成为实在化的物之公性[hypostatized common properties of things]）。（二）柏氏的意典是宇宙间理性的表现，他的最高意典即最高理性。亚氏的形式亦然。他的纯粹形式又称为纯思（pure thought），即最高理性的意典。其实他的纯粹形式和柏氏的最高意典恰恰相等：他的其他形式都不是实在的，独纯粹形式是实在的，其实在程度和柏氏的最高意典相同。此外，他的纯粹形式是上帝，柏氏的最高意典也是上帝。（三）亚氏的形式带目的性，其纯粹形式是宇宙间最高目的。柏氏的意典亦然。（四）柏氏把意典认为知识的唯一对象，事物是特殊的，知识于事物中找不到公共的根据，故知识对事物没有办法。亚氏对形式也是同样看法，认为事物中只有形式部分可知。（但是形式还是事物的形式，实际上未尝离开事物。知识对整个的事物没有办法，对其中的一部分却有办法，形式就是由事物中所寻得有办法——可作知识之公共根据——的部分。这又是他和柏氏不同的地方。）（五）柏氏的意典是最高目的，因此也是至真、至美、至善，否则不足以为最高目的。亚氏的形式正也如此。亚氏，同柏氏一样，把宇宙间一切好的现象一概归根于形式。

质料和质素比较，也是同异兼有。我们先举其异：（一）亚氏的质料是思想上抽象的结果。柏氏的质素却是武断的假定。他认为上帝创世不过就现成的材料凭意典的模样加以整理。现成的材料是质素，上帝本身是意典，或最高的意典。质素既是现成，则非上帝或意典所造；换句话说，质素之由来与上帝或意典并久。由此可见，质素自始至终与意典对峙，它们同是武断的假定。（二）柏氏的质素只有一种，亚氏的质料却有两种——绝对的和相对的。亚氏绝对的质料与柏氏的质素相同，其相对者则大异矣。（三）亚氏的质料，除纯粹质料（即绝对的）一个例外以外，一概是相对的，其相对的情形和形式相对的情形相同。柏氏的质素却是绝对的：质素只是质素，绝没有在某种情形之下为质素，在另一种情形之下为意典。（四）亚氏的质料，除底质（即纯粹质料）一个例外之外，一概都不纯粹，一概夹带形式，换言之，他的质料各自成物，物则无有不是形式质料二者合成。柏氏的质素却不然。他的质素是纯粹的质素，意典的模样丝毫没有。事物模仿意典，才有意典的模样；质素既不成物，当然不带意典的模样。（五）亚氏的质料是潜能，是运动变迁的可能性，也可以说是运动变迁的起点。这个起点必然地以形式为终点，换言之，由质料到形式是一条线上的发展。柏氏的质素固是运动变迁之源（因为运动变迁，在他认为不好的现象；凡不好的现象一概归根于质素），然而运动变迁不能以意典为终点，换言之，不能达于意典，不能侵入意典范围，意典不容有运动变迁。以上是异点，下面再举其同点：（一）亚氏的质料是无分划、无限制、无识别、无定性的底质。柏氏的质素正也如此。质素只是光光的一个无所不容、可此可彼的托子，后来的一切性质都是意典所赋予的。（二）亚氏的质料是特殊的，换言之，即个物之所以为个。柏氏的质素亦然。他说：事物之成，质素供其材料，意典供其模样或性质；事物中之特殊现象乃是昭昭的事实，意典既无有不是普遍的，然则特殊现象从何而来？唯有从质素而来。(不过柏氏把特殊认为不良现象，凡不良现象总是归根于质素。亚氏却不如此。他对于特殊与普遍并不歧视，个物之所以为个和个物之所以为物同等重要。这又是他们不同的地方。)(三)柏氏的质素是宇宙的必然性(necessity)与机械性，因为上帝创世必须以它为材料，上帝本想把宇宙十分理性化，然而事实上做不到，总有一个东西——质素——和理性相反抗。亚氏的质料也是宇宙必然性与机械性。他的形式是宇宙间的理性。(然而，在亚氏，由质料到形式是一条线的发展；他的宇宙是由必然性与机械性渐渐进化到理性与目的性。在柏氏，质素与意典永远相反，它们不是一条线上的发展；他的宇宙是必然性、机械性与理性、目的性二分的局面，质料和意典自始至终是对峙的，质料永不会进化到意典。这又是他们不同的地方。)(四)柏氏的质素不是思想的对象，因为质素绝对特殊，而思想需要公共的根据，这种根据，在质素中找不到。亚氏的质料亦然。亚氏和柏氏一样，认为唯有形式是思想的对象——其实他这种看法就是柏氏的遗传。(五)柏氏的质素是盲目的，换言之，是没有目的的，因此把宇宙间不好的现象一概归根于质素。亚氏的质料正也如此。

形式与质料的关系和意典与质素的关系比较，异多同少。异处有三点：(一)形式质料二者不能分立。事实上，宇宙间没有无质料的形式(上帝是例外)，也没有无形式的质料。形式质料二名所指不过思想上的两个概念，由混然的个物中抽出。所以，形式与质料是抽象的概念，不是具体的事物。柏氏的意典与质素则不然。按他的说法，泰初的时候，意典与质素即已屹然并立。后来上帝创世，才把意典的模样拍在质素上面，然而宇宙开辟、有了万事万物以后，意典仍是自成一界。(二)形式与质料是相对的(纯粹形式和纯粹质料是例外)，换言之，形式亦为质料，质料亦为形式，它们的关系极密切，简直是二而一、一而二。柏氏的意典与质素却是绝对的，它们总是两个存在，在相当的程度上，彼此可以撮合，然而总不能化而为一。(三) 质料潜能，形式现实，由潜能达现实——由质料到形式——是一条线上的发展。柏氏之质素与意典却不然。它们完全分为两件事，彼此的关系是突如其来的——意典的模样拍在质素之上是一时间的事。异处有三点，同处只有一点，就是：亚氏的质料对于形式有限制力，柏氏的质素对于意典也有限制力。按柏氏，上帝创世的时候，本想把意典的模样全部拍在质素上面，使宇宙十分理性化，然而质素总在那里反抗，使上帝原始的计划不能完全实现。按亚氏，形式本想在质料上全部表现，可是质料对形式加以限制，使其不得全部表现。二人的口气很相像。

形式质料与万物的关系和意典质素与万物的关系比较，有不同的两点：(一) 意典与万物各成一界，它们的关系很不密切。万物只是模仿或分得意典到相当程度，意典只是被万物模仿或分得到几分之几，二者仍是隔如鸿沟。亚氏的形式却在事物之中，无物无形式，无形式而不在物。由此可见形式与万物的关系密切，在柏氏是分的，在亚氏却合起来。(二) 亚氏的系统中有阶梯系，柏氏的系统中也有阶梯系，表面上似乎相同，其实不然，亚氏的阶梯系存在于事物界，柏氏的阶梯系存在于意典界。不同的缘因在于亚氏把事物认为实在，柏氏把意典认为实在。

第六节 现实潜能

一、现实潜能的意义

和形式质料平行的还有一对概念，就是现实潜能的概念。形式质料，在静的方面，把万物分为两部分；现实潜能，在动的方面，把万事分为两段落。其实这两对概念是连带的，换言之，事物自其静的方面看，有形式质料两部分，自其动的方面看，有现实潜能两段落；老实说，形式与质料，现实与潜能，不过在两个观点上对于同一事物的看法。以现实潜能的概念解释形式质料，则形式等于现实，质料等于潜能。质料是一物之潜能境界，形式是一物之现实境界。

现实潜能的意义可分三方面来讲：（一）静的"有"方面——潜能是无定性、未发展的"有"（indeterminate undeveloped being），是接受性（susceptibility）与可能性（capacity）；现实是有定性、已发展的"有"，是接受性与可能性的充分发挥。例如一物的原料（潜能），及其已成之物（现实）。（二）动的"变"方面——潜能是运动变迁之将发未发，现实是运动变迁之方发已发。例如懂得造屋的匠人（潜能），和正在造屋的匠人（现实），能见的眼（潜能），和方见的眼（现实）。（三）目的手段方面——现实是目的、潜能是手段。潜能必臻于现实，现实必来自潜能，换言之，潜能以现实为发展的目的，现实以潜能为表现的手段。潜能之于现实，曰倾向（to incline to），曰慕望（to long for）；现实之于潜能，曰吸引（to attract），曰鼓动（to inspire）。这些动词都是表示目的和手段的意思。其例则如造成之屋（现实），和砖瓦木石（潜能）。

任举一事一物，都可用潜能现实的道理解释。譬如有两个人在此，耳中俱无所闻，忽然打起钟来，其一听得见，其他听不见。他们的听觉显然有不同；不同处平时即已存在，换言之，无声之时，其一已具闻声之能，其他不具。平时有闻声之能，现在才有闻声之实。又如二人之中，一人学过造像，一人不曾，一旦给他们材料，其一造出像来，其他不能。这也表示其一平时有造像的潜能，故今日有造像的现实，和其他之别固不在于一朝一夕之间。

二、现实先于潜能

现实先于潜能，有四种理由：（一）凡说潜能，必是某物或某种现实的潜能，将来所成必是某物，所得必是某种现实，不会成为他物，臻于别种现实。这话的含义显然是说，未成物或未臻现实之前，其物或其现实业已具有端倪于其潜能之中；只是未实现，不是没有。亚氏所举的例是：橡实（acorn）长成橡树（oak），橡树可算潜存于橡实之中，否则橡树不会出自橡实。总而言之，潜能就是隐而未显的现实，舍此亦无潜能可言，所以现实比潜能居先。（二）理论上，现实潜能似乎是连环的，很难断定孰先孰后，然而，事实上，现实居先，潜能居后。亚氏所举的例，如增进新知识，要靠已有的旧知识。新知识是潜能，旧知识是现实。然则潜能之发展，要靠相当程度上的现实。（三）现实是潜能所向的目的，潜能是现实所用的手段。目的决定手段，是手段出发的原动力。换言之，现实一方面是潜能的鹄因，另一方面是潜能的动因。因必先于果，故现实先于潜能。（四）凡不灭者（eternal）必比有灭者（perishable）居先。不灭者绝不是处于潜能之境者，因为既是潜能，则能存亦能亡，能不灭亦能灭。然则不灭者必是处于现实之境者，因为一切全已固定，既是不灭，便不会亦灭。

现实之居先，不是时间上居先，乃是名学上居先（logically prior）。所谓名学上居先，是指在思想的程序居先。思想的程序与存在的程序（order of existence）未必相符，在思想上居先者，尽许在存在上居后。由前提到推论，完全是思想上的次序，前提与推论所举的事实，其前后的次序由思想为之排定，其见于时间上的次序却未必如此。例如"人都有死，孔子是人，所以孔子会死"。按思想上的次序，"人都有死"的前提必先于"孔子会死"的结论，然而孔子死后，到如今二千余年，不知发生多少人死的事实。可见人死的事实，在时间上，也有比孔子死的事实反而居后的。

三、现实潜能与万物的等第

前面说过，宇宙万物，可按形式质料于其中孰占优胜，分为等第。形式于其中占优胜者，则其物的等第高；质料于其中占优胜者，则其物的等第低。同样，万物亦可按其现实潜能的程度之高下分为等第，因为形式质料与现实潜能是连带的。前面又说，等第的高下同时也是价值的大小，然则形式占优胜或现实程度高者，其价值亦较大于质料占优胜或潜能程度高者。

宇宙间最高者是纯粹形式或上帝，因为其中的潜能程度等于零，质料全部消灭。其次便是天体。它们的潜能程度极低，质料成分最少；它们没有生灭存亡的潜能（potentiality of coming into being and passing away），没有变质变量的潜能（potentiality of changing in size and quality）。它们只是运动不息，换位（locomotion）是它们所唯有的潜能。它们的方位无定，随时转移，在这点上可算尚未尽达于现实，还有潜能存于其中；然而它们有一定的轨道，其轨道又是最完全者（圆的），故其动比地上物体的动又胜一筹，即较近于现实。再次是地上的万物。它们是宇宙间运动变迁之主，换位、变质、变量、生灭四种潜能无一没有，所以价值还在天体之下。然而它们也有现实部分，就是它们的形式。形式超乎运动变迁的范围以外。例如人，血肉筋骨是质料，人性（指人的定义或人之类的概念［generic concept of men］）是形式，血肉筋骨有生灭存亡，人性却万古不变。

最下便是纯粹质料。它只有潜能，毫无现实。以价值言，纯粹形式或上帝最可贵，天体次之，地上万物又次之，纯粹质料最贱。

四、现实潜能与善恶完缺

亚氏不在现实潜能以外另求善恶完缺（good and evil, perfect and imperfect）的来源。他的意思以为，万物各具潜能，各有达到某种现实的分量，这潜能或分量充分发展，达于所应达的现实，便是善的、完的。否则便是恶的、缺的。例如人的潜能或分量中本有理性，人若冥顽不灵，便是乏理性，便是于潜能或分量上有亏，便是恶。又如果树原有结果的潜能，不结果便是残缺。反过来，人有理性，果树能结果，便是善，便是完。

潜能何以有时不能尽量发展？所应有的现实何以有时不能达到？因为质料中有限制力，每与现实相抗。质料就是潜能，然则潜能中有趋向形式发展的能力，亦有阻碍发展或偏向发展的能力。前面说亚氏把宇宙间一切不良的现象归根于质料，意即指此。按这样说，形式或现实无有不善不完，质料或潜能则有时有恶有缺。然而由质料臻于形式，由潜能发展到现实，乃是宇宙进化的正轨，所有罪恶和残缺都是畸形变态。由此可见，罪恶与残缺不是宇宙的本性之一，只是宇宙历程中的副果（by-product of the world process）。

五、现实潜能说的贡献

"现实"、"潜能"两名词是亚氏的特创，此说是他的发明，可算他的哲学系统的特色所在。此说有承前启后之功，其贡献可分三点来说：（一）解决自伊里亚派以后关于宇宙变迁的问题；（二）把柏拉图意典与事物的暌隔弥缝起来；（三）开后世进化论的先河。

苏、柏二氏以前的希腊哲学，自伊里亚派起，发生了宇宙变迁的问题，大家始终无法解决。问题是：变迁如何可能？变迁唯有两条路，便是（一）由无变有，（二）由有变有。由无变有是不可能，因为无物不能变成有物；由有变有又是废话，因为，既有了，再变有便是等于不变。

伊里亚派因为找不到出路，便索性把变迁的事实一笔勾销，他们说：实际上宇宙并没有变迁，那些生生灭灭都是感官上的幻觉；连带所及，也没有森罗万象，那些芸芸扰扰也不过感官上的幻觉。结果，宇宙只是一块硬板板的有。这有，唯其无变迁，所以无始无终；唯其无变迁，所以无分划；无一与多或多与多的对待。

柏拉图承认事物界有变迁，不承认意典界有变迁。事物是质素模仿意典而成的，意典界无变迁，事物界有变迁，然则变迁起于质素。质素发起变迁，变迁不能越过事物界的范围——事物界和意典界仿佛一水的两岸，一岸有变迁，一岸无变迁。事物界既是意典界的模本，则其真实程度乃在意典界之下，是柏氏所谓介于有与非有（being and not being）之间的一境。由此引申，变迁乃是半真半幻的事实。

在亚氏，变迁是真实的事实，并非幻相。然则变迁是走哪一条路？是由无变有，或由有变有？亚氏解决这问题的秘诀在于打通有与无中间的鸿沟。他用相对的现实与潜能的概念代替绝对的有与无的概念。现实与潜能是相通的，中间不隔一条鸿沟。要用旧有的"有"与"无"的名词，也未尝不可，不过必把它们之间绝对的界限打破。所谓无，并非绝对的无。无可算是无，因为它未实现；同时又可算是有，因为它已有个可能性在那里。如此说法，由无到有不是突然一跳，乃是一条线上连续的发展。所谓变迁，不过一物一事之由隐而显、由可能而事实。变迁的问题既已解决，则一与多等问题自亦迎刃而解。

亚氏自以为对于前人所遗留的变迁的问题，即"有"如何而"有"（how being comes to be being）的问题，已经解决，后世的哲学史家亦多以为他果然解决了。其实，据著者看，他并不曾解决。他说：无并不是无，是未实现的有，或潜能的有，由无到有并非由绝对的无物到绝对的有物，乃是由物的可能到物的事实。试问潜能的有和现实的有是不是绝对的两件事？不是的，它们只有程度上的差别，在性质上并不算二物；换言之，潜能的有是有的一种，现实的有也不过是有的一种。然则由一种的有变到另一种的有还不是由有变有，还不是等于不变？并且，现实的有由潜能的有而来，物由物之可能而来，然则潜能的有和物之可能是哪里来的？这问题，他们不能解决。若用潜能现实的道理一例推下去，则物之可能由另一物之可能而来，潜能的有由另一潜能的有而来，物之可能背后另有物之可能，潜能的有背后另有潜能的有，如此类推，不知所止，结果总找不到有的由来，即无法解决有如何而有的问题。其实要解决这问题着实是困难，凡讲变迁的，总无法解决有如何而有的最后问题，总不过就已有以后的有翻来覆去。亚氏用潜能现实的道理讲变迁总算是无办法中的办法。就说后世的进化论者，他们讲物种变迁，所讲也不过有种以后的变迁，至于如何由无种变有种，或原始的种从何而来，这问题仍是不能解决。有人说是上帝所造，这句话也等于白说，也不过是无解释的解释。

至于亚氏如何弥缝柏氏意典与事物的暌隔？他把质料等于潜能，形式等于现实。潜能必臻于现实，现实必来自潜能，二者相通，其一以其他为目的，其他以其一为手段，无目的便无手段，无手段则目的也不能存在。这样一来，形式与质料好比是一线的两端，并不像柏氏的意典与质素那样隔绝，成为彼此不相容的二元。柏氏的意典，到亚氏手里，变成如此的形式；柏氏的质素，到亚氏手里，变成如此的质料。柏氏的事物是意典的模本，意典总是高高在上，只许事物举头一望，亚氏的事物就是形式之所在，每一事物都是形式与质料所合成，都是由潜能发展到现实的结果。

亚氏的现实潜能之说告诉我们，宇宙是历程，是一个不停不息的发展。此说出来以后，动的宇宙观方才确立。后世的进化论就是由动的宇宙观出发，就是从历程的观点解释宇宙。所以说，现实潜能之说开进化论的先河。并且，亚氏此说是以生物学的概念代替柏氏数学的概念解释宇宙。进化论正是由生物界出发，然后以此界所得的概念应用到其他各界。在这一点上，亚氏的现实潜能之说可算和后世的进化论走同一的方向，换句话说，就是做进化论的先驱。

然而亚氏的进化观和后世达尔文、斯宾塞的进化论却未必相同，我们不可认为他的现实潜能之说就是后世的进化论。其最大的分别在于亚氏的进化观念中没有时间的要素，而后世的进化论却以时间为莫大关键。因其无时间的观念，所以他心目中物之类别是不变的，变者只是各类别之中的个体。如人、猿，以及草木中的各种各类，都是原来如此，万古不变，而人、猿……各类中的个体却是生生灭灭地在那里变。因此，他心目中的宇宙历程不是时间上的历程（time-process），乃是名学上的历程（logical process）。人类的精虫必须经过细胞、胎儿，以至于成人，这种"必须"是名学上的必须（logical necessity）。各物必须包括比它较低之物的特性，它是较低之物的现实，较低之物是它的潜能；较高的类别对于较低的类别也是如此。结果，宇宙成为连续的一条线。然而各类各别之产生，这条线上的各段落，却没有时间上的差别，所谓高低并不是时间上的后先。例如人类除其特性以外，包括禽兽的特性，人类比禽兽的阶级高，然而并不是在时间上先有禽兽、后有人，乃是按理人比禽兽高，所谓按理也者，是说名学上的次序合当如此，与时间无干。

严格说，亚氏的现实潜能之说不足称为进化观。进化的要素是时间上或存在上的变迁，并不是名学上或思想上的演变。名学上的演变和时间上的变迁大不相同，前者讲含义（implication），后者讲创新（to create something new）。含义不是创新，含与所含（the implying and the implied）只有推理上的层次（sequence of reasoning），没有时间上的先后（priority and posteriority in time）。例如一个连珠推论（syllogism），结论（conclusion，亦译为"判"或"委"）原已含于前提（premise，亦译为"例与案"或"大原与小原"）之中，不过推而显之，并非有所创新。"人都有死"的前提本已含有孔子死的事实，"孔子有死"的结论不过特把这一部分的含义推而显之，并不是人都有死以外的新事实。亚氏心目中的宇宙历程既是名学上的历程，则不过思想上的演变：由潜能成现实的发展只是含义上的演进，并不是时间上的变迁。所以他的进化观不是真正的进化观。据著者推测，亚氏未必没有时间上或存在上之变迁的概念，只是误把它和名学上之演变的概念相混。这就是他系统中两个不甚调和的趋势——理性趋势（rationalistic tendency）与经验趋势（empiristic tendency）——争胜，而理性趋势得胜的痕迹。

第七节 动与动源

一、动

亚氏分析宇宙万物的结果，发现万物是形式质料两种原素合成的。形式与质料的撮合要经过动；不动，则形式自形式，质料自质料，无从撮合而成物。所以，动的现象和形式与质料之关系分不开，换言之，形式与质料之关系起于动，或即在动之中。

然则动究竟是怎么一回事？亚氏认为就是变，无动不生变，无变不缘于动。乍看似乎动只是变之一种，即换位的变（change of place），因为动无非是地位的转移。然而亚氏心目中，动却等于任何一种的变：树叶由绿变黄，其为动无异于石头由山上滚下来。变有时间上的、性质上的、数量上的、生灭上的，等等。同样，动也有这些种类。

每一种动，无论其为时间上的、性质上的、数量上的，或生灭上的，必是由一种情形变到另一种情形（from one state into another）。新旧两情形必是相反者（opposites），否则便无所谓变。亚氏举例，如由冷变热，由无知变有知。所谓由一种情形变到另一种情形，不是说两种不同的情形能够互通，如冷能成热、小能成大，如此，则同一情形亦冷亦热、亦小亦大，这便是矛盾；乃是一去一来，彼此调换，如冷去热来，小去大来，至于冷之为冷，小之为小，还是自若。

据著者看，变之由一种情形到另一种情形，这两种新旧的情形并不是相反者。例如空间上的变，由此处变到彼处，何以见得彼此两处变相反者？就用左右、上下、东西、南北等名称，也不过各是一个方位，并无相反之可言。其他如冷热、大小、存亡等变，都不过各成一境，并不是相反的情形。前面说过，真正的相反唯有甲与非甲等等，反的概念必是非正，方能与正成反。然而这不过是思想上的方便，权以"非……"的名词概括凡注意所不集中的事物，以与注意所集中的一事一物区别，实际上并没有"非……"这东西。由此可见，亚氏只好说不同者，因为，既变，则变后的情形必与变前的情形不同，否则何有于变？不同的情形，事物界中固然有的，至于相反的情形，则事物界中原无其物。变既是事物界的真境，不是思想中的幻相，似不宜以思想上所造作的概念（artificial concept）——"相反"——说变。

动之为变既如上述。同时，动还是无始无终的，其理由有三点：（一）形式质料是宇宙的原素。宇宙原素必是永久，因为一切出于是，反于是（from which all comes, to which all returns）——原素是一切之终始，本身却无终始。由此可见形式质料原是无始无终。进一步，它们的关系也是无始无终，因为关系者既是无始无终，关系自亦无始无终。现在所谓动，就是形式与质料之关系的表现，然则动也是无始无终。（二）时间是无始无终的。假定时间有始，则时间有未始之时；假定时间有终，则时间有既终之时。有时而始，有时而终，始与终俱在时间之内，换言之，始亦始于时，终亦终于时，因为始与终是两个事件，事件无有不在时间之中。动与时间是连带的东西，这两个概念简直分不开。时间既无始无终，然则动亦无始无终。以上两层理由都是间接证明动之无始无终，还有一个直接的证明，就是：（三）假如动是有始，则必有其所以使之始者，所以使之始者本身就是动；假如动是有终，则必有其所以使之终者，所以使之终者本身也是动。要使动有始，则动前有动，即始前有始，如此类推，不知真正始于何处，这就等于无始。要使动有终，势必另起一动，以动止动，动外加动，如此类推，也不知动到何处为止，这便是无终。根据这三层理由，可见运动变迁是无始无终的。整个宇宙，由动方面看，是运动变迁的历程（a process of motion and change）；从静方面看，是运动变迁的总和（a totality of motion and change）。然则宇宙也是无始无终。无始无终便是无生无灭。所以宇宙没有生灭，不会坏的。

二、动源

所有的动都有两部分：（一）致动者（the moving element）；（二）被动者（the moved）。任举一物，其形式是致动者，其质料是被动者。例如以木石造屋，是屋的计划或图案使木石东迁西移，东筑一墙，西立一柱。然而屋的形式，乃至万物的形式，都不过是相对的或中段的（intermediate）致动者，因为在另一关系之下又为质料，又成了被动者。致动者既有中段的，必有头段的，头段的便是最后的致动者，叫作动的第一原因（the first cause of motion），亦称第一动源（prime mover）。于是与形式质料平行的又有第三对的概念（现实潜能是第二对的），便是动源与所动。万物各有致动者与被动者，各有现实与潜能，各有形式与质料；统万物而成宇宙，宇宙又是一个被动者，又是一个潜能，又是一个质料；宇宙之上有上帝，上帝是宇宙的动源，是宇宙的现实，是宇宙的形式。总而言之，亚氏的全部形上学成于三对概念：（一）形式与质料；（二）现实与潜能；（三）动源与所动。这三对概念又合而为一，成为一对概念的三方面：从静的原素方面看，宇宙是形式与质料所构成；从动的历程方面说，宇宙是动源与所动的演进；由静到动之间的过渡便是现实与潜能的道理。换句话说，形式质料如何而成万物？形式质料怎样撮合而变化无穷、演进不息？因为现实潜能的道理行乎其中，因为潜能的质料，或万物的可能性，自然而然要趋向现实的形式，或促成万物的事实化。于是我们可以说：形式与质料是宇宙的本体；动源与所动是宇宙的结构；运动与变迁是本体所表现的形态；至于宇宙如何构成，本体如何表现而成此形态，便是根据现实潜能的原理。以形上学上的分部而论，形式与质料是本体论（ontology）上的概念，动源与所动是宇宙论（cosmology）上的概念，现实与潜能是由本体论过渡到宇宙论的桥梁,即介于二者之间的概念。

动源的概念如何得来?其实很简单,只是由于实际的经验:眼见一切物有以使之动则动,无以使之动则不动,于是便晓得凡动必有动源。个别的动各有动源,然则动的总体必有总动源,即所谓第一动源。第一动源有一个连带的条件,就是本身不动,所以又叫作不动的动源(unmoved mover)。第一动源何以必须本身不动?因为,若非本身不动,则其动必有所以使之动者,即动源之上另有动源,如此类推,凡致动者同时也是被动,兼被动的致动者便不是真正的动源;找不到真正的动源,便是动而无源;按动必有源的前提,无源即亦无动;所以,动若有源,其源必是本身不动;然而动是事实,动之有源也是事实(俱指经验上的事实),由这两宗事实便能推知另一宗事实(此事实是推理中的事实),就是动源本身不动。

动源本身不动,然而能使人家动。如何使人家动?像球碰球那样吗?不。甲球碰乙球,甲球是致动者,乙球是被动者;这种致动者与被动者发生接触(contact),有时彼此尚起反应的作用,换言之,非但甲球去碰乙球,自己不能不动,同时或许反受乙球震动,而动得更烈。这类的动叫作物质上的动(physical motion),其致动者是物质上的动源。第一动源却不是物质上的动源,是精神上的动源(spiritual mover)。物质彼此之间连锁的动是物质上的动,可是包罗一切的宇宙(物质在内)的动却是精神上的动。这是亚氏所谓动的特点。第一动源,唯其属于精神的,所以不占空间;它所致的动,唯其是精神上的动,所以是有目的的动。由此可见,亚氏的宇宙观是动的目的论的宇宙观。

第一动源是精神上的动源,它如何使宇宙动?它使宇宙动,不是推动,而是行动,不是在后,乃是在前。它本身不动,它的精神思虑不往外跑,不伸出手来去拉人家,它只是在那里,一切动自然而然向它而发。孔子说，北辰"居其所，而众星拱之"；我们此地也可以说，第一动源居其所，而诸动拱之，或上帝居其所，而宇宙万物拱之。由这方面看，动源又是动的目的，即以前所谓动因与鹄因合一处。

三、动与形式质料

动是形式与质料之关系的表现，反过来，形式与质料是动的目标与根据。朱子常说理是气的依傍，气是理的附着。形式好比是理，质料好比是气，形式与质料发生关系，便是形式附着于质料，质料依傍于形式，而成物。所谓动者，无非由一物变成另一物。如何由一物变成另一物？就是以前所谓由一种情形变到另一种情形。所谓情形，无非是物性或物的形式。若用"附着"的话说，所谓变，只是附着在质料之上的形式的转移。亚氏原说变是新旧两情形的一去一来、彼此调换。然则所谓变，就形式方面说，只是原来附着于某一质料的形式改而附着于另一质料；就质料方面说，原来依傍于某一形式的质料改而依傍另一形式。

根据方才的话，可见形式是一物在变动中所换来换去的性质，质料是一物在变动中盛托性质的底盘。性质尽可调换，性质本身不会毁坏；底盘尽能接受新旧性质，底盘本自毫无损失。然则变迁于形式质料本身没有影响：形式质料本身没有变迁，所谓变迁只是形式在质料上的调换。这等于说，虽在动的情况之下，形式质料仍是永久不坏的（eternal or imperishable）。反过来，形式质料，唯其是永久的，故其彼此之间的关系也是永久的。动就是形式与质料之关系的表现，故动也是永久的。

凡动必有两部分，即致动者与被动者。形式是致动者，质料是被动者。各个物都由运动变迁而生成而毁灭，各个物都有形式与质料，形式在个物中为致动者，质料在个物中为被动者。个物的动源是个物的形式，个物的所动是个物的质料。统一切个物而成宇宙，宇宙又有一个大动源，便是最高形式，便是上帝，整个宇宙是所动，是质料。

四、动与现实潜能

动是形式与质料之关系的表现，前面既已说过。形式与质料如何发生关系？依据现实潜能的原则发生关系，换言之，其关系必是由潜能到现实的一种历程。何以必是由潜能到现实？因为质料尚未发展其可能性，同时却有发展的天然趋势；形式是具体的事物，同时又有促进可能性具体化的力量。简单说，质料处于潜能之境，形式处于现实之境，二境原是相通，前者有趋向后者，后者有吸引前者的天然趋势。形式与质料的关系在由潜能到现实的历程之下发生，另一问题便是：这个历程如何经过，或潜能如何到现实？于此动的功用来了。一物由潜能到现实，全靠有动，必须经过动，否则潜能永是潜能，现实永是现实，万物一成不变，无进化可言。

由潜能到现实是一种历程，此历程在动中经过。有两点必须注意，就是：（一）关于性质方面，动只是由潜能到现实中间一段的状态，潜能现实本身却不受动的影响。因为，动不过是物性的调换——所调换者是物之性质，即形式，所在而调换者是物之底盘（substratum，亦译为"底质"），即质料。根据前面的话，物性尽可调换，底盘尽能接纳新旧物性，物性与底盘本身却不受影响。现在所谓现实就是形式，潜能就是质料，故虽在动的情形之下，现实潜能不受动的影响。（二）关于条件方面，动必需现实潜能二者齐具，缺一便无动之可言。因为动根本是潜能求臻现实的历程，没有潜能，便无求臻之能；没有现实，便无可臻之实。用目的手段的说法，现实是目的，潜能是手段；无目的，手段等于虚设；无手段，目的也成空话。再用动源与所动的说法，现实是动源，潜能是所动；无现实等于无动源，无潜能等于无所动；动源所动二者缺一，便不会发生动。

第八节 上帝

一、上帝观在他系统中的地位

亚氏的上帝观是他的形上学的压阵大将。他的形上学有三对概念：（一）形式与质料；（二）现实与潜能；（三）动源与所动。横列一排好比三根柱子，共同支撑一个屋顶，这屋顶是上帝的概念。请看下图：

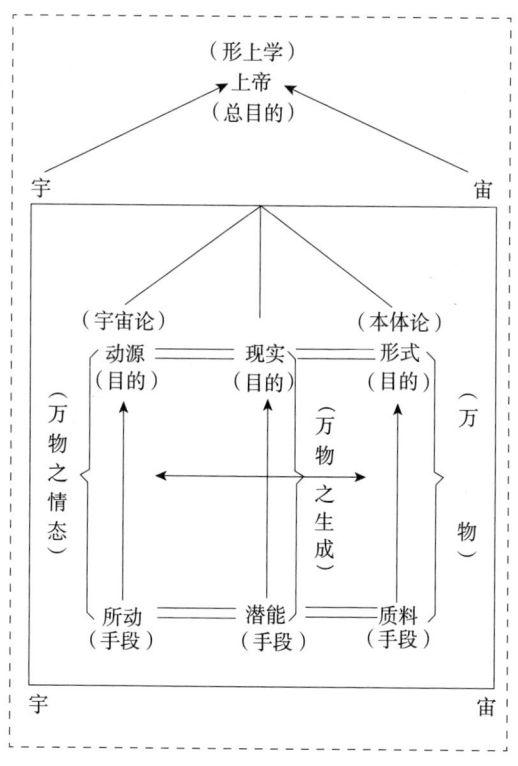

从上图可以见到以下几点：（一）质料、潜能、所动各向形式、现实、动源而趋；最后，形式、现实、动源汇于上帝一身，上帝成为最高形式、最大现实、最后动源。形式等居上，质料等居下，前者是目的，后者是手段；最后，上帝居一切之上，为一切的目的。可见他的形上学有三要点：（甲）发挥动的道理；（乙）所谓动是有目的的动；（丙）他的形上学是目的论的进化观。（二）形式与质料是他的本体论上的基本概念，动源与所动是他的宇宙论上的基本概念，现实与潜能是他的本体论与宇宙论之间的媒介，为二者之所以沟通；最后，上帝是统摄本体论和宇宙论的总概念，换言之，上帝是他的形上学上的总概念，形式与质料，现实与潜能，动源与所动，是他的形上学上的分概念。（三）明的围线指整个的宇宙。宇宙之所有不外万物：万物的本身是形式与质料的合体，万物之生成遵守现实与潜能的原则，万物之情态等于运动变迁——所动所变者即潜能中的质料，变是动源即现实中的形式，运动变迁本身即是由潜能趋于现实的一个历程。（四）上帝在宇宙以外（transcending），然而宇宙不断趋向上帝，以求进步，因此宇宙与上帝不断发生关系。为此种关系，上帝又像在宇宙之中（immanent in the universe）。暗的围线即指此种关系。

自然哲学以自然界的事物为对象，志在叙述其生灭变迁的情形。生灭变迁不过一动而已，故自然哲学的基本概念是动，其对象为动中的所动部分，即万物。上帝是动源，万物是所动。上帝是形上学的对象，动源属于形上学的研究范围；万物是自然哲学的对象，所动属于自然哲学的研究范围。于此可见，形上学上上帝或动源的概念要在自然哲学中求其所对（counterpart），其所对即万物或所动的概念。然则，形上学讲到上帝，便自然而然过渡到自然哲学。同时，上帝一概念又算是形上学与自然哲学最后的沟通（the ultimate principle of union between the metaphysics and the physics)。

二、上帝的存在

前面说，上帝是形式、现实、动源三个概念的总汇，换言之，上帝即最高形式、最大现实、最后动源。现在要证明上帝的存在，只需证明以下两点：（一）宇宙间确有最高形式、最大现实、最后动源；（二）最高形式、最大现实、最后动源汇成一体。

万物之有等第，前面已经提过。等第以何而分？以好坏完缺而分。所谓好坏完缺，必须有个标准。上帝就是这个标准，就是万物分等第的最高标准。标准便是形式。然则上帝，因为是宇宙的最高形式，其存在成为不可免的事实。这是从最高形式方面证明上帝的存在。凡动必有动源。整个宇宙是动的历程，成为动之总体。然则整个宇宙必有个总动源，为一切动之分体的最后动源。此最后动源便是上帝。这是从最后动源方面证明上帝的存在。前面讲现实潜能的时候，曾经提出一个原则，便是现实先于潜能。按这个原则，由潜能到现实，必须有现实从中促进，即为之动因。例如，大人是现实，小孩子是潜能，生孩子的是大人，养之育之，使其长大成人者也是大人。整个宇宙是个由潜能到现实的大历程，其中万物之生生灭灭是无数由潜能到现实的小历程。小历程必须有现实从中促出，大历程自亦如此。上帝便是促进大历程的现实，故曰最大现实。这是从最大现实方面证明上帝的存在。

宇宙之有最高形式、最大现实、最后动源，即如前面所证。所余的问题是：何以见得三者同归一体？这是根据形动鹄三因合一的道理来的。至于形动鹄三因合一的道理，似乎得自实际的观察，即由经验而来。亚氏看见许多物之造成，形动鹄三因往往合一。例如造像者是匠人，匠人算是动因，然而使他去造的又是像的形式，造成的像又是表现这个形式——这是形动鹄三因合一的显证。然而著者总觉得，他这种说法，加于人造品则可，加于自然物则困难百出。须知这种说法承认有意匠，即如造像的匠人。试问自然物之产生，有意匠没有？若有意匠，则莫如上帝；然而他一方面却把万物认为自生自成，上帝不曾降尊来一一造成它们，只是静居最高的地位，任它们仰慕趋求。万物若是自生自成，势必万物自具意匠，一物各有一意匠，这又犯了泛神论（Pantheism）的嫌疑。

以上所证明的上帝之存在，算是名学上的证明，换言之，上帝是哲学上的概念，并无宗教的色彩。上帝成为形上学的最高概念：在本体论方面是最高形式，在宇宙论方面是最后动源，并不是宗教上所谓主宰，或赏善罚恶的神。然而亚氏有时也不免于受当时宗教观念的影响，他对于上帝的存在，另有一种证明，这证明便显得是当时宗教上一般的观感。他认为，宇宙如此美丽调协（beautiful and harmonious），日月星辰这样运行不悖，处处显得有秩序（order），有目的（purpose），有计划（design），不得不相信有个主宰的神在那里设施张皇。这个证明是宗教史上最普遍的证明。

三、上帝的性质

前面说过，上帝是最高形式、最大现实、最后动源。由这三点上不难推测上帝的性质如何。在最高形式的条件之下，上帝是（一）单纯的（simple and pure）；（二）无形的（incorporeal）；（三）无质的（immaterial）。在最大现实的条件之下，他是不变的（immutable）。在最后动源的条件之下，他是（一）不动的（immovable）；（二）精神的（spiritual）。并且，不变的性质，非但是最大现实的结果，同时也是最高形式与最后动源的必然表现。其次，无形无质两个性质又包含（imply）另外两个性质，就是（一）超空间，（二）不可分割（indivisible）；不变的性质包含超时间；精神的性质包含生活——此种生活的方式是思想，对象是本身，状况是极乐。总括一句，上帝不但是最高形式与最大现实，同时还是最有福气的（most blessed）精神上的生活。上帝之为动源，不是机械上的动源（mechanical source of motion），是精神上的动源（spiritual source of motion）。他所以是精神，因为他是超时空的和不可分割的，反过来，超时空与不可分割二者又是精神上的必然状态。兹请制图如下，然后详细说明：

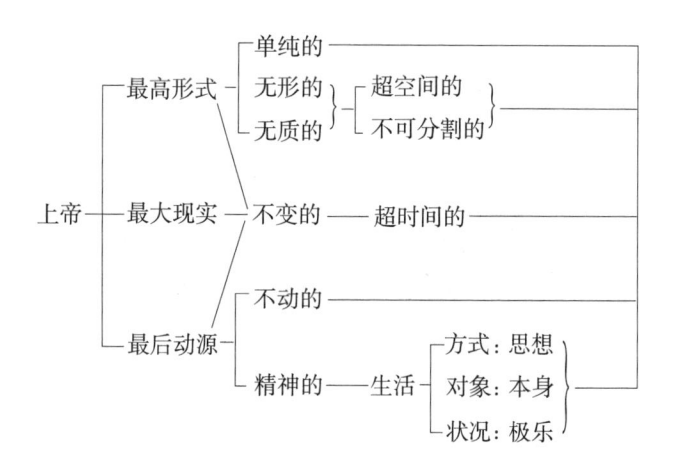

```
                      ┌ 单纯的
        ┌ 最高形式 ─┤ 无形的 ┐┌ 超空间的 ┐
        │            └ 无质的 ┘└ 不可分割的 ┘
        │
上帝 ──┤ 最大现实 ── 不变的 ─── 超时间的
        │
        │            ┌ 不动的
        └ 最后动源 ─┤                  ┌ 方式：思想
                     └ 精神的 ── 生活 ┤ 对象：本身
                                        └ 状况：极乐
```

上帝是最高的形式，所谓最高也者是绝对的意思。绝对形式和相对形式的分别，在于前者完全脱离质料，后者不曾脱离质料。唯其完全脱离质料，所以是单纯的，因为复杂是质料的特征，此其一也。所谓无形，是没有形体的意思。形式予一物以规则（regulative principle）和模范（pattern），至于形体，却由质料供给，故曰形式是无形的，此其二也。形式既非质料，当然是无质的，此其三也。同时，无形无质的东西也是不可分割的，因为分割是形与质的特性。

上帝是最大现实，所以是不变的，若非最大现实，则尚未脱尽潜能的境界，潜能必趋现实，其过程就是变。既是最大现实，则一切潜能尽达现实，这种过程完全可免，故曰不变。不变便是超时间，因为变是时间上的事。这是在最大现实的条件之下，证明上帝是不变的。在最高形式的条件之下，上帝也不容有变，因为最高形式就是最后标准，这标准是宇宙一切的标准，当然不能变，变则岂不天翻地覆？再从最后动源的条件上看，上帝同样不容有变。变与动是同一的东西：变在动中，动的结果是变。上帝若有变，便是上帝有动。有动，便不足以为最后动源，因为动必有以使之动，有以使之动的动便不是最后动源。然而世界上没有无以使之动的动，故最后动源本身必是不动。

在最后动源的条件之下，上帝是不动的，即如方才所证。这是一点。现在所要说明者是精神的一点：上帝既非物质（指无形无质），便是精神；既是精神，便是超时空的和不可分割的。这又是一点。第三点，上帝是精神，同时也是生活。是何种生活？是思想的生活（life of contemplation）。因此可以说，精神、生活、思想，三者只是一物。生活和精神打成一片，是生活的提升；生活和思想打成一片，是生活的理智化；精神、思想和生活打成一片，又是精神、思想的实用化。这是希腊哲学传统的特征，读者务必注意。

上帝是生活，其生活是思想的生活，所余的问题：此种生活以何为对象？亚氏的答案是：以本身为对象。总括一句，上帝是生活，同时就是思想，他的思想以本身为对象，换言之，即自己想自己。寻常的思想都是于思想以外找对象，亚氏认为这种思想是相对的，唯有对象即在思想之中的思想是绝对的，故上帝是绝对的思想（absolute thought）。他替上帝所下的定义是："思想的思想（the thought of thought）、思与所思（the thinking and the thought）、知与被知（the knowing and the known）、主事与受事（the subject and the object）的合体"。唯其如此，所以上帝的思想是直觉的思想（direct or intuitive thought），不涵名学上的程序（logical process），无待于由前提到结论的推证（inference from premises to conclusion）。包含名学程序和有待于推证的思想是人的思想，人的思想是相对的。

还有一点：上帝是生活，生活有动作，上帝的动作是精神上的动作（mental activity）。何以见得上帝的动作必是精神上的动作，而不是物质上的动作（physical activity）？因为上帝无形无质；换言之，上帝非物质，所以不会有物质上的动作。

至于上帝的思想以本身为对象，这也有理由可说，大概可分三点：（一）上帝是十全的（perfect），十全必自足（self-sufficient），自足则无待于外物为对象。所以，上帝的思想之以本身为对象，乃是上帝的本性上的必然结果。（二）上帝是至善（the highest good），他的动作也是最好的。最好的动作必有最好对象。世界上无物比上帝更好，所以上帝的思想唯有以上帝本身为对象。（三）上帝非物质，他的思想不能以物质或带有物质的东西为对象。外物不是物质，便是带有物质，所以不足以为上帝的思想的对象。所谓带有物质者，是指各个物的形式，因为各个的形式不能离却质料，质料便是物质。由此可见，不但形下的物不足以为上帝的思想的对象，即形上的物之概念也在摒弃之列。

亚氏尝把所有动作分为三类：（一）思想上的（contemplative）；（二）行为上的（practical）；（三）造作上的（constructive）。第一类属知，归于学问的范围；第二类属行，归于道德的范围；第三类属艺，归于艺术的范围。三类之中，第一类看得最重。上帝的动作非但属于第一类，并且是第一类中最超越的部分，叫作"纯粹集中于自己的思想"（pure self-centred thought），因其无需外来的材料，脱离物质的条件。至于后两类的动作，则有需外来的材料：行为必须对事而发，事就是行为的材料。造作也需要材料，如艺术所用的木石等等，都是物质上的材料；乃至诗歌以语言声音为媒介，语言声音也是材料。就是思想，除却上帝的思想以外，其他部分也是免不了外来的材料——如各科学乃至哲学，它们以事物的概念与原理为对象，这些概念与原理就是外来的材料。唯有上帝的思想连概念与原理都用不着，它纯粹自足，完全独立。这种思想是最高尚的，这种生活是最美满的。

上帝的思想以本身为对象，换言之，其思想的主事者与受事者合一——这不但表示自足，表示独立，并且表示单纯，所以单纯一性质也是上帝的思想的特征。此种思想，唯其不向外求对象，换句话说，唯其是自足而独立的，所以是不动的，因为动必有所为而动，既无所为，又何必动？故不动也是上帝的思想的特征。上帝的思想又是永久不变的，因为（一）变是物质上的事，上帝的思想既不以物质或带有物质的东西为对象，当然不会有变；（二）十全是上帝的本性，在十全的范畴之下不容有变。然则不变又是上帝的思想的特征。由此看来，上帝的一切性质都集中于思想或精神一项，换句话说，唯其有这些性质，上帝才是思想或精神，反过来，唯其是思想或精神，上帝才有这些性质。兹请以图表示如下：

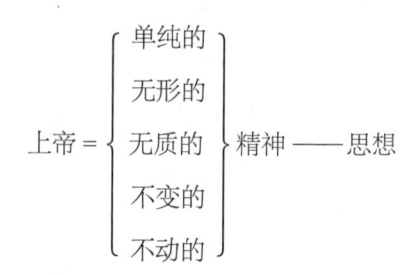

$$\text{上帝} = \begin{Bmatrix} \text{单纯的} \\ \text{无形的} \\ \text{无质的} \\ \text{不变的} \\ \text{不动的} \end{Bmatrix} \text{精神——思想}$$

四、上帝与实质

亚氏把上帝认为是实质,叫作思想的实质(thinking substance),或形上的实质(incorporeal substance)。前面提过,亚氏对于实质是什么的问题,始终没有划一的答案:有时说是形式,有时说是质料,有时说是形式与质料的合体——个物。看来前两个是较早的答案,后者后出,似比前者近于定论。然而他讲上帝的时候,始终认定上帝是实质——此点和实质为个物的定义当然不合,因为个物是形式与质料的合体,上帝是纯粹的形式。亚氏何以要替上帝开个例外?大概因为要维持上帝的真实性,他的意思在于告人上帝的确存在,其存在真实不虚。

其实亚氏之把上帝当作实质,还是承继柏氏的办法。柏氏把意典认为实质,他的上帝只是最高的意典。总而言之,柏氏的意典和亚氏的形式都是普遍的东西,即所谓共理(universal),他们的上帝便是最普遍的东西,或最高的共理。他们把上帝当作实质,就是把上帝认为实在的;把上帝认为实在的,就是主张所谓共理的实在性(realistic nature of the universals)。中世纪有一派哲学,叫作唯实论(Realism),便是专门发挥共理实在的道理,借以证明上帝的存在,替宗教做张本。

其实中世纪的唯实论者所利用的招牌是柏氏,倒不是亚氏。平心而论,亚氏之因主张上帝是实质而流于共理实在论,只是无意中脱不尽柏氏的遗毒,他有意中却想尽量摆脱:他主张个物是实质,主张共理寓于殊物之中,这些地方都可为证。

不过,亚氏非但无意中中了柏氏的遗毒,并且因此自身陷于矛盾,矛盾有二端:(一)按定义,上帝是纯粹形式,纯粹形式是最普遍的。若把上帝当作实质,则又变成特殊,因为,按定义,实质是个物，个物是特殊的。总而言之，困难问题还在他的实质的定义不划一：若把上帝当作实质，实质是个物的定义便不能成立；实质为个物的定义若能成立，上帝便不得当作实质。（二）前面说，上帝是思想，此种思想以自身为对象。同时，上帝若是实质，则此实质用思时以自身为对象，换言之，此实质同时又是主事者（subject），又是受事者（object），又是词主（subject），又是所谓（predicate）。可是按定义，实质只做主事者，不做受事者，只做词主，不做所谓。

五、上帝与形动鹄三因

亚氏的上帝之所以为其形上学的压阵大将，在于形动鹄三因在上帝一身成为最后的合一（ultimate unity）。前面说过，上帝是最高形式、最大现实、最后动源。而形式、现实、动源等，又是质料、潜能、所动的目的（看本节第一小节中的图），上帝之为形式、现实与动源，乃是最高、最大、最后的，所以上帝成了总目的。这是上帝所以为三因之最后的合一，至于三因合一的理由，在第四节中已经说明，此处不赘。

所谓形动鹄三因最后的合一，是说整个宇宙的形式、目的与动源俱集于上帝一身：宇宙的形式条理得自上帝，宇宙之所以运行不悖、生生不息，其目的也在上帝，其原动力也在上帝。上帝静居那里，只为他是至完至备，凡一切不如他完备的自然而然会慕望他，会趋向他。在这种情形之下，上帝成了整个宇宙的最高目的。他所以为宇宙的最后动源，因为他是宇宙的最高目的，因为宇宙向他出动。他并不曾推动宇宙，动是宇宙自动；宇宙的动向在于上帝，故上帝成了宇宙的动源。

六、上帝与宇宙万物

方才刚说,上帝因为是至完至备,乃为一切不如他完备的所慕望,所趋求。宇宙万物不如上帝完备,故慕望上帝,趋求上帝。反过来,上帝既是至完至备,则无所慕,无所求;上帝绝不会去慕望宇宙万物,趋求宇宙万物。斯宾诺沙(Spinoza)有一句话,说:"凡爱慕上帝者不能想上帝会转过来爱慕他。"(He who loves God cannot desire that God should love him in return.)——这话似乎就是这个意思。然则整个宇宙的动是求全求好的动,是向上的动。宇宙万物和上帝的关系如此。

在这种关系之下,亚氏不主张上帝创世之说(theory of creation),因为上帝之于宇宙,没有积极的动作,只是消极地以其本性感动宇宙,使之慕望趋求。假如宇宙是上帝所创,则上帝必有创世的需要。上帝既是至完至备,不会有任何需要,故宇宙在他本是莫须有的。他若需要创世,便显得他不是至完至备,然而至完至备却是他的本性。所以在上帝的本性之下,不会发生创世的事实。

反过来,宇宙却需要上帝。宇宙的秩序是因为有上帝乃能维持;宇宙有统一性,因为上帝独一无二;宇宙成个体,因为上帝是个体;宇宙有生命,因为上帝是生命。然而上帝之于宇宙万物,并不积极地干预其行动。他既不曾创造宇宙,也不替宇宙维持秩序,然而宇宙之所以存立,其秩序之所以不坠,却因为有上帝在。上帝是一个十全的模样,宇宙万物自然而然去效法他。他既是十全,便无所不包。无所不包者当然不能缺少秩序,然则上帝本身就是秩序,宇宙的秩序不过由于效法上帝而来的。上帝好比是黄老主义之下的帝王,"不治天下而天下自治"。所谓"无为而万物自化",这句话用来形容亚氏的上帝,倒是很切的。

宇宙非上帝所造，便是原来自有的。原来自有是无始的意思，无始便亦无终，因为这两个概念相联。按亚氏的上帝观有两方面的用意：一方面证明上帝的存在与必要，另一方面却要保留自然界的价值。于是他的论调有些骑墙的色彩，就是：上帝虽不创世，却能影响世界的进化；宇宙虽倚赖上帝而存立，却是原来自有的。他要替物质世界寻个非物质的主宰，替一切运动变迁求个不动不变的源头。他的上帝就是非物质的主宰和不变不动的变动之源。这种主宰，这种源头，他认为是统治宇宙的原理（controlling principle of the universe）。

然而非物质的和不变不动的原理如何统治物质的和变动的宇宙？在这一点上，亚氏似乎也感觉困难。他说上帝一方面不积极参加宇宙的活动，另一方面却站在宇宙的幕后，做后台老板——似乎极力弥缝这个困难，至于弥缝得成功不成功，便是另一问题。

七、上帝与宇宙的运动

要做宇宙的动源，必具相当的条件，上帝是宇宙的动源，故上帝具以下的条件：（一）宇宙之动是永久的动，永久的动必须以永久的实质（eternal substance）为动源。上帝便是永久的实质，故上帝具永久的条件。（二）非但永久就算了事，还得能使人家动。上帝能使人家动，因为他有一种魔力，能叫宇宙万物向他慕望趋求。（三）只是有致动的能力还不够，必须实施此种能力。上帝可算无时不在那里实施。（四）此种能力仅是能力还不够稳当，必须就是动作，因为能力尽可有时不实施，有时不实施则动有时停止，动有时停止便非永久的动。上帝就是动作，他不断地在那里思想（自己想自己）——思想是精神上的动作。

然则上帝如何做宇宙的动源？前面说过，他只是静居那里，宇宙万物因慕望他，自然而然向他出动。他本身虽是思想，却也不用思想来指导宇宙的动，他仅是一个存在（a mere existence）已足以使宇宙运动不息，因为他是万物所向的目的。寻常物质上的动源，对于所动，非推则拉。上帝是精神上的动源，他对于宇宙，自然也不推也不拉，他以"慕望之对象"（object of desire）的资格而致宇宙于动。

上帝是宇宙的动源，能致宇宙于动，然而他却在宇宙以外，不是宇宙机括中的一部。宇宙是圆形，其动出于圆轨，成个循环的动（circular motion）。（亚氏不承认直线的动[rectilinear motion]，因为，地动是永久或不息的，不息的直线的动必须有无限的空间[infinite space]，无限的空间是他所不承认的。）地球在宇宙的中心，是不动的；环绕地球而动者有日、月，及诸行星（planets），是为内周（inner spheres）；其外有恒星（fixed stars），恒星本身不动，只是贴在天上，随天而旋转，这是外周（outer spheres），叫作恒星天（heaven of fixed stars），或第一天（the first heaven）。宇宙之动，最外一周先动，以次波及其内各周。故最外一周动得最快，其内各周的速度以次递减，到中心的地球，便完全不动了。上帝在宇宙之外，宇宙的最外一周和上帝距离最近，便直接受上帝的影响而动起来（因慕望上帝而动的）。以内各周不直接受上帝的影响，只受与它最近的较外一周的影响。如此一周影响一周，弄得全宇宙都动起来——其实不过最外一周的动是第一动源——上帝——所致，以内各周的动都是此动所波及的。

上帝之为宇宙的动源，以其十全——至真、至美、至善——的本性，引起宇宙的慕望而生动。宇宙会慕望上帝，可见宇宙有灵魂，因为慕望唯有灵魂能之。是的，亚氏曾经明白说过，一切天体都是生物（living beings），它们赋有灵魂。可是老问题又来了：上帝是精神上的动源，天体既有灵魂，自然也有精神的部分，然而天体的动不是精神上的，倒是物质上的。精神上动源对于带有精神成分的天体，何以不会引起精神上的动？这里亚氏有个新的答案，就是：天体不及上帝完全，天体虽极慕望上帝，想尽量效法他，可是限于自己的分量，结果总差一等。它们本要效法上帝精神上的动，无奈办不到，只好择其次者，而取物质上的动之比较最完全的，即循环的动。

宇宙之动，上帝既不推它，也不拉它，乃由宇宙自己慕望上帝所致——在这种说法之下，上帝之为动源，完全是精神上的，换言之，上帝用感动的力量使宇宙动。可是亚氏又说上帝与宇宙接触（contact or touch），宇宙之动，虽由于慕望上帝，然而没有和上帝接触，仍是不能动。他认为致动者与被动者之间有个必要的关系，就是接触。这种关系如此重要，乃至形上的致动者亦必与其被动者发生接触的关系。思想和思想对象的关系，据说也是接触的关系。然而接触是形下的关系，一种物质和另一种物质才能发生此种关系，精神与物质——上帝与宇宙——的关系难道也是接触？亚氏用此二字，究竟是比喻还是实说，我们不得而知。

非但这一点，他还说上帝的居处近于宇宙的最外一周，他根据两条假定的原则，一项观察的事实。他假定（一）圆周的动非起于其中心（centre）即起于其周（circumference）——周及中心乃是圆周之动所唯有的起点；（二）致动者所直接激起的动最快，比间接所传递或所波及的动更快。同时，他观察的结果发现宇宙外重的恒星天旋转更快，比行星快得多，到了中心的地球，简直完全不动。然则所观察的事实和所假定的原理符合：宇宙的动是由外重渐递到内重的，可见动始于宇宙之最外的一周。动是上帝所致，那么上帝居处近于宇宙之最外的一周。须知这种说法含有矛盾：亚氏一方面说上帝是思想，是精神，所以超空间。此地又说上帝的居处近于宇宙之最外的一周。然则上帝有居处,有定所。有居处,有定所,还得谓之超空间吗?

最后有很重要的一点,必须特别提出一说,就是:上帝之为宇宙的动源,和时间上没有关系。宇宙之动,虽由慕望上帝所致,可是这种慕望在时间上并没有起点,换句话说,并不是以前不慕望,一旦开始慕望。宇宙之慕望上帝,在时间上无始无终,然则因慕望而起的物,在时间上也是无始无终的。故上帝并不是宇宙之动致始的动源,因为宇宙之动根本无始。然而动无上帝,却不能维持,那么,与其说上帝是宇宙的动源,不如说他是宇宙之动的维持者(maintainer of motion)。维持者在逻辑上先于动(logically prior to motion),在时间上却未必先于动。

八、上帝与宇宙间的善恶

有人问:上帝既是十全,换言之,既是至真、至美、至善,何以他所统治的宇宙之间有恶的分子?答应这问题,要重提一句老话,就是:上帝是思想,此种思想以自身为对象。这句话在此地所注重之点在后半句,就是"以自身为对象"。以自身为对象,一方面是说,上帝十全自足,无需求对象于自身以外;另一方面是说,上帝自身以外的一切够不上做他的对象。在这个前提之下,可见上帝之统治宇宙,并不用积极干预的方法,他是取放任主义,听宇宙自为。宇宙慕望他,趋求他,他尽欢迎,否则他也不管。宇宙去模仿他,学得几分善处,宇宙自己应居其功;反过来,学他不透,所剩下的恶,也归自己负责。

在这种上帝观之下,所产生的道德观念当然是自主的(autonomus)。为善去恶乃是人们自己的责任。成功固足自豪,失败也不得怨天尤人。这是希腊的伦理和基督教的伦理根本不同的地方。据著者看，它们不同的主要原因还在上帝观上的不同：希腊的上帝是自然主义的上帝（naturalistic god），不干预人事；基督教的上帝是人本主义的上帝（humanistic god），专门司理人事。

九、上帝与宇宙的目的

亚氏的宇宙观有一个要点，就是目的论的（teleological）。除少数的例外，一切事物皆有目的：乙为甲的目的，丙为乙的目的，丁复为丙的目的，如此递推，最后到上帝为止，上帝是宇宙的最后目的（the final end），亦称总目的。

不过所谓目的论，有三种解释方法：（一）整个宇宙的结构与历程是成就上帝所定下的计划；（二）宇宙中各个体有意识地各向其目的演进，各目的又是有意识地向上帝趋求；（三）自然界中自然而然有追求目的的倾向，此种倾向却是无意识的。这三种解释方法，第一种和亚氏的上帝观念不合：上帝是以自身为对象的思想，世上一切够不上做他的对象，他当然不会去替宇宙定下计划。假若如此，便是求对象于自身以外，这就失了他的十全的身份。（亚氏绝不用"上帝旨意"[providence of God]等字样，他不信上帝赏善罚恶和最后审判的话[此点是亚氏和柏氏不同处]。所以他的上帝不是宗教上的上帝，乃是形上学上的上帝。此种上帝的存在只有逻辑上推论的理由，没有宗教上信仰的条件。）第二种解释方法和实际上观察所得的事实不符。我们观察的结果，虽然发现自然界之演进有追求目的的倾向，可是丝毫也找不到意识痕迹。然则第三种的说法最合理，亚氏在现存的著作中，常把万物适应环境（adaptation）的事实认为自然界中无意地倾向某种目的。

亚氏用一种理论证明宇宙有目的。他的理论由于分析盲目主义（blind necessitarianism）的概念而成。他说，盲目主义包含反目的（negation of end or purpose）的概念。必先有某物的概念，然后才有反某物的概念：若把这个原则应用到一个具体的概念，则必先有目的的概念，然后才有反目的的概念。然则盲目论者之提出反目的的概念，至少先要假定目的的概念，否则反目的的概念无从产生。反某物的概念，倒假定某物的概念，这是概念上的矛盾（conceptual contradiction）。姑且脱离概念，就物的本身而论，则按他的说法，等于一物同时又有又无（反目的等于无目的。无目的的根据却在有目的，故曰等于一物同时又有又无）：一物不能同时又有又无，这是存在上的矛盾（existential contradiction）。有这两层的矛盾，盲目论者的主张还能成立吗？退一步，概念所以指事言物，有某概念，则必有某事或某物；现在盲目论者提出反目的的概念，可见有此概念；有此概念，必亦有此事实，然则宇宙间固有反目的的事实。不错，就算承认这一点，然而宇宙间却先有目的的事实。因为若无目的，焉有其反？可知目的是先起的事实，反目的是后起的事实，前者占优胜，也可以说前者是通例，后者是偶然的例外。

不过我们发现亚氏的理论有一个错误之点，就是把概念产生的先后和事物存在的先后并为一谈。他因为目的的概念先产生，反目的的概念后产生，从而推定目的之存在在反目的之先，其实未必然。人类对于宇宙各事物的认识固然有先后，然而认识的先后未必便与其存在的先后相符，换言之，先存者尽许后认识，后存者尽许先认识。先认识者，便加以正的概念，如目的；后认识而与先认识者之性质相反的，便加以负的概念，如反目的。其实概念上正负的分别不能代表事物存在上的先后，假定当初反目的的事实比目的的事实先认识，岂不自然而然把正的概念加于前者，反的概念加于后者。

假如当初就是如此，后来便不为怪，也许现在看来，倒觉得很自然，认为那两宗事实之存在上的先后如此呢！

十、他的上帝观的新贡献

亚氏的上帝观是哲学的，而不是宗教的。他的哲学系统虽算有神论（theism），可是有个特色，就是替神的存在找个逻辑上的根据（logical basis），加以合理的证明（rational proof），不像宗教那样由信仰的路而入。在希腊哲学家中，这种办法自他创始，算是他的新贡献。

他的形上学有三条大原理：（一）形式；（二）现实；（三）动源。他把上帝视为最高形式、最大现实和最后动源，可见他的上帝就是形上学的最高原理，宇宙的最后根据。另一方面，他认为上帝是思想，然则上帝之为宇宙的根据，乃是一切条理、公例、秩序，以及可了解性（intelligibility）的根据，不是物质上的原素，如苏格拉底以前诸哲学家所主张者。同时，上帝之为思想，是集中于己的思想（self-centred contemplation），不干预世上的事，这样说法可免宗教家上帝创世的老套，和赏善罚恶等迷信的色彩。这几点都算他的贡献。

第二部分
亚里士多德之伦理思想

张君劢原序

各民族对于世界之贡献，系于其所创造之文化。希腊往矣，而苏格拉底、柏拉图、亚里士多德之书，欧人诵习之，至今不衰，其美术家、哲学家、政治家之从事于各种活动者，无不追溯而上迄于希腊而后止，诚以希腊文化，范围欧洲之人心至今日而未已焉。苏格拉底之学说，一传而为柏拉图，再传而为亚里士多德，自是哲学界分而为二：曰柏拉图主义，即侧重理性与"意典"之学派也；曰亚里士多德主义，即侧重事物与经验之学派也。此二派之在欧洲，因各国民族性之所近而流传各有广狭，其在德之正宗哲学家，近于柏氏者也；其在英美之正宗哲学家，近于亚氏者也。哲学家之见解，深入宇宙之奥，虽后世莫能遁于其范围之外，有如是夫。

亚氏之立言，侧重事实，故其持论谓共相不能超乎各物之外，与柏氏所谓"意典"离物而独立者异；其论政治，则采集各国之宪法，与柏氏之本其理想而著《共和国》一书者异；其伦理学说之所以与柏氏异者，亦在乎此。柏氏唯知有意典，有理性，其不合乎理性与意典者，则在摈斥之列。譬之以勇之美德言之，凡事之当出以勇者，唯视其义命之所当然，而苦乐祸福非所当计，以苦乐祸福不合乎理之当然，斯反乎理性者矣。亚氏则异是，非不认理性之标准，但此标准，不能外乎人情，苦乐祸福之计较，皆人情所应有，但求其无背于义与理斯可矣。唯其然也，亚氏有中庸之说，怯懦与鲁莽居两端，而勇敢则介乎两者之中而为其中庸；奢侈与吝啬居二端，而大量则介于二者间而为其中庸。质言之，亚氏不采理性与非理性之二分说之严格主义（rigorism），而遇事以人情斟酌其间，故其言曰：中庸者，因人而异，因事而异，其不欲超乎人情之隐曲而立一绝对的标准明矣。

近代之哲学家中，康德之伦理学说与柏氏最相类，动机之发生于遵守道德律者斯为善，动机之别有所为者斯为不善；唯其以动机为标准，则善恶之判别在乎意志。故康氏曰：天下之所谓善者唯有善志，唯有遵守道德律之意志。康氏有所谓无上命令，以定善恶之界，人之意志，出于遵守此无上命令者为善，反是者为恶。唯其善恶之界之严如是，斯关于人情方面有不暇兼顾，诚以顾到人情，便涉及利害之计较，是为情欲之萌动，而非康氏之所谓善矣。数载以来，德国哲学界求于康氏严格主义之外而别树一帜者，是为尼哥拉·哈德门氏，哈氏于其《伦理学》之序中，自认得力于亚氏者为独多，尝有自白之语曰：

> 由今回顾我多年之努力，若无亚氏之伦理的研究为之先，恐我所求之寸进而亦不可得。问题之情况，使我稍有所窥见。然令人矍然以惊者，则实质的价值伦理学，自亚氏书观之，已极发达矣。所贵乎实质价值概念，不徒以其名词，盖谓必由此道乃能将各种价值于其千变万化中网罗而尽之。诚如是，亚氏伦理学，谓为第一丰富之矿穴可矣。

如是，德国之伦理思潮，或将由康德而复归于亚氏乎？当是时也，严子孟群本其平日古代哲学之研究，成《亚氏伦理思想》一书，正与哈氏之主张不谋而合，其有裨吾国之哲学界，复何疑乎。严子承其伯祖几道先生之后，治方今举世所不治之哲学，不骛新奇，唯古籍是好,殆所谓嗜好与人殊矣。哲学家之业,在乎求真,不计世俗之好恶。呜呼,亚氏学说,至今日因严子书而始与国人相见,吾其能无空谷足音之感耶!

民国二十二年九月十一日张君劢序

张东荪原序

泰西学术无不以柏拉图与亚里士多德为始祖，正犹吾国之以孔子为宗师也。非谓二人以前无思想。吾国之六经乃在孔子以前。学者其所宗孔者以其对以往为集大成，对未来为开先河耳。

柏亚二人在泰西亦复如此。顾亚尤有异于柏者，在其分科：使人类知识自成一体系而各有其专门。此亚氏高出于柏氏之所在也。伦理学在亚氏以前，不成为一种之学。故其所著之《伦理学》实即为此科成立为一种学术之始。谓有亚里士多德之《伦理学》而世间始乃有伦理学一科，未始不可也。世人往往谓最古者辄为最不进步者。实则学术之发展颇有与社会进化之阶段不相符应处。亚里士多德之著书去今二千余年矣。而其中所诠，按之今日情形，仍多适用之点。谓后人补足其说，以致较为精密，可也；谓其说已成过去则不可。是以亚氏此书虽为最古之书，但同时复为最能经久之作。亚氏他书号为难读，而独伦理学一种则条理清楚，体系整齐。泰西言道德者仍必奉为经典。未尝如吾国时流动辄以陈腐讥前人也。虽然，读古籍究不若阅时人著述之易。是以笺注尚矣。据闻已有人以此书译为中文。余未寓目，未敢评骘。特以为读原文有时转觉头绪紊烦。故不如读后人解释之作。解释之目的即在使其要点更得显豁；使其系统更得整严；使其论据更得贯串；使其所言更得明晰。此解释书所以与原书并重之故也。初学之士往往对于原书不知何句宜特别重视，何段为全书精粹之所在；且不知前后如何相衔接。故不可不求助于注释或讲解。读原书而不读解释，易有所忽略。读解释而不读原书，又复失于真切。此所以学者于两种不可缺一也。严君此作乃精读亚书之结果。以多年之力纂辑而成。其中表解最为醒目。以此一卷再与原书并读，必可了然无遗。泰西学者对于所存经典多从事注释。讲述亚氏伦理思想者虽有多种，然大抵为文字之考证。吾辈东方人志在理解其思想，自无需乎此。严君此作可谓独出心裁，并无所藉承。书成以后又经余与友人黄子通先生各任校阅，虽不敢谓一无误漏，然为攻究亚氏伦理学，余实敢向当今学者一推荐也。

民国二十二年四月二十日张东荪序于北平西郊

例　言

（一）古希腊学者，以柏拉图、亚里士多德著书为多。柏氏之作全然留传，亚氏则殊不尔，斯则文人有幸有不幸也。亚书之存者凡十一种，由英国牛津大学全部译。自始事以至迩年，历二十余载始成；其功至伟，顾亦可见译事之难矣。十一种之中，独《伦理学》一书，结构严密，秩序整齐；以故传诵亦广，译文早已风行欧陆。

（二）著者此书，就广义言，乃介绍亚氏伦理之作；就狭义言，实即《伦理学》一书之诠述也。于亚氏学说之全体，先具相当之认识，然后专就《伦理学》一书述之，诠之。每有所述，必引译原书为征；所引根据英国 J. E. C. Weldon 之译本。

（三）亚氏之伦理学有三：*Ethica Nichomachea, Magna Morala, Ethica Eudemia* 是已。顾牛津大学 W. D. Ross 氏译本未出之前，译是书者，只及其第一种而已。迨 Ross 氏出，始兼三种而并译之。著者先读其他译本，即已从事诠述，脱稿之后，复见 Ross 氏之本，始得更读其后二种。但三种之中，唯第一种为最完备，最深邃，其后二种之所训，实已涵诸其中。故虽脱稿在前，卒读其后二种在后，原稿仍无待于增删修改。至所引译，亦悉限于第一种，盖求纯一故也。

（四）此作东荪先生称为精读亚书之结果。按著者之读亚书，虽未敢言精，熟则庶几云尔矣。是以兹篇之成，无所采摭藉承；所引原书，虽有向达君之译文在先（刊于《学衡杂志》，新近由商务印书馆出版）亦皆逐节重译。故于诠述翻译二事，如有疏漏舛误，著者自承其咎。

（五）兹篇结构，力求与原书相近，故分章讲述，十之七八皆依原书次序；至于节目，则由著者以己意参酌原书而定。前所以便学者与原书并读，以收相辅相成之效；后所以使亚氏伦理系统益见整严，俾学者易于提纲挈领，然后更求深造。此外每章之后缀以大纲，全书之末系以亚氏伦理系统总表，略仿日人约说之例。此所以助学者之记忆，盖亦有裨于提纲挈领之功也。

（六）兹篇之成，原为著者读书笔记，且舌人之业，毫无创见可言，初未敢以问世也。讵知竟蒙东荪、君劢、子通诸师推许，东师、君师更为作序付诸手民，然则诸公之为德于著者，宁有纪极耶？聊书于此，以志感云。

中华民国二十二年五月十五日严群识于闽江之南台岛

第一章　绪论：伦理学之区域与性质

亚里士多德以政治学为最高学问，其他一切学问，皆隶属其下。其故安在？盖亚氏以为举凡一切事物，皆有所为而存。其所为而存者，即各该事物之目的。例如读书之目的在求智识，衣食之目的在求饱暖是也。众物既各有目的，然诸目的中，复有其共同之目的。众物之功用在各达其目的，而诸目的联合而完成一更高更广之目的。如此类推，以至于最高之目的而后止。此所谓政治学者，即众科学之最高目的也。何以言之？兹请举例以说明。夫大匠之目的在建屋，织工之目的在织布，农夫之目的在收获。房屋所以避风雨，衣裳所以袪寒暑，饮食所以免饥渴。风雨之所以必避，寒暑之所以必袪，饥渴之所以必免者何？尽人皆知其为生存故也。然则建屋、织布、收获为大匠、织工、农夫之目的；避风雨、袪寒暑、免饥渴为房屋、衣裳、饮食之目的；最终求生存又为避风雨、袪寒暑、免饥渴之目的矣。求生存更无他物为其目的，故谓之最高目的。彼政治学之为众科学之目的正亦如是也。故亚氏曰：

> 最有力，最基本之学（或才艺）为政治学。盖政治学所以定众学中，其于国家，孰为要需，孰应研习，与夫某流之人所研习之深浅程度。（卫尔敦英译亚里士多德《伦理学》页二、三）

有一点必须说明。亚氏之所谓政治学，非今日之所谓政治学也。

其含义甚广,举凡一切关于人类共同生活之学问,皆在其所谓政治学之范围内。今世所谓社会科学者,或足以当之。

亚氏之所以如是主张,其原因有可说焉。曷尝观夫吾圣贤求学致用之思想乎!以孔子之学贯天人,必周游列国,求行其道。以孟子之祖述孔子,必游说时君,勉行王政。故古代圣贤,鲜有不从事政治活动者。无已,然后退而著书。吾思古希腊,亦如是耳。盖古代社会,缺憾甚多。凡属先知先觉,必以修己治人为己任。亚氏既为先知先觉,有此怀抱,固无疑也。然则以政治学为最高学问,不亦宜乎?

一切科学既隶属于政治学,则伦理学之为政治学之一科,不待言矣。以言其性质,则不准确。盖伦理学所讨论之问题,其解决方法与答案,不尽人而同。乃易人则不然,易地则不然,易时则不然者也。例如甲以蓄妾为不道德,乙则否;中国以自由恋爱为昏淫无道,欧西则否;古代以忠孝为天经地义,今代则不然是也。故亚氏曰:

> 凡事物之高贵、公正者,为政治学研究之范围。唯其不准确,而多方异趣也,故或谓其存在,出于人为,而非自然者也。至于所谓美善之物,亦复如是,因患害常于是乎生。例如财富与毅勇,固善事也,然间亦有害于人。夫如是,其真理只能以大略出之。盖其研究之对象,本不具普遍性,故其所得结果,只能以多数人所认为真者为止境。(卫尔敦英译亚里士多德《伦理学》页三、四)

第一章纲要

绪论
- （一）世间一切事物，皆有其所为而存之目的
- （二）政治学为一切科学之目的
- （三）其所谓政治学，盖即今日之社会科学
- （四）所以如此主张，盖出于为学致用之思想
- （五）伦理学隶属于政治学，而为其中之一科
- （六）伦理学之性质不准确，非固定

第二章　人生之最高目的

第一节　幸福——至善——之根本观念

亚氏以一切事物皆有其目的（end），既于前章述之矣。各事物之目的即各事物之"善"。按此所谓"善"，与吾人寻常所谓"善"，意义不同。寻常所谓"善"，与恶对举而称；纯属道德上名词，其义较狭。亚氏所谓"善"，应作广义解。举凡一切事物之功用（或效用），即一切事物之善。冯友兰先生于其所著《人生哲学》一书，以"好"译 good，盖欲避免"善"字数千年来所习用之义也。兹引其言于下，以见其主张，且以可以阐明"善"（good）之意义：

> 此所谓好，即英文 good 之义，谓为善亦可；不过善字之道德意义太重，而道德的好，实只好之一种，未足以尽好之义，若欲谓好为善，则须取孟子"可欲之谓善"之义。（冯友兰《人生哲学》页六附注）

此处所谓"善"，盖即采取孟子"可欲之谓善"之义。如前章所举之例：房屋，衣裳等，皆有其"可欲"处。盖房屋之可欲，在能避风雨；衣裳之可欲，在能祛寒暑故也。

人生之需要甚多。因其有所欲，而仰给于外物；外物亦因其有可欲，而为人用。人究何为而需求外物？岂非为七尺之躯，三寸之气耶？换言之，为吾人之生命耳。然生命岂为徒存者乎？苟如是，则朝歌暮哭，今日茶楼，明日酒馆，今年王公，明年乞丐；随命之所之，而绝不问生存之目的乎？是乌乎可！然则既已为人，则"人生目的何在"之问题，不可不加考虑。盖人生于世，有如舟行海中。舟无舵，则随风之所向，随流之所届，必致莫知其所终；其能幸免于湮没者，盖几希矣。浪子之生涯，正亦如是。人生而无目的，直浪子之流耳；岂不悲哉！故亚氏书，开宗明义在寻求人生目的所在。盖其用意，深且远矣。

人为生命而需求外物，生命又有其生存之目的；故此目的，乃最高者；易辞言之，即众目的之目的，众"善"之"善"；故谓之"至善"。伦理学重在解释人生，故"至善"为伦理学之根本问题。推而广之，政治学驾乎伦理学之上，其所注重，在人类社会共同生活；然社会为个人所集合而成者，故"至善"亦为政治学之根本问题。换言之，政治上之最高目的，即此"至善"也。

然则"至善"为何？亚氏曰：

> 关于"至善"之名称，吾知众人意见，颇为一致。无论平凡阶级或智识阶级，皆以"幸福"二字当之。彼等以为美满之生活，妥当之行为，即幸福矣。（卫尔敦英译亚里士多德《伦理学》页五）

以"幸福"为"至善"，尚矣。但何谓幸福？美满之生活、妥当之行为是已。何谓美满生活，妥当行为？人固有视终日博弈饮酒为美满之生活，机巧诈伪为妥当之行为者矣。故亚氏曰：

> 至于幸福之内容为何，则众见纷纷不一。常人之所谓幸福，

常与智者不同。常人往往以感官所能及之事物当之：如快乐、财富、荣誉是也。故幸福之观念，易人则不同。且有甚乎是，人之一生，其思想欲望，常因时而变，则其幸福之观念，亦随之而转移焉。（卫尔敦英译亚里士多德《伦理学》页五）

何谓幸福之观念，因人而异？例如贫者理想中之幸福为富足；处繁华之境者，则慕清幽之生活，是清幽之生活，又为彼心目中之幸福矣。一人之幸福观念，随时而变易，是又何所指？例如久与词客骚人往来，则思与田夫野老，席地闲话；反之，日与田夫野老长聚数年，行将厌其粗俗不堪，而思与雅闲之词客骚人，促膝长啸矣。

关于幸福之内容，各人意见既不尽同；然则伦理学家固能一一采纳耶？其不能也至显。非徒不能，且亦不可。故伦理学家之使命，在寻求一理想之幸福，以为人生之准则。亚氏盖即于是乎从事。其言曰：

> 幸福之为至善，盖无疑矣。但其内容，应如何规定？以吾观之，似宜先从说明人类之功用（function）与动作（action）入手。例如弄箫者、雕刻者，或其他攻艺术者，以至举凡一切有职务与动作之人，其"善"（good）似即存乎其职务与动作之中。凡人类莫不皆然。曷不观乎四肢五官之于身体，各有其职司；人类之应有其功用与动作，正亦如是也。（卫尔敦英译亚里士多德《伦理学》页十五）

人类之有功用与动作，既不待言。依亚氏之意，其功用可分为三，兹列举如下：

（一）滋养与生长者（nutrition and increase）。人类日食三餐，

啖粱肉果蔬，以滋养其身体；正如草木之于日光吸收炭气，于土中提取水分与其他化学原质，以维持其生命者焉。非独滋养身体，维持生命已也；其身体且因以长大，枝叶管干，且因以扶疏畅茂矣。故以言滋养之功用，人不独与禽兽同，且与草木同矣。

（二）感觉者（sensual）。人类冬日则饮汤，夏日则饮水，感官之功用也。牛羊犬马，饲之则摇尾而前，鞭之则反吼而走，亦感官之功用也。然则感官之功用，人与禽兽共有也。

（三）理性者（rational）。杀身虽苦，成仁德厚，人类宁可杀身以成仁矣。己重，群亦重；二者相权，舍己以从群矣。彼禽兽则不然，只知感觉中之快乐，安有道德之可言；独顾肉体上之饱，复何有于理想。故曰，道德之观念，高远之理想，唯人类所独有。

人类之功用，既有三种。第一种与草木禽兽所共有，第二种与禽兽所共有，唯第三种为人类所独有。然则第三种，乃人所以别于草木禽兽者，即人之所以为人也。伦理学自应以人之所以别于草木禽兽者，为人类之功用，而讨论之。故亚氏所云欲知"至善"之内容，应从说明人类之功用入手者，盖指此也。其言曰：

人类之功用（function），为其心灵（soul）循于理性（reason）所生之动作（activity），而不能离理性而独立者也。（卫尔敦英译亚里士多德《伦理学》页十六）

何以必言心灵循于理性所生之动作？夫禽兽饥则思食，渴则思饮，纯为肉体，感觉之刺激而动作也。人类则肉体，感觉之外，更有心灵，其为力较前二者尤大，势将征服而制驭之。例如见可食之物，欲取而食之，是感觉之能事也。心灵则止之曰："是不宜于养生，不可食。"此心灵之能事也。因而不食，是感觉之屈伏于心灵也。此乃人之所以别于禽兽者也。

亚氏言人之功用，必举动作，亦有说乎？曰：有。盖亚氏最重动作。其意以为道德即行为之结果。无行为，则道德无从表现。譬如置木偶于堂，杯水不饮，分文不取，谓之清廉可乎？岂非笑资？彼本无行为，故无善恶之可言；无善恶，则道德一词，何从而生？故曰：

> 公道之人之所以成公道，在行公道之事；节制之人之所以成节制，在自奉有度。（卫尔敦英译亚里士多德《伦理学》页四十二）

又曰：

> 德态（moral state）之徒存，有如睡眠之人，或绝不活动之人，未必有补于事实，譬如欧灵拍之体育比赛（Olympian Game），得奖者，非徒具健全之身体，而不下场比赛之人，乃实际赛员之竞争而胜于运动场中者也。故曰：唯勉于行善之人，乃能得高贵美满之生活。（卫尔敦英译亚里士多德《伦理学》页十九）

亚氏此言，盖谓徒具道德，而绝无活动者，不足以称至善，不足谓之达于最高人格。有人于此，曰："我德至高，我当卷而藏之，以待其时。"亚氏则应之曰："美哉有德！但俟河清，人寿几何！且君云有德，何以自见？譬如怀宝，绝不示人，而语人曰：'我有至宝'，人将疑其妄作此言，以夸众耳。"由是观之，则吾国向所崇拜之隐君子，必不见重于亚氏。盖其德无以自见，独居深山之中，陋巷之内，不与外界接触，其行为无补于人类社会；坐视生民涂炭，而不援之以手；徒曰："我有德"，而众实未受其惠。夫如是，亦无足取也已。

亚氏既谓欲知幸福之内容，应先明了人类之功用为何；人类之功用，则为其心灵循于理性所生之动作；由此二端，可以推知幸福之人何若矣。亚氏曰：

> 吾侪倘以生活（life）为人类之功用，而此种生活，乃心灵合于理性之动作；倘所谓善人之功用（function），即此等良善高贵之动作，其所行之事，皆为至当；则人类之至善，乃心灵之动作——动作之合于德性（virtue），动作之合于至完善，至美满之德性者也。（卫尔敦英译亚里士多德《伦理学》页十六）

亚氏此言，乃其理想人格之描写。其理想之人格，即至善之人、幸福之人是也。唯是人乃能充分发展其本能（即功用），以达于至完善、至美满之境。其道奚由？盖在尽量扩充心灵合于理性之动作；每行一事，必使其臻于至当之域。何谓至当？尽达各事物至善之境；易辞言之，即不偏不倚，适得其中之谓也。（亚氏讲中庸之道，后章另述。）夫如是，乃为有德之人，其德至高、至美、至善。为人能至于此，可谓无以复加矣。

上文既言欲达理想人格，在充分发展其本能；欲发展其本能，在尽量扩充心灵合于理性之动作。兹请以树为喻，其根干固为第一条件，然无枝条花叶，亦不能成树。心灵之于人格，犹根干之于树木也；然则何者为人格之枝条花叶乎？亚氏曰：

> 善之种类有三：（一）外界之善（external goods）；（二）

心灵之善（goods of the soul）；（三）身体之善（goods of the body）是也。严格言之，三者之中，唯心灵之善为真正之善。（卫尔敦英译亚里士多德《伦理学》页十八）

但幸福之仰助于外界之善，其理至显。何则？无外界之供给，则人难于为善。盖往往欲行一事，必有待于朋友之扶助，或经济之资藉，或政治势力之保护……（卫尔敦英译亚里士多德《伦理学》页二十、二十一）

依亚氏之意，则向所谓外界之善，如朋友、经济、政治势力等等，乃为人之枝条花叶。人格之造就，固舍扩充心灵合于理性之动作一途外，别无他术；然使无外界之资助，则亦无以成其人格。譬如志在乡村教育，设学校于村落间，奚如村人之不令其子弟来学何？是则虽有教育之志愿、学校之工具，无村民之合作，亦无以成其善举也。又如志在施舍，而困于经济，能不面墙兴嗟乎？又如有志振兴实业，而政府不与以法律之保障，岂不徒费经营乎？故外界之善——物质之环境——亦造就人格不可少之条件。

外物虽为求幸福不可少之条件，但居于补助者之地位耳。慎毋过重外物，致以宾夺主，而失求幸福之本旨。故亚氏曰：

凡人类，必有赖于外物。彼固不能不顾饮食之滋养，身体之健康，及其他物质上之需要，而终日沉思默想，以作理性之追求。虽然，求幸福者所需之外物亦不见多。盖自立之人，有德之士，不必多求。志在为善，何必富有四海？适中之资财，已足使人从事于理性之活动矣。（卫尔敦英译亚里士多德《伦理学》页三四一）

第二节　幸福之性质

幸福之根本观念，既于前节详之，本节请分别讨论其性质：
（一）幸福为人生最后目的。亚氏曰：

> 物之为自身而被人追求，方诸为他物之工具而然者，较可视为根本；物之纯为自身而可欲，方诸兼为他物而可欲者，较可视为基础。然则凡物之永为自身而可欲，或永不为他物之工具者，可视为绝对基本之物。（卫尔敦英译亚里士多德《伦理学》页十三）

> 唯幸福为最能适应此条件。盖吾人乃为幸福而求幸福，向不以幸福为其他事物之工具。第吾人不尽为荣誉、快乐、理智等，而求荣誉、快乐、理智，往往为幸福而求之；以是数者，可为幸福之工具也。幸福则不然；人不为是数者而求幸福，幸福永不作任何事物之工具。（卫尔敦英译亚里士多德《伦理学》页十三、十四）

吾人需求一切外物，以维持生命，生命又为求幸福而存；故幸福之外，不能更有他求矣。是以幸福为人生最高、最后之目的。
（二）幸福为理性之行为。亚氏曰：

> 马牛以及其他禽兽，无幸福之可言，因彼类无理性之动作故也。孩提亦然；盖其齿过稚，不能有理性之行为。以孩提而言幸福，不过期望于将来而已。（卫尔敦英译亚里士多德《伦理学》页二十二）

此段有要点二：（1）行为；（2）理性之行为。无行为，则无幸福之可言。譬如木偶、图像，虽具人形，而无动作，何有于幸福不幸福。故"幸福"二字，乃限于有行为者而言。徒具行为，犹未能尽幸福之真义也。有行为，而卑鄙恶劣，亦未足以言幸福；必也合于理性之行为，方可以幸福称。禽兽之本性冥顽不灵，孩提之理性尚未发达，故皆不可与言幸福也。

（三）幸福为毕生事业。亚氏曰：

> 一朝天朗气清，不可竟谓春至；偶然飞燕绕梁，岂足遽证阳回。气候如此，人亦然也。一刹那间，一昼夜顷，安能顿成幸福之人？（卫尔敦英译亚里士多德《伦理学》页十六）

故所谓幸福之人，乃行为合于最高尚、最美满之理性，同时不乏外界之善（即物质上之资助），而终身如一日者。苟如是，则不幸短命而死，如颜渊者流，其生前可谓得幸福否？曰：可。彼在世日，固已竭力追求，而亦得之矣；虽未终其天年，不无遗憾，然于其在世之短时期内，彼固至乐也。

（四）幸福自完自备。何谓自完自备？亚氏曰：

> 自完自备云何？某物之自身，足使生命可欲；舍此之外，更无其他需求是也。吾人之于幸福，亦作如是观。（卫尔敦英译亚里士多德《伦理学》页十四）

> 幸福最可欲，且非仅众善物中之一也。倘幸福为众善物之一，则以最小善物，加诸其中，亦将使其更形可欲。……故幸福乃最后者，自完自备者，且为一切动作之目的。（卫尔敦英译亚里士多德《伦理学》页十四、十五）

譬如妇人有夫无子，不足以尽其乐。有夫有子，而日只一食，索债临门，亦不足以尽其乐。必也有夫有子，而家境充裕，然后无遗憾矣。故诸如此类之乐事，可以渐次增加，而使其乐更大。独幸福不然。人既得之，则乐已极，无以复加；即强为之益，其乐亦不过如是矣。何以言之？夫幸福者，尽量发展其本能，以达于最高人格之谓也。如是之人，其乐已极；虽益以万钟之富，千乘之贵，亦不觉其乐之有加也。

（五）幸福普遍。亚氏曰：

幸福之所及甚广。凡非自暴自弃之人，皆可以深思力行得之。（卫尔敦英译亚里士多德《伦理学》页二十一、二十二）

上文既言亚氏极重行为（即活动）；以道德为行为之结果，则其理想之最高人格——至善，即名幸福——自亦在行为范围之内，而非空玄之理想已也。凡人类皆有行为，故其最高人格，自亦可达。倘非道德上自暴自弃，或心理变态之人，凡有志于幸福者，皆可得之，非若孔子所谓"中庸不可能也"。

（六）幸福恒久。亚氏曰：

人类所有动作，其久性，莫过于合乎道德之行为。（卫尔敦英译亚里士多德《伦理学》页二十五）

向所谓久性，将于幸福之人见之。幸福之人，常毕生保持其品格；盖彼于思想、行为，无时不以道德为标准。（卫尔敦英译亚里士多德《伦理学》页二十五）

至善之人、明哲之士，于人生百变之中，常以礼自持。故于任何环境之中，彼之行为，无不高尚。（卫尔敦英译亚里士多

德《伦理学》页二十六）

语曰："有德之人，德常有余"，其幸福者之谓乎。如良将之善用其兵，良工之善用其规矩绳墨，幸福之人，亦无时不善用其本能，故灾莫迨乎其身。非谓幸福之人，永不遇不幸之事也；彼虽遇之，而处之泰然，无足以扰其心，而夺其至乐之境！此其所以过人也欤？

（七）幸福最可乐。亚氏曰：

> 行高尚之事而乐不在其中，则不足以称善人；正犹行公道之事，建慈善之业，而有所勉强者之不足以为公道之人、慈善之徒也。故曰，合于道德之行为，乐常在其中。（卫尔敦英译亚里士多德《伦理学》页二十）

盖亚氏亦重行为之动机。动机善，则乐常在其中矣。反之，勉强之行为，动机未善。彼本无心乎是，不过受朋友之劝勉、环境之压迫，不得不为；虽为之，亦味同嚼蜡耳。譬如素不读书之人，一旦致富累万金，亦必买书藏于其家。彼非爱书也，特以示其富已；然则藏书于彼何乐之有？

（八）幸福最高尚。亚氏曰：

> 幸福乃世上最美满，最快乐，最高尚者也。（卫尔敦英译亚里士多德《伦理学》页二十）

高尚之物，不为他物之工具；反之，他物皆为彼之工具。幸福适如是，因其为人生最后目的故也。人生所以营营不休，为求幸福乃尔，故幸福最高尚。

（九）幸福最可欲。亚氏曰：

幸福最可欲。（卫尔敦英译亚里士多德《伦理学》页十四）

凡物皆有其可欲，人皆有其所欲。幸福乃众欲之所会归，易辞言之，即众善之善，众目的之目的；故最可欲。人而不知求幸福，其亦可悲也已。

第二章纲要

人生之最高目的 { 要义 {
(一) 各事物之目的即各事物之"善"：一切事物之功用

(二) 一切事物皆有目的，故人亦有目的

(三) 人生之目的为至善，伦理学之根本问题。推广之，亦政治学之根本问题

(四) 至善即幸福

(五) 幸福之观念，人各不同，故其内容，最为难定

(六) 伦理学之使命，在寻求一理想之幸福，以为人生准则。为此，必从研究人类之功用入手

(七) 人类之功用有三 { 滋养者——人与禽兽所同具
感觉者——人与禽兽所同具
理性者——人类所独有 }

(八) 讲伦理者，应以人类之所以别于禽兽者，为人类之正当功用

(九) 人类之功用，乃其心灵循于理性所生之动作

(十) 言功用必举动作，盖特重动作，而以道德为正当行为之结果。无行为，存心虽良，不足称为至善

(十一) 幸福之内容，为充分发展其本能；发展其本能，在尽量扩充心灵循于理性所生之动作

(十二) 欲达幸福之境，不无仰助于物质上之"善"，但不可太过

人生之最高目的 { 性质 {
（一）幸福为人生最后目的
（二）幸福为理性之行为
（三）幸福为毕生事业
（四）幸福自完自备
（五）幸福普遍
（六）幸福恒久
（七）幸福最可乐
（八）幸福最高尚
（九）幸福最可欲
}}

第三章　道德与中庸

第一节　道德

未入本题之先，请释亚氏所谓 virtue 之义。virtue 一字，希腊文作 excellence 解。excellence 与 good（见前章）之义相同。英人卢主斯（Reginald A. P. Rogers）于其所著《伦理学小史》（*A Short History of Ethics*）一书解之曰：

希腊 virtue 一字，直译之义为 excellence，盖指有机体质，抑人造物品等之适当处。是之体质物品，其存在也，以其适当之处为目的；而其真正性质，亦因之而定。例如目尽见之能事，身体尽健康之能事，刀尽宰割之能事；各尽其能事，则有其 virtue。然则人类心灵之 virtue，乃其久之心理状态，有助于实现人生之目的——人之所为而生存——者也。此等目的，理性之活动是矣。

The Greek word for "virtue" signified literally excellence, and so the fitness of an organised structure or of an artificial product for the end of which it exists and by which its true nature is defined. The eye, for example, has virtue when it sees well, the body has virtue when it is in health, a knife has virtue when it cuts properly. A virtue of the conscious human soul is thus any permanent mental state which helps towards the realization of the end for which man exists, this end being rational activity.

由是观之，virtue 一词，盖指一切事物之适当功用。以言人类，则所以实现人生目的之方，换言之，即所以发展理性之活动者也。兹为行文之便利故，不得不立一名；姑以德性二字为 virtue 之译名。自知欠妥，姑暂用之，以俟后日更正。

亚氏分德性为二类：（一）理智（intellectual virtue）；（二）道德（moral virtue）。前者属于智识方面，后者属于行为方面。前者可以教传，可以学受；后者则在日常行为，日新月异而岁不同之积渐习惯中得来。后者直接属于伦理学范围，前者则间接耳。本节所及，限于后者。兹请分别讨论之：

（一）道德生于行为。亚氏曰：

> 以言天然能力，则吾人先具本能，而后施其动作。譬如五官：见闻之官，非从常视常听得来；反之，乃先具某种官能，然后有某种效用，非从效用而得官能。道德则反是。人之成德，在于力行。譬如艺术……欲成建筑师，在学建筑；欲为音乐家，在习音乐。故唯行为公道者，乃成公道之人，自奉有节者，方为节制之士；遇事勇敢者，可称勇敢之徒。（卫尔敦英译亚里士多德《伦理学》页三十五）

行为既为道德之所从生，则行为岂不重要？故欲成德，必重行为。亚氏曰：

> 早年各习惯之养成，实非小事，盖其所关至巨。（卫尔敦英

译亚里士多德《伦理学》页三十六）

吾人应审量行为之正当方法，盖行为乃所以定德态（见下）之性质者也。（卫尔敦英译亚里士多德《伦理学》页三十六）

（二）道德成于习惯。亚氏曰：

德性有两方面：（一）理智；（二）道德。理智起源于教授，培植于学习；故有事乎经验，有须乎时日。道德则生于习惯……故道德不禀于自然。盖自然律例，不可以习惯移。譬如物之下坠，自然律也；倘以石子上掷，虽千百次，亦必坠地如故。火本上升，其能积渐使其下降乎？自此二端，可以推知一切自然律之不可以习惯移矣。以言道德，本非天赋。盖器能禀于自然，道德成自习惯。（卫尔敦英译亚里士多德《伦理学》页三十四）

人之本性，可以为善；倘善用其才而发展之，则成德无难。如不善用其才而戕之，则小人立致。故君子小人，成于行为，定于习惯。可不勉乎？

（三）道德与不道德同出一源。亚氏曰：

所以成德之原因方法，与所以败德之原因方法同。技术正如是也。善调筝者与不善调筝者，皆出自调筝。其他技术亦然；盖建筑得法，则成良建筑师；不得法，则成不良建筑师。（卫尔敦英译亚里士多德《伦理学》页三十五）

道德成于习惯，不道德亦成于习惯。道德，习惯之良者；不道德，习惯之不良者也。譬如交友：爱而敬之，与亲而狎之，其交友一也。

前者为习惯之良者，故为道德；后者为习惯之不良者，故为不道德。故曰：道德与不道德，同出一源。

（四）道德养成之因果同。亚氏曰：

> 筋力生于食量大，操作勤。亦唯强健之人，乃能食量大，操作勤。道德亦然。唯寡欲者，能成节制之人。既成节制之人，则愈能节欲。（卫尔敦英译亚里士多德《伦理学》页三十八）

人皆有为善之本能，成德之趋向（moral disposition）。倘谨守毋失，加以时时励行，便能积渐养成道德习惯。既成习惯，则无往而不合于道德矣。

（五）道德实践之事。亚氏曰：

> 人常有不重实行而好理论者，以为如是乃成哲学者，而哲学即能使其成德。实则此辈所为，无异病人之倾耳静听医言，而绝不如命服药调养者也。夫心灵健康，绝非空谈可得，亦犹身体健康之非徒事领略医语所能致者也。（卫尔敦英译亚里士多德《伦理学》页四十二、四十三）

世人往往以学者与道德家混为一谈。其实学者擅理论，而不重实行。道德家未必长于理论，唯其言行，则绝对一致也。

（六）道德非绝对固定者。正惟道德为实践之事，故非绝对固定者；盖有因时制宜之必要焉。何以言之？吾人只需明乎实际之义。实际云何？事物之适合于某时、某地、某人者也。譬如女多男少之土，不以一夫多妻为不道德；男女人数相等，或男多女少之土，则反是。帝制时代，以忠于一姓为道德，今日则否。鞭子则为严父，鞭妻则为虐夫。诸如此类，皆其例也。故亚氏曰：

彼（指伦理上之事实）不属于某种学术之范围，或受任何律例之支配。当局者须因时制宜，正如医者之对症下药，航海者之因风转帆也。（卫尔敦英译亚里士多德《伦理学》页三十七）

（七）道德与苦乐有密切关系。苦乐观念之于人，犹千年古柏，其根至深，其柢至固。何以言之？（1）乐为一切动物所同趋，苦为一切动物所同避；人动物之一也，安能独免苦乐之支配？（2）农夫春耕，夏芸，秋收，冬藏；苦乐观念之于人，犹禾苗之于田亩也：种于幼年，长于童年，大盛于壮年，迨乎衰老，则结果见。善耕者，年终多获；善御苦乐者，老境安宁。有上述二原因，故人往往以苦乐为行为之标准。道德之功用，即于是乎见。道德能使人之行为标准，超乎苦乐之外，而不受其束缚。例如大将战败，不降则死；降则生，且敌国与以高位厚禄。前者苦也，后者乐也，若以苦乐为标准，则择后者无疑。于是道德告之曰：降则不忠，死则仗义；宁死毋生，以全忠义。是则道德去感觉之苦乐标准，而趋抽象之理想标准也。故亚氏曰：

行为所引起之苦乐感觉，可借以窥其人之德态（moral state）如何。凡弃物质快乐而从容不强者，谓之节制之人。弃之而遽感苦痛者，谓之淫逸之辈。蹈险阻若无事者谓之勇，遇艰难如履薪者谓之怯。盖苦乐与道德有关。快乐令人行为卑鄙，痛苦使人避高尚之事业。（卫尔敦英译亚里士多德《伦理学》页

三十八、三十九）

故曰苦乐之际，道德（moral virtue）使人行为正当，不道德（vice）则反是。（卫尔敦英译亚里士多德《伦理学》页四十）

可欲者三事：（一）高贵（the noble）；（二）利益（the expedient）；（三）快乐（the pleasant）。可憎者三事：（一）耻辱（the shameful）；（二）患害（the injurious）；（三）痛苦（the painful）。于是数者，君子取径乎至正，小人取径乎邪僻……（卫尔敦英译亚里士多德《伦理学》页四十）

（八）道德等于德态。亚氏谓人之性有三：（甲）情感（emotion）；（乙）本能（faculty）；（丙）德态（moral state）。情感为何？喜怒哀乐爱恶欲之谓也。何谓本能？所以发生情感之天然能力也。德态云者，乃吾人对于情感之趋向；情感趋向，有适中与太过、不及之分。譬如"文王一怒，而安天下之民"；怒得其所，情感之适中趋向也。群吏相聚为奸，居上位者，知之而不怒，斯则情感不及之趋向也。仆婢小过，鞭之见血，是则情感太过之趋向也。

道德非情感也，其故有三：（甲）善恶属于道德范围，情感自身，并无善恶可言。情感以道德范之，乃有适中与太过、不及之分。适中者为善，过与不及者为恶。有善恶，然后可褒可贬。以言情感，其自身本无善恶之分，故无可褒可贬之处。（乙）道德起于深思熟虑，情感生于一时性之所至。譬如人有至宝，欲取而得之，是好欲之情感也。审慎思之，乃知物各有主；我苟怀宝，不愿与人；己所不欲，其可施诸人乎？于是欲得之念止。是则道德之心生矣。（丙）情感可以动人；道德不道德，则只指某种之趋向而已。何以言之？譬如失恋，一时情感所至，而思自戕，是则情感之动人也。道德则不然，其功用在指定情感之趋向，使其不偏不倚，适得其中。

譬如失恋而思投缳者，顿悟己身对于家庭社会责任之重，因回思转念，不肯以男女爱情之细故，而负其重大责任；是则道德指定情感之趋向也。

道德非本能，其理由有二：（甲）本能无善恶之可言；道德范围，必包善恶问题。例如男女之事，人之本能也，本无所谓善恶；苟任情所至，不节之以礼，斯谓之淫，斯谓之不道德。至以本能之自身论，圣人且有之；其所以异于常人者，圣人动必以礼，不坠于淫耳。（乙）本能天赋，道德人为。生而之食，是天赋也；修身涵养，而成君子，是人为也。

道德既非情感，亦非本能，然则道德为何？亚氏以为德态是。其言曰：

> 人之品质有三：（一）情感；（二）本能；（三）德态。然则三者之中，道德必居一焉。（卫尔敦英译亚里士多德《伦理学》页四十三）

> 道德既非情感，亦非本能，则为德态无疑。（卫尔敦英译亚里士多德《伦理学》页四十四）

> 道德等于德态明矣；惟德态与道德之间，又有不同者在。德态云者，情感之趋向也。趋向有适中与太过、不及之分。二者不同之点，即于是乎见。盖道德专指适中之趋向耳。以范围论，则德态广，道德狭；以善恶之标准论，则道德尽善，德态不尽善也。故亚氏曰：一切事物之德性或善（excellence），皆有以致其物于善域，而使之尽其功用，可断言也。（卫尔敦英译亚里士多德《伦理学》页四十四）

> 使向之所言尽然，则人类之德性或善（the virtue or excellence of man），乃某种德态（moral state）之能使人臻入善境，而成

就其适当之功用者也。（卫尔敦英译亚里士多德《伦理学》页四十四）

（九）道德中庸之事。亚氏曰：

吾人应首先注意：过与不及，皆与向所论者，大有窒碍。此理于健康、体力二者，可以见其一般……运动过度之有害体力，与不运动同；饮食逾量之有碍健康，与不足同；唯中度为最适宜。以言节制，勇敢，其理一也。畏首畏尾者，谓之懦夫；无所忌惮者，实为莽汉。唯乐是求者，谓之昏淫无度；刻苦过甚者，谓之不近人情。故曰：俭勇之德，败于过与不及，而成于中庸。（卫尔敦英译亚里士多德《伦理学》页三十七、三十八）

亚氏所谓诸物之善，即其至当之境，中庸是也。至于人类，其道奚由？盖在尽量扩充理性之行为。以言行为，谓之适当功用之发展；以言目的，谓之幸福之追求；以言德态，谓之中庸之允执；其实一也。

以上所论，大都关于道德之性质。而人之成德，有其相当条件。兹举而论之如下：

（一）须有相当认识。譬如书法：绝不临池之人，偶然作书，顿得佳品，虽善书者所作亦不之过；然则谓之书家可乎？曰：不可。盖此不过偶然现象耳。他日，虽与以最精美之笔墨纸砚，令其重作，吾知其未必有曩者之佳品矣。彼虽勉而为之，亦不能也。试问何以昔时之佳，今日之劣；彼亦不自知其所以矣。书法如此，道德亦然。常人于不知不觉之中，固可偶为一二善事，合于最高道德标准；然易时易地,令其重行之,则不能矣。其故有可说焉。盖如前言,人之本性,皆可为善;其成德与否,则视其从事培育本性与否。是犹人之笔质,无有不善,倘潜心讲求,兼勤临池,则皆有成家之可能;反是,而一日曝之,十日寒之,自无成家之希望;偶作佳书,亦非平日工夫之所致也。

(二)须经审慎选择。姑妄为之之行为,虽幸而合道德标准,亦不足以言道德。譬如一旦得金累万,于路上遇乞丐,以数十金与之,若不甚惜。以行为之自身论,似乎可谓善矣。但彼挥金之顷,乃持姑妄为之之态度。初未熟思:此金之应与否? 尚有他途较此更为需要否? 与之,于此丐者果有益否? 诸如此类之问题,从未计及,故亦不足称为合于道德之行为。复次,勉强之行为,虽合道德,亦不足贵。譬如某富翁持万金为某官僚寿,途遇其友,告以某处孤儿院需款孔亟,因劝以此金移捐该院。富翁经累劝而屈从之;实则其心本欲以金赠寿,因其友屡劝之故,情难违拂,姑勉从耳。或富翁虽亦遥闻孤儿院之需款,未加注意,今为其友所劝,心存两可:以赠寿也可,以捐助也亦可;唯其劝之坚也,姑以捐助。推源其本心,不以捐助为必要,赠寿为莫须有也。

(三)须为行为之自身而选择。读书志在升官发财,不得谓之真心读书,必也为读书而读书然后可。道德亦然。为亲戚之恭维,朋友之褒美,而乐善好施者,其行为不得谓之合于道德标准。何则? 一旦亲戚不恭维,朋友不褒美,彼之行为,未必如是矣。盖其施舍之顷,乐不在其中,而在受人恭维褒美之际。失所恭维,失所褒美,则不能继续施舍,因此中无乐可寻;凡无乐趣之事,虽勉为之,断难持久也。反之,当选择某种行为之时,乃为此行为之自身,别无其他作用,换言之,预知行此事之至乐无穷,有不得自已者然;斯则有永久性:可一,可再,以至终身,而不生厌烦之念。夫如是,乃合道德之标准。

（四）须发自固定不易之德态。何谓固定不易之德态？行为之常然趋向也。今日君子，明日小人，是则行为无常然趋向，德态之非固定不易者也。例如上文所云：偶作佳书者，令其重作，未必能佳；问其所以，亦不自知。不知不觉之中，行一二善事者，正亦如是。此无他，非出乎固定不易之德态耳。是乃无相当认识之行为，不出自固定之德态也。又如所云一时兴之所至，以金与乞丐；倘他日无此兴会，虽丐者叫号于路旁，彼将漠若无闻。是则姑妄为之之行为，不出于固定之德态也。又如以金赠寿，以友劝而移作慈善捐款；他日无人劝导，则复赠寿如故，慈善事业，于彼无再面之缘。此则勉强行为，不出于固定之德态也。又如赠寿可，乐捐亦可；人劝则乐捐，人不劝则赠寿。是则莫须有之行为，不出于固定之德态也。反之，必也常然不变之行为，乃出乎固定之德态。奚若然后可？曰：行为之先，有相当认识，经审慎选择，而选择纯为行为之自身，别无其他作用者是已。

亚氏常言："唯行为公道者，乃成公道之人；自奉有节者，方为节制之士；遇事勇敢者，可称勇敢之徒。"专就此语观之，似乎亚氏之论道德，专重结果。其实不然，彼亦并重动机。试观上述成德之条件或标准，可以见矣。每行善事，苟事前无相当认识，未经审慎选择，既选择而别有作用，既行而非出自固定不易之德态，则不得称为合于道德之行为。凡此诸条件，皆极重动机。何其谨严！何其准确！

从来论道德者，非偏重行为之动机，即偏重行为之结果。前者之流弊在空虚，后者之流弊在务外，皆非正也。唯亚氏两方并重，最得中庸之道。

道德有此诸条件以范围之，其与学术不同之点乃见。故亚氏曰：

艺术之产品，其自身有善（excellence）在（按此善可作价值观），故产品出，而其性质定。德性之行为，非止此也。譬如公道与节制之行为，非其自身即为公道节制也；行者当行之之时，须适应若干条件：（一）须自知其所为；（二）须审慎选择，而选择为行为之自身；（三）行为须出自固定不易之德态。有人于此，若问其为艺术家与否，则此诸条件，皆可置诸度外，只问其知艺与否足矣。但若问其有德无德，则"知"之问题，无关紧要，所最重者，乃在上述诸条件。故曰：公道节制之行为，必属公道与节制者之所为；而公道节制之人，非唯行公道节制之事者，乃行之而具有公道与节制之精神者也。（卫尔敦英译亚里士多德《伦理学》页四十二）

从亚氏之言观之，学术重研究之结果，道德重行为之动机，斯则二者之别也。

第二节　中庸

亚氏以为一切事物，皆有其"中"（the mean）。以具体之物论，譬如三寸之布，其"中"在寸半之点。以数目论，譬如十之为数，其"中"在五与六之间；七之为数，其"中"在四。至于人之心理状态，亦莫不然。譬如情感：欲之过甚者，谓之昏淫无度；欲之不及者，谓之不近人情；适得其中者，谓之节制。爱之太过者，谓之狎昵；不及者，谓之刻薄寡恩；唯中度者，谓之仁惠。

一切事物，皆有其"中"明矣。但自然界之"中"，与人事界之"中"有别。例如五之中在三，七之中在四，此古往今来，殊方异俗，与凡圆颅方趾者，莫不共知，无不同认者也。是之谓绝对

（absolute）之"中"。人事则不然。往往甲所主张与乙所主张大不相同，古之观念与今之观念悬殊，南方之习惯与北方之习惯互异。同一劫案，甲主将盗枪决，乙主无期徒刑，丙主有期徒刑。彼三人之主张，各自以为至当，适得其中，无可移易。曾参之事亲，重在养志；曾元之事亲，重在养口体。古者男乾女坤，夫唱妇随；今则男女平等，夫妇均权。中国之葬死厚，欧西之葬死薄。诸如此类，皆易时、易地、易人则不同者也。其所谓"中"，乃对某时、某地、某人而言；故为相对（relative）。此相对之"中"，关于人事，属于伦理；可名为"中庸"。请听亚氏之言曰：

> 一切连续或分立之体，皆可取其大部、小部，或平分之。无论其于人为绝对，抑相对，平分之点，悉为介于过多与太少间之中心点。实物之中，或绝对之中，乃某点，其与两端之距离相等者也。此所谓中，尽人皆同。若夫于人为相对之中，乃无过不及之状态。此所谓中，不尽人而同。譬如十之为数过大，二之为数过小，于是取六为中，以六大于二四，小于十亦四；此算术比例上之中也。于人相对之中，不可作如是观。譬如十斤之肉，一人食之为过多，二斤则太少，然则六斤可乎？盖食量人各不同；六斤于运动家将不足，于常人且有余矣。（卫尔敦英译亚里士多德《伦理学》页四十五）

上文既言，外界事物之"中"，无论对于何人，常常不变，故为绝对；人事之"中"，往往因时、因地、因人而转移，故为相对。然则外界之"中"易识，人事之"中"难求。人事之"中"，必先借理性审慎思维以认识之；然后以严谨、勤慎之行为积渐达到。譬如交友，中庸之道为何？第一步工夫在审慎思维：疏而远之，则彼此不生关系，不能互有裨益，弊在不及，故不合中庸之道。亲而狎之，则不互相尊重，或至情感用事，致伤和气，弊在太过，亦非中庸之道。然则唯敬而爱之为最适中；盖敬则彼此尊重人格，不致发生误会，爱则感情美满，有善相勉，有过相规。第二步，既经一番考虑而知中庸之道何在，则须励志行之；盖空知无补于实际，必也见于行为而后可。励行非一朝一夕之事，盖在有过不惮立改，有善则能服膺毋失。留心于顷刻之间，考察乎一言之际。夫如是，庶几可以达爱而敬之之道。由是观之，中庸殊难。故亚氏曰：

成德之难，其有故哉！盖中最难求。圆形之中，唯形学家为能求之，常人不能也。怒非难事，人皆能之。孰不解用财？用之而得其人，得其量，得其时，得其情，得其方，则非易事，不尽人而能。（卫尔敦英译亚里士多德《伦理学》页五十五）

夫怒之态度、对象、时会，与久暂，其适当处至为难定。应怒而不怒，人或以为温和；不应怒而怒，人或以为刚直。过之小者，人鲜能见；必大过然后人皆知之，而受讥焉。且过必达如何程度，而后受讥于人，理论上殊难决定……（卫尔敦英译亚里士多德《伦理学》页五十七）

适得其中固难，顾必择其次者……两恶相权，暂容其小者。从事于斯，一如吾人向之所论："罪恶之去中庸最远者，亟谋避之"可矣。人各因其性之所近，而有所特嗜，吾人于此，宜慎察焉。欲知己之嗜欲为何，乃在自省己身对于某物之苦乐感觉如何。然后故与之违，盖去过与不及弥远，则弥近中庸……（卫尔敦英译亚里士多德《伦理学》页五十六）

上文泛论"中"有绝对相对之分，相对之"中"，属于人事，是曰中庸；中庸之道，非一望而见，必以理性追求，然后励志行之，以积渐达到。以下请具体论中庸与道德之关系。亚氏曰：

> 一切学术，苟无时不求中，而所有作品，皆衡之以中，其发达也必矣。人有恒言：成功作品，不容有毫厘增减乎其间。盖谓过与不及，皆有大损于其善（excellence），唯中能完成之。艺术家于其作品，尚且无时忘中；况道德乃在艺术之上，而可不志在中庸乎？盖道德与情感、行为有关；而情感、行为有太过、不及，与中庸之分也。例如畏惧、勇敢、欲望、愤怒、怜悯、快乐、痛苦等类，皆有过与不及之弊；过与不及，皆非当也。倘上述各情感，发于适当时会，施于适当人物，有适当原因，而出以适当态度，则合乎中庸，或至善（supreme good）。是则道德之特性也。（卫尔敦英译亚里士多德《伦理学》页四十六）

自亚氏之言观之，道德非渺渺茫茫，不可思议之物；其近，在吾人之心身，其平易，在行为举止之间。行为之得其人、得其时、得其地、得其方者，道德之表现也。行为之不偏不倚、适得其中者，道德之状态也。故欲成德，不在乎行动怪奇，超人绝俗；乃在乎日常待人接物之际，无时不志乎中，换言之，即无事不求至当！兹将亚氏最终之道德界说录下：

> 道德为一种状态（state），生于谨严之德志（moral purpose），而合于中庸（相对之中）；中庸得自理性，抑定于深虑之人者也。（卫尔敦英译亚里士多德《伦理学》页四十七）
>
> 是（指道德）乃中庸之状态，状态之介乎两恶——过与不及——之间。以言情感与行为，则不偏不倚，适得其中者也。

（卫尔敦英译亚里士多德《伦理学》页五十五）

亚氏之道德界说，可分数层说明如下：

（一）道德为一种心理状态。上文不云乎，道德生于行为，成于习惯？其见于外也，为至当不易之行为；其存乎心也，为一种心理状态。以状态言，虽无形、无声、无臭，实则常存不变；与外界接触，辄成至当之行为。

（二）状态生于谨严之德志。此状态非偶然之物，亦非任何状态。其趋向定于德志。或曰：道德未成，其趋向尚待定之际，安有德志？所谓德志，将何从来？亚氏不云乎，道德虽不赋于天，"天固与我以接受道德之本能；其本能，则有待于习惯以完成之"（卫尔敦英译亚里士多德《伦理学》页三十五）？既有此本能，则可由之以生德志；然后用此德志，以趣深远，以求成德，不亦可乎？唯此德志，必为审慎考虑之结果，故曰谨严。

（三）状态合乎中庸。中庸云何？行为之所止也。行为止于至当之域，故中庸者，行为之至当也。此心理状态，发而为行为，行为止于至当；则其未发之际，中庸之观念，必已了了于心矣。故曰合乎中庸。中庸不一索而得，必以理性探求，深思慎察而后得之也。

上文尝言道德之为物，至近，至平易，只在吾人日常举止行动之间求之，无待乎超人绝俗之行为。然则放之，纵之，一任其自然，可乎？是又大误。盖善之途狭，恶之途广。每行一事，至当之境一而已，过与不及之境则无穷。譬如五之中，三而已矣；过则有四，有五；不及则有二，有一。又如仆婢有过，戒之使不复然，至当也。舍是而鞭之，过也；驱之，亦过也。纵之不言，不及也；嘻而向之，亦不及也。是则适中之处一而止，过与不及之处甚多也。故欲成德者，必留心乎顷刻之间，毋以小事为不足慎，片言为毋庸谨。善之正途一而已，恶之歧路处处皆是；一不审察而误由之，则回首难矣。曷尝观乎亚氏之言曰：

> 过之方，繁且杂，以恶本无穷，善则有限故也。为善之途，一而已矣。故曰：为恶易，为善难，失鹄比比皆是，中鹄则难矣哉。故恶之特性，为过不及；善之特性，在乎中庸。（卫尔敦英译亚里士多德《伦理学》页四十七）

> 行为之趋向有三：恶二善一。过与不及皆恶也，善则中庸而已……（卫尔敦英译亚里士多德《伦理学》页五十三）

道德以状态论，是为中庸。行为至于中庸，无以复加；故道德以"善"（good）论，则已登峰造极；盖已达至善（supreme good）之境，此外无更高之善矣。故亚氏曰：

> 道德自其本性，或理论之概念观之，为一中庸状态。顾从至善（highest good or excellence）之观点论之，实为极端。（卫尔敦英译亚里士多德《伦理学》页四十七）

人事中之过与不及，距中庸未必齐远也，或过较近，或不及较近；是则因各事物之情，与人之天然趋向而定。譬如以勇论，愚勇固较怯为近中庸。盖勇重主持公道；愚勇者之所为虽太过，然尚有补于事；怯者则无时不袖手旁观，他人之痛痒，于彼如越人之秦晋，故距中庸更远。又如节制，义在寡欲有度，故吝啬较淫逸为近中庸，所谓"与其奢也宁俭"是已。此以事物之情定者也。以个人之天然趋向定者：例如性之好动者，倾于愚勇，则智者之勇，于彼特难；盖不患其退，患其进也。

关于行为，人各有其天然倾向明矣。普通人类之倾向，多在求乐。盖快乐观念之于人，根深蒂固（前已详论），故人往往以为行为之标准；而恶即于是乎生。故曰：快乐者，万恶之根源也；宜谨防慎察之。亚氏曰：

吾人所最倾向之事物，去中庸最远。吾人之就乐避苦，乃出于自然……故诸如此类之事物，吾人所易趋者，去中庸弥远。（卫尔敦英译亚里士多德《伦理学》页五十五）

吾人关于快乐，往往不能明断；故宜随时随地，审慎防之。……苟能如是，则求中庸，最易成功。（卫尔敦英译亚里士多德《伦理学》页五十六、五十七）

以上论中庸之性质，及其与道德之关系竟，今总论为人之方，以为本章结束。为人之目的，在求幸福，即如前章所云矣。求幸福奈何？在尽量发展其本能。发展其本能，又当何如？曰：在扩充理性之动作。理性之动作若何？行动举止之合乎中庸者也。然则即谓人生目的在求中庸，亦无不可。中庸难能，求之奈何？曰：有不易之方，舍是莫由。兹论列于下：

（一）亟避行为之去中庸最远者。例如吝啬与淫逸，俱不及中，而淫逸去中道最远，故先去之。然后渐避吝啬，以求达中庸。

（二）宜故违己之天然倾向。例如吾人之天然倾向在求乐，则宜故自克苦，以求渐趋中庸。

（三）苟中庸有不可达。而莫逃于过不及之弊，亦当择其去中尤迩者而居焉。例如节制最美，苟不可能，"与其奢也宁俭"。

第三章纲要

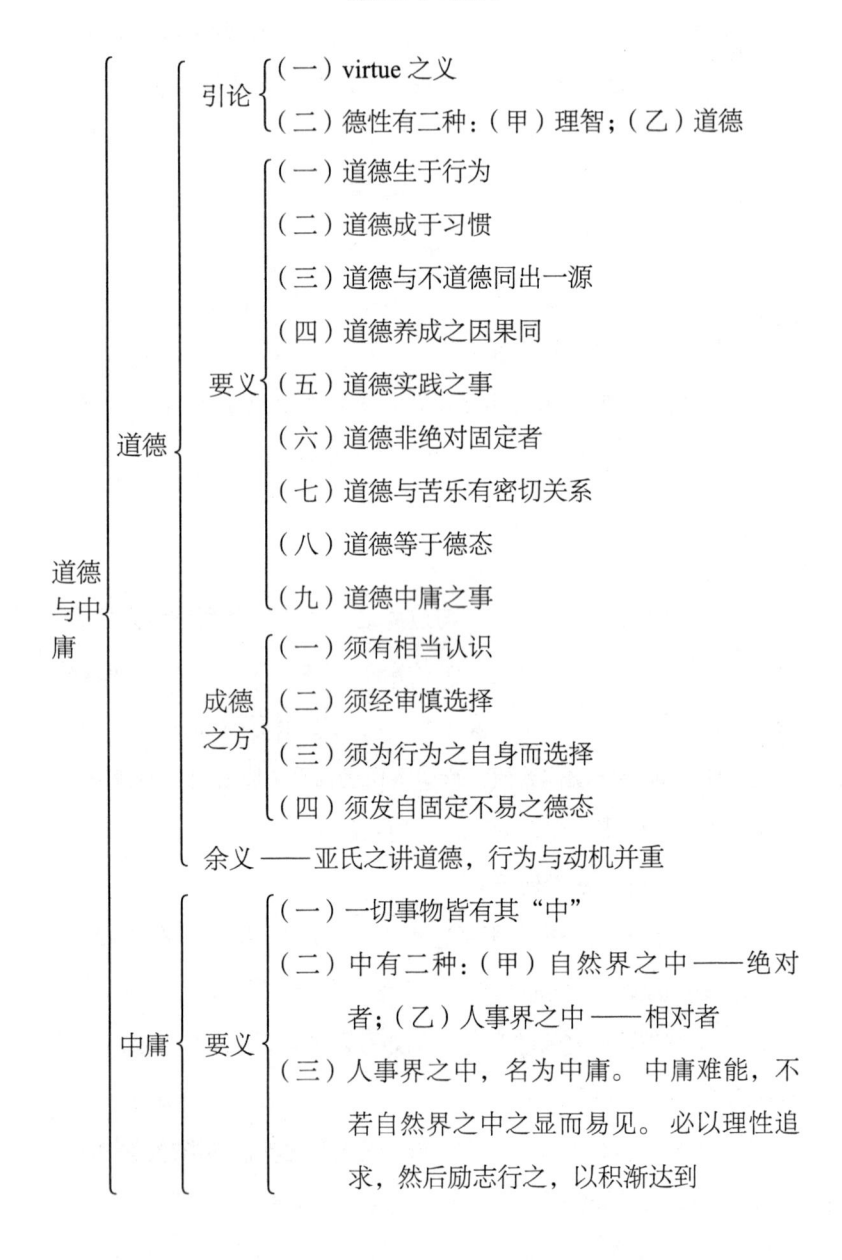

道德与中庸
- 道德
  - 引论
    - （一）virtue 之义
    - （二）德性有二种：（甲）理智；（乙）道德
  - 要义
    - （一）道德生于行为
    - （二）道德成于习惯
    - （三）道德与不道德同出一源
    - （四）道德养成之因果同
    - （五）道德实践之事
    - （六）道德非绝对固定者
    - （七）道德与苦乐有密切关系
    - （八）道德等于德态
    - （九）道德中庸之事
  - 成德之方
    - （一）须有相当认识
    - （二）须经审慎选择
    - （三）须为行为之自身而选择
    - （四）须发自固定不易之德态
  - 余义——亚氏之讲道德，行为与动机并重
- 中庸
  - 要义
    - （一）一切事物皆有其"中"
    - （二）中有二种：（甲）自然界之中——绝对者；（乙）人事界之中——相对者
    - （三）人事界之中，名为中庸。中庸难能，不若自然界之中之显而易见。必以理性追求，然后励志行之，以积渐达到

- 道德与中庸
  - 中庸
    - 与道德之关系
      - （一）道德非不可思议之物
      - （二）行为之善者，道德之表现也
      - （三）行为之合中庸者，道德之状态也
      - （四）道德之界说
        - （甲）道德为一种心理状态
        - （乙）此状态生于谨严之德志
        - （丙）此状态合乎中庸
      - （五）道德平易可能，然不可取放任主义。盖事之过与不及多方，中庸之道一而已矣
      - （六）道德以状态论，为中庸。行为至于中庸，斯无以复加，故道德以善论，乃至善也
      - （七）人事中之过与不及，距中庸未必齐远。此亦视各事物之情，与人之天然倾向而定耳
      - （八）人皆有天然之趋向，避苦就乐是已
    - 为人之方
      - （一）亟避行为之去中庸最远者
      - （二）宜故违己之天然倾向（矫枉过正之术）
      - （三）苟中庸有不可达，当择其去中尤迩者居之。两恶相权，容其小者

第四章　理智

第一节　导言

德性（virtue）者何？人所得于天之本能。本能禀于天，其发展之也，则有赖于人力。发展之途有二：（一）道德（moral virtue）；（二）理智（intellectual virtue）。因谓德性有是两方面，无不可也：一为道德行为之事；二为理智思想之事。由前之道，可以为圣贤——有德之士；由后之道，可以为学者——思想家。前者之所事，在于正心修身，仁人济物；后者之所事，在于深思益智，格物穷理。后者学问之事；前者立身行己，待人接物之事，伦理之范围也。前者既于第三章详之矣，今兹所论，在乎后者。

或曰：理智既属学问之事，非伦理范围之所及，亚氏斤斤论之，何其不惮烦？曰：立身行己，待人接物，与夫善恶之所以辨，是非之所以明，断非蠢蠢者所能胜其任；必审察乎事物之理，是非善恶之情，然后所行不悖。人所赖以为慎思明辨之资，舍理智而何？理智不修，学问之不昌，姑无论也，且亦无以为人，理智顾不重乎？且人之行事，贵得中庸。顾中庸难能，亚氏尝谓世间一切事物，过与不及多方，中庸之道一而已；然则必有量度权衡焉，以测验事物，以求中庸之道。而是量度权衡者，非理智之求而何求？

亚氏谓人之机能（faculty）有三：（一）感觉（sensation）；（二）欲望（desire）；（三）理性（reason）。感觉人与禽兽所共有，无善恶之可言，故不属道德范围。欲望亦为人与禽兽之所同具，然在禽兽，无善恶之可言，在人则有善恶之别，而为道德之中心问题。同欲望也，在禽兽若彼，在人若此，左右之者何耶？曰：理性是矣。禽兽无理性，故食子不为无道；唯人有理性，故生子不养，斯丧慈矣。然则理性者，人与禽兽之所以区而别也。欲望受理性指导，然后见于行为者皆善；否则多恶矣。行为之善者，合于道德；不善者，不合于道德。欲望有正邪、当不当之分，以理性为之断；理性亦有真伪之别，则视人之慎思明辨之功为何如耳。

道德以行为见，感觉不属道德范围，故道德行为，不本于感觉。顾行为无道德不道德，悉本于欲望。初民之生，饥思食，渴思饮，于是攀树杀生，以啖其果，食其肉，啜其汁，饮其血。凡此皆欲望起，然后劳其四肢，以谋遂其所欲，厌其所求也。就令文明大进，如今日者，生民之所为，何一非相生相养之事？其欲望倍蓰于前人，而行为亦随之而多方殊途，要之，皆所以求遂其欲，以期于满足而已。

行为本于欲望，欲望起，然后行为继之。顾欲望不节之以理性，鲜能适得其中；迨其见于外也，斯不免流为放辟邪侈之行；小则害己，大则损人。故欲望必受理性指导，然后行为乃出于正，乃合道德之标准。道德云者，一种心理状态之生于谨严之德志者也。(参看本部分第三章)存于内，为心理状态；见乎外，为适当行为。状态善，行为正，合二美者，乃成道德。故道德，动机与行为之事，二者具，然后乃有道德之可言。

德志为道德之基，犹动机为行为之始也。欲望受理性指导，斯所见于行为者，合于道德标准，而道德以德志为基础；然则径谓德志为欲望之节以理性者，无不可也。盖无欲望，则无行为；行为不节以理性，斯不合于道德。亚氏曰：

夫道德既为谨严之德志,而德志又为节制之欲望;使德志而善,则其理必诚,其欲必正;而理性之所许者,在欲无不可遂矣。(卫尔敦英译亚里士多德《伦理学》页一七九)

故德志者,有所求之理性,或不违理智之欲望,即理性之加以欲望,或欲望之节以理智者也。人之所以为人,其此等主动之机能使然欤。(卫尔敦英译亚里士多德《伦理学》页一八〇)

顾理性不绝于欲望,其与道德之关系盖浅。纯粹之理性,格物穷理之事;必以衡量欲望,以见于行为,然后有补于道德。亚氏曰:

悬想之理智,无关于实行,不与于生产,而言善恶,莫非抽象之是非诚妄而已。就其大略论,理智之为用,不外求真,至于实行之理智,其功盖在求理之真者,以合于欲之正者。(卫尔敦英译亚里士多德《伦理学》页一七九)

理智与道德之关系,既如上述,今请略及其分类之事。亚氏谓人性有两方面:理性(the rational)与非理性(the irrational)是已。非理性方面,不属本章范围,置之不论。理性方面,又可分为二事:(一)思想(the contemplative);(二)筹划(the calculative)。思想之所从事,常然不变之物,其律令旷万世而不惑者也。例如自然科学所研究之对象,与所立之原则是。筹划则不然,其所及者,常变之物,人事是已。筹划云者,因时制宜,就事施策,初无成理,更鲜定例。盖人事变化万端,非若自然界之固定不移,智巧百出,不如自然界之单简质实。长于思想,所得为真诚之理;长于筹划,则知何者为合理之欲,何者为不合理之欲,而有所适从;欲不出于邪,所求不滥,害己损人,两俱免矣。前者悬想(speculative)之事,后者实行（practical）之事。无悬想，则理不明；无实行，则欲莫遂，而生馁矣。且二者相互为用，实行不辅以悬想，则是非难明，善恶莫辨；悬想不济以实行，则其效莫见，且人既无以为生（尽灭所欲，则无以为生），思于何有？

第二节　根本之理智

亚氏谓人求真致诚之方有五，是五者为理智之类别，犹勇敢节制等之为道德之类别也。五者何？（一）科学（science）；（二）直观理性（intuitive reason）；（三）智慧（wisdom）；（四）艺术（art）；（五）深虑（prudence）。科学之所治，为必然（necessary）、常然（eternal）之物，其研究之结果，加以表证之说明（demonstrative explanation）者也。直观理性者，对于科学最初原理之认识。智慧云者，合直观理性与科学二者之谓也。艺术者，人类制作发明之智识。深虑有事于人生目的之认定，而求所以达之之方。此五者之大经也，其详情分段论之如下。

一、科学

科学之特点有三：（一）其所研究之对象不变；（二）其为学可以教传，可以习受；（三）其方法兼演绎与归纳二者并用之。

奚云乎对象不变？曰：对象之不以时移、不以境迁者之谓也。例如氢二氧一之成水，旷古今而不易，横东西而莫外。不变之义有二：必然与永久是已。必然云者，物与物之关系，有因果律行乎其间。例如合氢二氧一之成水，乃必然之事，无时无地而莫不然也。永久云者，物质不毁之谓。燃木成炭，炭之为物质，犹曩者之木也。

苟燃时不令其烟与气之外泄，炭之重量合烟及气，与木之重，有比例焉，可得而计也。曩之坚而白者，与今之松而黑者，特物质之变化耳，其实质固未尝灭也。亚氏曰：

> 吾辈皆知科学对象之不变也。物之善变者，吾人目不见时，其存在与否，无可断言。科学之对象有必然性，故为永久。凡其必然性者，莫非永久；既能永久，斯则不生不灭，无始无终矣。（卫尔敦英译亚里士多德《伦理学》页一八一）

凡有理论原则之学，莫不可教可受。其原理具普遍性，不基于一己之经验。其教也，以表彰证实之法，取喻于人；其受也，亦以表彰证实之法，求明乎己。亚氏曰：

> 一切科学，皆可以教传，以学受。（卫尔敦英译亚里士多德《伦理学》页一八一）

科学所用之方法，实兼归纳演绎二者。由归纳以立公例。公例莫不普及。据此公例，可以推知未来。见人莫不死，而人皆有死之公例立；彼虽生气勃勃，力举千钧，吾知其必有一日死矣。亚氏曰：

> 一切科学，皆可以教传，以学受。顾传授云者，莫不基于已有之知识……舍归纳或三段推论之外，无他途也。归纳求根本原理，推而及于普遍；三段推论则从普遍始。必有根本原理焉，以为三段推论之所自始；而是原理者，不得自三段推论，而得自归纳，无容疑也。（卫尔敦英译亚里士多德《伦理学》页一八一、一八二）

科学之特点既明，其界说乃定。亚氏曰：

> 科学云者，人类心灵表证（demonstrative）之状态——心灵运用其表证之本能之状态也……有所信，且对于信仰所基之原理，有真确之了解，而深知其不谬者，其人乃谓之有科学之知识。苟徒信其结论，而于所从来之原理或前提，漠若无闻者，纵有科学知识，亦不过偶然者耳。（卫尔敦英译亚里士多德《伦理学》页一八二）

天油然作云，虽蠢蠢农夫，亦知其将雨矣。顾其所知，可谓科学之知识乎？殆犹未也。彼徒知其当然，而不知其所以然；徒知天作云之必有雨，而不知天作云之何以有雨也。必知地面之水，久为日光所照，则化汽上升，遇冷而聚以成云，再冷而凝为水点，水点下降为雨。必明乎此，必知云之所从来，与其遇冷成雨而下降之原理，然后其所知，乃为科学之知识耳。雨如此也，他物亦然。总之，徒知其当然，不足以为科学之知识，必兼知其所以然而后可。凡研究一物，创立一说，必先有所假定，然后搜求例证，逐层推演，以立公例，以达结论。公例既立，结论既定，必能以表证之法，解示于人。夫如是，乃尽科学之能事。

二、直观理性

亚氏曰：

> 直观理性，有事于思途之两端之至理。首尾两词——根本原理与特殊事实——不得自名学之辩证，而得自直观理性。其

于表证也，则领会其不变之原理；至若对于人生行为之事，则观察特殊常变之事实，以为三段推论之小前提……普遍之法则，皆从特殊之事实得来；而特殊事实，则得自知觉，易辞言之，即得自直观理性。（卫尔敦英译亚里士多德《伦理学》页一九六）

亚氏之言，有待解释。所谓思途（mental process），盖指名学推论之事，其形式为三段推论（syllogism）。首尾两词，成三段推论之大小两前提（major premiss and minor premiss）。大前提所指为普遍之原理（即所谓根本原理），小前提所指为特殊之事实。例如人皆有死，普遍之原理也；孔子为人，特殊之事实也。奚云乎根本原理，与特殊事实，不得自名学之辩证，而得自直观理性？盖谓是二者，不能以推论得之，唯直接观察之耳。夫孔子为人之事实，其不能得自任何推论，固不言而喻。至人皆有死之原理，乃公例也，公例定于归纳，归纳成于无数之例证，而例证莫非得自直接之观察。"普遍之法则，皆从特殊之事实得来"，盖谓公例定于归纳也。归纳资于特殊事实，以为例证；而特殊之事实，莫不得自直接之观察。

科学贵在公例，公例既立，有如斧斤刀锯已备，以之垦辟深山大林，无往而不直前。其推测未来也，以公例；其征服自然也，亦以公例。公例之应用，固为演绎之事。例如据人必有死之公例。可以推知胡适之之必有死，是公例之用于推测未来也。他如驾桥梁于大江之中，不为水力所冲以致圮者，端赖工程师知力学之公例，故所为不败，是公例之用于征服自然也。推源公例之所从来，非归纳而何？归纳资于特殊事实；特殊事实，得自直接观察；直接观察，直观理性之事。故曰：科学之根本原理，得自直观理性。亚氏曰：

科学之能事，在求普遍与必然之真理。顾唯科学不能一日离推论，必有需于根本原理。于是根本原理，遂非科学之所能及（科学有需于根本原理，以为推论之基；而根本原理之所从来，非科学有以致之也）。更非艺术与深虑之所有事者也。是无他，科学专事表证，而艺术与深虑之所有事者，莫非无常善变之事物故耳。根本原理，亦不及智慧之藩篱，盖智慧之人，亦常有事于表证，其表证也，常以不可证之前提为出发点。故曰：使求必然或偶然之真理，其方在于科学、深虑、智慧，与直观理性，而前三者皆不为求得根本原理之工具；然则欲求根本原理，非假手于直观理性而何？（卫尔敦英译亚里士多德《伦理学》页一八五、一八六）

直观理性，不徒为科学上根本原理之所从来也，于人生实际行为之间，亦有功焉。直观理性之所与人者，经验是已。经验不生于名学之推论，而得自耳目所闻见。故老年人，经验既多，往往见事度理，远胜于少年博学之士。盖少年人虽博学，终鲜阅历，其论事说理，难免纸上谈兵之弊；老年人虽少学问，而见闻甚广，积久亦能融会贯通，而胸有成竹，以之察事，常精而确，以之度理，常微而诚。故亚氏曰：

年老富于经验，而思深虑远之人，其主张与见解，虽未经表证，亦不可不之听；且其听之也，不可视诸其他所已经表证者，有稍忽焉。盖深于阅历之眼光，常有洞见之明。（卫尔敦英译亚里士多德《伦理学》页一九七）

三、智慧

所谓智慧，非指对于某艺某学，极精娴之能事也。其义较广，实包科学与直观理性二者，而臻于至完至美之境。智慧之人，不徒明乎事之实，理之诚而已，而于所以致实致诚之故，莫不了如指掌；换言之，不独尽知科学上之事实而已，其根本原理，亦皆了然于心。故曰：智慧集科学与直观理性之大成。亚氏曰：

> 智慧一词，常用于艺术，以状其伟大之作家。如斐底亚斯之于雕刻，波里克力图斯之于造像，吾党俱以智慧称之，意亦推崇其艺术之卓绝古今已耳。顾吾党亦常加人以智慧之名，其加之也，不以其有一技之特长，而以其博涉多通……故此等溥及之智慧，其为众科学之大成也，盖无疑矣。若然，则智慧之人，不可徒知夫推论之出于根本原理者也，于根本原理之间，亦宜谙其真伪诚妄。然则智慧云者，直观理性与科学之合体也……（卫尔敦英译亚里士多德《伦理学》页一八六、一八七）

四、艺术

夫艺术之所有事，无常善变之物。无常善变之物，可分二类：（一）人类之制作（human production）；（二）人类之行为（human action）。二者之善变虽同，其实不相为谋；后者属于深虑之范围，前者方为艺术之所有事。亚氏曰：

> 理性之行为，与理性之制作，其在心之状态不同。二者不相涵，盖行为不必有事于制作，而制作未必即行为也。夫建筑，

艺术也,心之理性之制作状态也;且凡艺术,莫非心之理性之制作状态,反之,凡此状态,莫非艺术;然则艺术云者,必为心之制作状态,而受真诚理性之指导者也。(卫尔敦英译亚里士多德《伦理学》页一八二)

本亚氏之言,吾人可为艺术立一界说曰:艺术者,人类心灵之一种状态,本之可以有所制作;而此状态,无时不受真诚理性之指导。

然则心灵具制作之状态矣,而此状态,不受真诚理性之指导,其可谓之艺术乎?曰:否。徒具制作状态,固能有所制作;唯其不受真诚理性之指导,故其所制作,不能尽美尽善,不得称为艺术之作品。常人间有制作之能,而不能成艺术家者,正坐无真诚理性为之指导故也。世之造像者众矣,其能揣摩古先圣贤之性情品格与其身世环境,而表之于块木坏土之间,毕出其隐、曲尽其微者,盖几希矣。此无他,既具制作之能,更有理性为之指导者实难,更能善用理性者尤难。用理性而不得其宜,则理性转为谬妄,以言造像,则孔子状如武夫,关圣貌若孺子,宁非笑资耶?亚氏曰:

曩谓艺术为心灵之制作状态,而受真诚理性之指导;反之,心灵之制作状态,而受虚伪理性之指导者,则非艺术矣……(卫尔敦英译亚里士多德《伦理学》页一八三)

艺术贵能创作,顾其所作,无必然不变之势,尤非天然自在之物。亚氏曰:

一切艺术,皆有事于创作。其所创之品,非有必然之存在;其使然之因,在制作者,而不在所制者。夫自在必在之物,非

艺术之所能役，盖其使然之因，即在此物之中矣。（卫尔敦英译亚里士多德《伦理学》页一八二、一八三）

五、深虑

深虑人生处世之具——立身行己之道，待人接物之方，莫不于是乎求。亚氏曰：

> 深虑之人，其特点盖在自谋多福，遇事必经考虑，不肯妄动。其考虑也，不必偏于一曲，如斤斤然讲求乎壮身强力之方；盖在统计为人之道，谋得美满之生活而已。（卫尔敦英译亚里士多德《伦理学》页一八三）

> 深虑有事于人生之利害，而假手于考虑。夫精审之考虑，乃深虑者之第一能事。虽然，谁复用其考虑于常然不变之物，与夫无有鹄的，不关实际利害之事？夫善于考虑者，其人必致心思于人生实际至善之物，而其讲求之也，莫不出乎理性之途。（卫尔敦英译亚里士多德《伦理学》页一八八）

人之知识，可分二类：（一）纯理之知；（二）实行之知。纯理之知，有真有伪，有诚有妄，实行之知，亦莫不然；然纯理之知，不必有用途，存其真而已矣，实行之知，则以有益于人生为准。每于一事一理之间，必放之于行为而当，准之于人生之目的而不背，然后乃善。顾是之标准，非固定者也；深虑之人，即衡量乎其间，以期达于正当人生目的，而一切行为，皆能与之相符。

深虑之所察者，人生之行为。其间不无公例可寻，如内则诚意毋自欺，外则己所不欲，勿施于人，是也。虽然，毕竟通理少，殊事多，故深虑之所重，乃在殊事。亚氏之言曰：

> 深虑非专治通理已也，殊事之间，亦不可不周焉；盖深虑实践之德，其应用之际，莫不及于殊事也。故有人焉，虽乏科学知识，其善于将事也，往往胜于精通科学者，而以深于阅历者为尤甚。（卫尔敦英译亚里士多德《伦理学》页一八八）

严格言之，深虑者以一己之利害为先，其为人之的，行己之方，莫不因之而定。盖人本爱己，推己以及人，于是他人之利害，亦在所计。其实为人即所以为己，顾及人之利害，即所以长保己之利益也。此人之天性，不可以私责之。为己矣，而不知推心置腹，不顾他人之利害者，斯乃社会之蟊贼。顾是人也，其罚正不在远，盖人将弃之，一人独保其利，而为众所不齿，尚复何乐之有？亚氏曰：

> 人皆为己谋利，而自信其所为之不为过，一若尽其天职然。唯其心怀斯念也，其人以深虑称。虽然，使其人置其家事国事于度外，而不尽其一己之分，则其自谋也，亦难多福矣。（卫尔敦英译亚里士多德《伦理学》页一九〇）

深虑虽属自谋多福之事，顾其虑之精粗疏密，与其人之经验，相比例者也。经验多，则其虑也常精而密；经验少，则其虑也常粗而疏。故亚氏曰：

> 人之自谋，其正道为何如，尚待论焉。盖少年人，可以为数学家，而精于类似之学问，唯不能成深虑之人。此无他，深虑施于殊事，殊事必待经验深，然后乃能遍历之耳。然少年人，

终难富于经验,以经验与时光俱积故也。(卫尔敦英译亚里士多德《伦理学》页一九〇)

以上既将深虑之要义,模略陈之。继今所为,乃在比较工夫,以深虑与其他理智——科学、直观理性、智慧、艺术等——比较。异同既见,则其用益显。

夫科学之所从事,在于表证。举凡所表证之物,与表证时所引用之原理,必固定不移者而后可。不然,则科学无能为力,纵勉为之,亦少价值。深虑之所从事,在于考虑;其对象为人生行为,非固定不移之物也。人生之目的,人各不同,故行为亦因之而互异;且一人之行为,又有前后之差。夫如是,则考虑之方,莫不因人而殊,随时而变。因人而殊者,限于空间也;随时而变者,限于时间也。夫限于时空者,绝非科学之所能容;科学每见一理,必揆之天下古今而莫不如是,例如合氢二氧一之为水,所以待百世千万人而不惑者也。安有如挞子为严父,挞妻为虐夫之因人而异其德;为人子主于孝,为人父主于慈之随时而殊其行哉?亚氏曰:

今科学有事于表证,而表证之事,非有固定必然之原理,则无以呈其效;盖用无定偶然之原理以表证,则所得之效果,亦且无定偶然者也。反之,凡必然之事物,皆无待于考虑。然则深虑非科学,亦非艺术。非科学,以变动无常,为人生行为之本性;非艺术,以艺术必有所制作,而行为又不尔也。由是观之,深虑云者,益见其为心灵之理解与实际之状态,而施于人生之善恶利害者也……(卫尔敦英译亚里士多德《伦理学》页一八四)

深虑既异于科学,亦殊于艺术。盖艺术志在制作;深虑之所务,则唯求得正当目的，认清合理行为而已，制作非其事也。

直观理性从事于科学根本原理之认识——原理之非科学以表证之法所能得者也。深虑从事于人生之特殊事实——事实之非科学所能为力者也。亚氏曰：

> 深虑与直观理性，适处相反之地。直观理性有事于根本原理之不能以名学表证者；深虑有事于特殊事实之脱乎科学范围，而属于知觉之事者也……（卫尔敦英译亚里士多德《伦理学》页一九一）

智慧兼直观理性与科学二者，盖纯理之事；若夫一物于人生之关系为如何，非所问也。例如化学之研究毒气，不因或有人焉，利用以为杀人之具，而遂止也。有毒气矣，以之攻猛兽，去蝇蚋；抑以之争城夺地，残杀同胞耶？斯则深虑之事，有待于衡量选择者也。故智慧辨物理之真伪，深虑计行为之利害；后者直接关乎人生之幸福，前者则间接耳。亚氏曰：

> 智慧不讲求乎所以增长人生幸福之事物，盖非生利之途也。深虑则计及人生之幸福……（卫尔敦英译亚里士多德《伦理学》页一九七）

第三节　旁辅之理智

前节所论，皆根本之理智。人类之格物致知，莫不赖之，而是非善恶之所以辨，与夫立身行己，待人接物之间，皆有待于是，以为探海之灯，乃不至于迷途，而流于放辟邪侈。今兹所论，乃旁辅之理智。旁辅云者，本根既立，大体既奠，辅之枝叶，以助其成。旁辅理智之于根本理智，其效如此。旁辅理智为何？（一）考虑（deliberation）；（二）聪明（intelligence）；（三）判断（judgment）；（四）灵敏（cleverness）是也。请以次论之。

一、考虑

考虑何？省察（investigation）之一种。然非径等于省察，盖其范围限于实际之事，与夫人力所能及之物。

凡说明事物之真相，其途有二：（一）从正面入手——历陈此物之种种性质；（二）从反面入手——剖明其与他物同异之点。前者往往失之费解难喻。后者不徒其与他物之异同见，而其真相，往往不待言而了如指掌矣。今请用后之方法以论之。亚氏谓考虑所不及者有五事，兹列举之：（一）不生不灭，恒久不易之事物。例如日月星辰，寒暑昼夜是也。（二）常然不变之事物。例如日出日落，与夫四时之更代是也。（三）绝无定律之事物。例如晴雨风雷是也。（四）偶然发现之事物。例如掘地得金是也。（五）至完至确之事物。例如几何学是也。以上五事，所不能考虑者，以其不在人力范围之内也。夫既不生不灭，常然不变，纵劳精费神以考虑之，岂能增减于锱铢，更改于万一？既已绝无定律，虽考虑，亦无济于事。虽费尽心思，以考虑之，结果终归无用，以其对象，时来时去，变幻不拘故也。偶然发现之事物，更无考虑价值，先不知其必有是物与否，考虑何为？至于至完至确之事物，既完矣，既确矣，何待考虑？

考虑所不及之事物，既如上述，以下讨论其所及之事物。亚氏曰：

吾人所考虑者，吾人能力内之实际事物，此外更无余事。盖一切事物之因，舍自然、必然、偶然之外，不脱乎智力与各种人为也。唯各级之人之考虑，各施于实际事物之与其各种行为相关者。……苟事物有借于吾人行为，又非固定不变，斯则考虑之资也。例如医术与经济之种种问题……（卫尔敦英译亚里士多德《伦理学》页六十八、六十九）

　　复次，吾人所考虑者，不在目的，而在所以达目的之方。例如医者之诊治病人，辞说者之说服听众，为政者之制礼立法，皆其固定必然之目的，不待考虑者也；所待考虑者，方法耳。彼皆立定目的，然后讲求所以达之之方。倘有多方，则问何者最完善，最简便。苟仅一方而已，则进而问如何运用此方以达目的，与夫此方自身又当以何方而达。如是不已，直至得其始因（first cause）。以发现之次序论，始因所居最后。（卫尔敦英译亚里士多德《伦理学》页六十九）

按亚氏以为世间一切事物之因，不外自然、必然、偶然、人为四者而已。自然若何？本来如此，莫可究诘。例如日月之运行，寒暑之更代是也。必然若何？必至于此，匪得移易。例如人必有死，水必就下是也。偶然若何？顿去突来，无从预料。例如风雨灾患是也。是三者，皆非人力所能。三者之外，固有人力所能者，谓之实际事物；斯则考虑之所能施其功者也。人之能力，各有不同，故事物之于此为实际者，于彼则未必然；于是考虑之对象与范围，又当有所转移与大小矣。例如外交事件，主者之所能也，故为彼辈所考虑者；局外之人，不谙外交，故考虑不及。故曰：吾人所考虑者，必为实际之事，与夫力所能及之物。

　　考虑之所及，方法也，非目的也。目的以理性之思索求之。既已认清方向，立定目的，则所贵在实践工夫，以求达到目的。徒立目的，而无实际工夫，犹画饼于壁，无可充饥。夫目的之认定固难，然行为之实践尤难；故有待考虑，以求最完善、最简便之方法。方法既得，则无论欲达何种目的，皆势如破竹矣。亚氏曰：

> 考虑云者，省察（investigation）与分析（analysis）之程序也，略似几何图形之分析。但凡省察，未必皆为考虑，例如数学上之省察，不得谓之考虑。反之，考虑皆属省察工夫……（卫尔敦英译亚里士多德《伦理学》页七十）

世间一切事物，欲知真相，必先省察，继以分析；为人之方，亦莫不如是。考虑工夫，自亦不能离斯二者。但二者所及之范围甚广，数学命题之有待于省察与分析，亦犹人类之行为；但人类行为，不过是二者之对象之一种耳。考虑云者，专对人类行为而言，故即省察之一种也。

以上泛论考虑之范围，其与省察之关系，及其界说；继今所为，则在阐明明善之考虑（good or wise deliberation）。明善之考虑有四"非"（what is not）焉：（一）非科学（not science）；（二）非忖度（not conjecture）；（三）非智巧（not sagacity）；（四）非意见（not opinion）是已。请以次说明其故。

（一）非科学。科学之对象为固定必然之物，考虑之对象，乃变动不拘之人事也。科学以归纳求公例，以演绎断未来。凡科学上之事实，然则然，不然则不然，无可进退乎其间，故无所用于考虑。亚氏曰：

> 考虑之非科学，显而易见，盖凡无可疑议之事物，吾人

无所施其省察之功。明善之考虑，乃考虑之一种；而考虑云者，省察筹划之谓也。（卫尔敦英译亚里士多德《伦理学》页一九一、一九二）

（二）非忖度。忖度为顷刻间一念之所及，不若考虑之为有计划，有系统，而需时之思维也。亚氏曰：

考虑亦非忖度，盖忖度乃匆匆而少理解之心理作用，而考虑则需时者也。且人有恒言曰：敏于事而慎于思。（卫尔敦英译亚里士多德《伦理学》页一九二）

（三）非智巧。智巧之所用其事者，忖度而已。考虑重在见事明，度理确，经验富，非一时智巧所能胜其任也。亚氏曰：

智巧去明善之考虑远矣；智巧忖度之一种也。（卫尔敦英译亚里士多德《伦理学》页一九二）

（四）非意见。考虑有精粗之别，故其结果有当有不当。然其当不当，与意见之真伪诚妄，不可同日而语。盖意见之所及甚广，举凡自然人事，天功之所成，人力之所施，意见皆可加以揣度冥想，不若考虑之专限于人事已也。意见之结果，止于真伪诚妄而已，无关于人生之休戚；考虑之结果，则必见于行为，行为有善恶之分，利害之别，其关于人生之祸福大矣。亚氏曰：

明善之考虑，亦非意见。考虑不精，则出于过，精则万无一失，故明善之考虑，诚为至当无讹，然不得视同科学或意见之至当无讹也。盖科学无所谓当不当；而意见之至当无讹，又为真理，而非明善之考虑矣。且意见所及之事，乃既然而非未兆者也。（卫尔敦英译亚里士多德《伦理学》页一九二）

二、聪明

人事有需于深虑，深虑以考虑为功。顾考虑所需二事：（一）聪明；（二）判断。判断以定是非然否，选择去取之所资也。聪明与人以辨别之能，无辨别之能，则临事无以断其是非善恶，于是考虑失其功用，深虑同于虚语，而人事败矣。亚氏曰：

> 聪明非分门别类之科学，如医学之于卫生，几何之于形体也。盖聪明不与于永久、不变之物，且亦不能普及遍至，其所从事，唯人生疑议与考虑所及之事物耳。……聪明只处批评态度，具辨别之能……（卫尔敦英译亚里士多德《伦理学》页一九四）

三、判断

即物而施其省察之功，就事而加以考虑之力，省察考虑既尽其事，则不可不有善断之明，以定其是非然否，然后乃能有所选择去取。故曰，判断尚矣。且待人接物之际，其所求于人者当何如，其所出乎己者应几许，彼此之间，持平之道何在，是皆明断之事也。亚氏曰：

> 判断或思虑，人之以此号为善于体恤宽恕者，乃所以明断

彼此相与之公正也。吾人每见善于体恤宽恕之人，辄称之曰公平，而谓体恤宽恕即公平之表征，即此可见是之界说为不诬矣。宽恕乃适当之判断，判断之得其平者也；适当之判断，真理之判断也。（卫尔敦英译亚里士多德《伦理学》页一九五）

四、灵敏

人生经深虑而目的定。目的之所以达，必有方焉。欲求其方，端赖灵敏。目的不达，则如空鹄，无补于事。达之之方，其求之也，苟无灵敏之机，则如入海而无指南针，行暗而不秉炬，大则沉溺颠踬，小则徒劳摸索。亚氏曰：

人有才能，名曰灵敏。是之才能，可以使人得适当之方法，以达其目的。苟目的高尚，则此才为可宝，卑下则适足以助恶。故深虑之士，与卑猥之夫，其为灵敏一也。（卫尔敦英译亚里士多德《伦理学》页二〇〇）

上所论之四种理智，乃旁辅者，前既言之矣。顾其所辅者何？曰，深虑是已。五种根本理智之中，以深虑为最切于人生，故自伦理之观点论，乃最要者也。唯其为最要，故另有旁辅者，以助其成。今作图如下，以见其与深虑之关系，及其所以辅之者为何如：

深虑 ｛ （一）考虑——根本方法
（二）聪明——辨别之能
（三）判断——善恶之断
（四）灵敏——求方之具

第四章纲要

理智
- 导言
  - （一）德性者，人类所得于天之本能。分为二类：（甲）道德——行为之事；（乙）理智——理想之事
  - （二）理智所以使人察事物之理，辨善恶之情，成德之助也
  - （三）行为本于欲望，欲望节于理智，然后行为乃出于正，乃合道德之标准
  - （四）理性不施于欲望，而衡量之，则其与道德之关系浅，不过纯粹之理性耳
  - （五）人性有两方面：（甲）理性；（乙）非理性。理性又可分为二：（甲）思想——悬想之事，从事于不变之物；（乙）筹划——实行之事，从事于常变之物
- 根本理智
  - （一）提要：根本之理智有五：（甲）科学——研究必然常然之事物，以表证之法示其结果于众；（乙）直观理性——对于科学上最初原理之认识；（丙）智慧——合直观理性与科学二者；（丁）艺术——人类制作发明之知识；（戊）深虑——认定人生目的，而求达之
  - （二）科学之特点有三：（甲）其对象不变；（乙）可传可学；（丙）其方法兼演绎归纳二者
  - （三）直观理性——
    - （1）特殊事实（三段论法中之小前提）得自直观理性
    - （2）科学贵在公例，公例立于归纳，归纳资于特殊事

实以为例证；而特殊事实，皆得自直观理性，故直观理性为科学上根本原理之所从来

（3）直观理性且亦有补于人生实际行为，盖人生之经验，皆以直观理性得之

（四）智慧——智慧之人，不徒明乎事之实、理之诚而已，而于所以致实致诚之故，亦了如指掌。故曰：智慧合直观理性与科学二者

（五）艺术——

（1）艺术之界说：艺术云者，人类心灵之一种状态，本之可以有所制作，而此状态，无时不受真诚理性之指导

（2）艺术贵能创作，顾其所作，无必然不变之势，非天然自在之物

（六）深虑——

（1）深虑为人生处世之具——立身行己之道，待人接物之方，皆于是乎求

（2）深虑以考虑为方法，其所从事者，在寻求人生之正当目的，与所以达此目的之方

（3）人之知识有二类：（甲）纯理之知；（乙）实行之知。前者存其真而已矣，后者以有益于人生为准。深虑后者之事也

（4）深虑之所重者，为人生之殊事

（5）深虑始于己，推以及人

（6）深虑有精粗疏密之别，要皆与其人经验之多少有关

（7）深虑与其他理智之比较：（甲）科学之对象为固定

理智 ｛ 根本理智

理智 { 根本理智 { 不移之事物，深虑之对象为无常善变之人生行为。（乙）直观理性为科学认识根本原理，深虑为人生寻求目的与方法。（丙）智慧纯理之事，其理与人生之关系如何，非所恤也；深虑则于一事一理，必问其于人生有利有害，而有所选择去取乎其间。（丁）艺术必有所制作发明，深虑则省察乎人生行为之间而已，制作发明非其事也

旁辅理智 {
（一）旁辅理智有四：（甲）考虑；（乙）聪明；（丙）判断；（丁）灵敏

（二）考虑——考虑省察之一种，然限于实际之事，与人力所能及之物。其所不及者五事：（甲）不生不灭，恒久不易之事物；（乙）常然不变之事物；（丙）绝无定律之事物；（丁）偶然发见之事物；（戊）至完至确之事物。世间一切事物之因，不外自然、必然、偶然、人事四者。前三者非人力所能及，考虑不与焉。考虑所及为人事，即吾人能力内之实际事物也。又考虑之所及，方法也，非目的也。明善之考虑有四"非"：（甲）非科学；（乙）非忖度；（丙）非智巧；（丁）非意见

（三）聪明——考虑所需二事：（甲）聪明；（乙）判断。聪明与人以辨别之能，无辨别之能，则事至不能断其是非善恶

（四）判断——遇事既施以考虑之功，则不可不有善断之明，以定其是非善恶，以决其选择去取，是判断之事也

（五）灵敏——人生目的既定，则有需于灵敏，以求
}

理智 { 旁辅理智 { 所以达此目的之方

（六）以上四种旁辅理智，皆所以辅深虑者也。（甲）考虑为深虑之根本方法；（乙）聪明为深虑之辨别之能；（丙）判断为深虑之善恶之断；（丁）灵敏为深虑之求方之具

第五章　自被动行为与德志

第一节　自被动行为

道德与情感、行为有关，即如第三章所论。从人事中观察，情感、行为之自动者，毁誉随之；被动者，则邀人怜恕。同情感也，同行为也，而所受于外者大异。其故何耶？特自动（voluntary）与被动（involuntary）之别使然耳。兹请论述如下。

亚氏曰：

尽人皆知，凡行为之出乎逼迫（compulsion）或由于无知（ignorance）者，是为被动。某种行为，苟其源在外，作者无所左右乎其间，皆属被动。例如狂风之卷逐，或强暴者之纳我于其掌握中，而任其驱遣也。（卫尔敦英译亚里士多德《伦理学》页五十八）

盖行为虽重结果，然亦并重动机。出乎逼迫之行为，作者不特无不善动机，直无动机，故责不在彼。凡作者不负责之行为，皆为被动。处被动环境之下，虽行为有害于众，作者不任其咎。例如暴徒以刃缚懦夫手中而挥之，懦夫欲抗之而不得，终至杀人。刃虽在懦夫手中，然缚之者，暴徒也，挥之者，亦暴徒也，杀人之罪，非暴徒其谁归？

逼迫行为之为被动明矣，无知何指？盖每行一事，必有数种特殊情形在：（一）作者（agent）；（二）行为（act）；（三）行为之时会（occasion）或境况（circumstance）；（四）行为之工具（instrument），如机械（tool）；（五）目的（object），如求安全（safety）；（六）行为之态度（manner），如和平（gentle）或激烈（violent）。例如以杖击人致死：击者我也，作者也；击人，行为也；见盗逾入而击之，行为之时会也；杖，所用之工具也；保全货财，目的也；击之致死，态度也。以上数事，倘作者知之审——确知此人为盗，故择杖而用之，击之确为保全货财，击之必令其死，是为自动行为，杀人自我也。倘击盗，而不自知击之者我，是疯狂者之行为，常人固未有不知我者。至于其他情形，常人固有昧之于一时者矣。例如逾而入，为避追者，而误认为盗；本欲执鞭，而误携杖；见盗即击，并未虑及货财；本意在戒将来，而失之过重以至于死。是数者居其一，皆为被动行为。盖虽杀人，不出本心；迨结果见，然后知前者之错误，而追悔无及矣。如此行为，是被动之由于无知者也。

行为之由于无知，与无知中所为者，又有别焉。由于无知之行为，即如上文所论，无知中所为者奈何？例如醉酒伤人，不自知其所为；盖彼是非颠倒，不知有人，亦不知有我，纯处无知之中；故其行为，属于被动。专就伤人一事，人不之责；但饮酒至醉，以至伤人，彼亦安得辞其咎？

被动行为之无知，又与邪僻之徒之无知不同。前者起于一时之错误，后者为常然之冥顽不灵；前者无关道德，后者影响人格；前者特殊之故，后者邪僻之徒之通常状态；前者可恕，后者咎及其身。故亚氏曰：

> 邪僻之人，皆不知何者应为，何者不应为。是之无知（ignorance），所以放人于邪僻者也。……无知之为被动行为之因，与无知之为罪恶之因者，迥异。前者无关德志，止于特殊事实，绝非普遍之象；后者则任咎矣。前之无知，限于某种境况与时会而已，故可怜恕；是之作者，实为被动。（卫尔敦英译亚里士多德《伦理学》页六十二）

被动行为，必为作者所不愿，事后且生悔恨之心者；盖因受迫或错误而行，其事后如此，固宜。又有一种行为，事后作者不生悔恨之心。虽被迫而不之知，故不恨；虽错误而不之审，故无悔。是不得谓之被动（involuntary），谓之非自动（non voluntary）可耳。譬如一人蓄妾二三，终日营营以图进款，供其挥霍，至死不稍悔恨，或且引以为乐；盖不自知其行为之错误，而其生活之被压迫故也。

以上论被动行为竟，则自动行为，亦可不言而喻矣。盖行为之动机，在于作者，不受外界支配；行时尽知一切特殊情状，而绝无误会者是已。亚氏曰：

> 行为之出乎逼迫，或由于无知者，既为被动。然则行为之源于作者，与作者尽知一切特殊情况者，必为自动，不待言矣。（卫尔敦英译亚里士多德《伦理学》页六十四）

另一问题，尚待讨论。行为有似被动，而实为自动者。例如暴君之命，不得不从，以免全家灭亡之祸；航海之人，突遇狂风，为顾全舟人生命计，不得不尽弃货物于海中。斯二者皆出于不得已，似属被动行为；其实不然。盖从君命，与全家灭亡；求生，与保全货物；二者之间，固可选择，从命失义，家亡祸惨，义士宁可家亡；

生命可爱，货物可宝，重财者宁可冒险。

第二节　德志

前节论自动与被动行为，今请进而论德志。亚氏曰：

> 自动与被动行为之区别既明，势将继以讨论德志（moral purpose）。盖德志与道德关系最切，其为品行之权衡，较胜于行为之自身。（卫尔敦英译亚里士多德《伦理学》页六十五）

夫德志与道德关系最切，何以言之？语云：志在君子，则为君子；志在小人，则为小人。吾未闻欲成德，而能不立志者也。不立志，则行动举止，皆无一定方向。顷之所行，与曩之所行违；昨之所喜，与今之所喜背。以期成德，何异面墙？德志之为品行权衡，胜于行为，亦有说乎？曰有。夫品行虽见于行为，行为之趋向，则定于志愿。志愿立，而后行为有所遵循；德志定，而后行为纳于正轨。盖志愿在先，行为在后；无志愿，行为且无定向，何有于成德。故曰：观其志，可以知其德。

观于上文所论，德志于人生行为所居地位之重要，可以见矣。此下请具体说明其性质。

德志有五"非"（what is not）：（一）非愿望（not volition）；（二）非欲望（not desire）；（三）非情感（not passion）；（四）非冀望（not wish）；（五）非意见（not opinion）。兹逐一论之如下：

（一）非愿望。（甲）愿望禽兽有之，孩提能之；固未闻禽兽与孩提之有何种德志也。禽兽禁于网罗陷阱之中，悲鸣怒吼，其愿望在得释也；孩提丧母，悲啼不止，其愿望在寻母也；但不闻有何德志，存乎其中。禽兽而云欲得人类所求之自由，孩提而谓有成年人之孝思，不亦谬乎？（乙）一时之行为，起于愿望，固属自动，然未必有何德志存于其间。必也思深虑远，有目的与方法之行为，德志乃见。譬如天晴欲散步野外，愿望也，自动也，何有于德志？欲设平民学校，其目的在普及教育；其方法在集合社会中之热心分子，竭力提倡；经深思远虑，然后知救国之途，舍是莫由；故出而倡此义举。是乃德志之所在也。从上述二点观之，愿望之范围，较德志为广。

（二）非欲望。亚氏曰：

> 德志非若欲望与情感之为人与禽兽所同具者也。彼纵欲者之行为，出于欲望，而不由乎德志；反之，寡欲者之行为，由于德志，而不出乎欲望。欲望适与德志相违；此欲与彼欲之间，无背道而驰者也。欲望之结果在苦乐，德志则不然。（卫尔敦英译亚里士多德《伦理学》页六十五、六十六）

德志与欲望之异点有四：（甲）欲望，人与禽兽所同具，德志则为人类所独有。见可食而欲取之以果腹，见可蔽而欲据之以藏身，人与禽兽同也。己饱而欲与群同饱，己温而欲与众俱温；推己及群，唯人类能之，仁恕之心，亦唯人类有之耳。（乙）人皆有欲，君子小人同也。有欲而能以德志制裁之，此君子之所以别于小人者欤。夫纵欲者，无时无地不受制于欲；寡欲者，非无欲也，盖能以德志为主，以欲为奴耳。奴唯主命是听，正犹欲之无时无地不受德志之制裁也。克己之人，欲生，辄以德志衡之，其失当者，抑之，摒之；久之，欲起必当，不当则不起，是则所以寡欲也。（丙）欲旺则德衰，德盛则欲寡，此不易之理也。此欲与彼欲之间，时亦不免互有争胜，盖多欲之人，一欲不遂，辄起他欲以代之；不足于此者，往往取偿于彼。例如浪子，厌于茶楼，易以酒馆；困于赌博，继以骑猎；必有欲以羁其心而后可。故曰：欲望与德志相违，而此欲与彼欲之间，无背道而驰者也。（丁）欲之结果，不出苦乐之间，道德则否，是又二者之别也。夫欲，无不避苦而就乐；德志则常以高尚之理想为目标。后者之所求，固亦有乐在其中者，然未尝以为目的；且往往为理想故，而反求苦。例如食以求饱，居以求安，求乐而已，欲之能事也。读书立志，所求在完成其理想之人格也，顾乐亦在其中；然杀身成仁，成仁虽美，固不得谓杀身之非苦也；是则为理想而求苦之明证也。

（三）非情感。亚氏曰：

德志与情感，相去益远，盖人类行为，起于愤怒之情感者，最不受德志之指导也。（卫尔敦英译亚里士多德《伦理学》页六十六）

德志本于理性（reason），情感源于情绪（feeling）。理性易于得中，情绪最难不偏不倚。德志之于人，系通盘计划；情感之于人，乃一时之激动；二者绝不相容也。譬如职居看护，病人事多，怒而骂之；是情感之作用，起于一时厌恶之心也。继乃细想，服侍病人，职所应为；况乎看护，首重仁慈，是则德志之作用，将本人之职务，与所应持态度，做通盘计划，而最终定一标准：看护职在服侍病人，其态度宜慈蔼忍耐是也。

（四）非冀望。德志从事理想人格之养成，是有事于未来也，故与冀望，似颇相近。其实不然，请列举其理由如下：（甲）夫悬想，人之本性也。贵为天子，富有四海，如秦政者，尤不辍悬想长生不死之乐，故遣徐福东渡蓬莱，采求仙药。由悬想而生冀望。悬想不限于即时即境，往往侵入不可思议之域；冀望因亦随之而奔驰。德志则不然。道德之范围，限于行为；志愿之意义，在于必达某种目的。志愿绝不能以不可思议之物为目标，易辞言之，即不离可能之境地也。（乙）既可能矣，而不在己身之能力范围之内，亦非德志之所及也；至于冀望，则有事乎此。譬如成一哲学家，可能也，人人皆可冀望之。苟自揣非己之能力所及，虽冀望之，不敢立为志愿也。又如立功沙场，可能之事也，我不能之，故不以为志愿。故凡志愿之所在者，皆为可能之事物；可能犹未足也，必也己之所能而后可。（丙）冀望趋于目的，德志趋于方法。何以言之？所冀望者，未成之一物而已；其物之可得与否，未尝计也；至如何得之，尤所不问。德志则反是；不徒志在一物已也。其物乃可能者，己之所能得者；志在必得，故如何得之之问题，无时或离也。例如居今日之中国，孰不冀望太平？然以匹夫望治，不过一种希望而已；至于致治之方，恐未计及；盖明知求治之道，非匹夫智所能及，致治之效，非一人力所能至也。至于一家之不整饬，则家长将终日思虑，以求所以齐之之方，然后勉力行之；盖齐一家，为彼力之所能，志之所在故也。今请听亚氏之言曰：

德志与冀望之相近，虽显而易见，然非一物也。盖德志不用于不可能之事物。有人于此，自谓志在不可能之物，人将笑其为狂矣。但冀望之为物，可窥不可能之藩篱，例如冀望长生是也。复次，吾人虽可冀望己力所不能及之事物，例如某戏剧家之成功，某运动家之得胜；然断不能志在乎是。吾人志之所在，只限于己身能力范围之内者耳。又冀望之所向，在于目的；德志之所向，在于方法。例如吾人冀望身体健康，唯志在

实行致健之方法是已。（卫尔敦英译亚里士多德《伦理学》页六十六）

（五）非意见。亚氏曰：

德志非意见也。盖意见之所及至为普遍，举凡无始无终，与夫不可能之事物，以至吾人己力之所及者，意见无不至焉。意见有真伪之分，而无善恶之别。道德与意见，非徒概括之不同而已，即单独间之异点，亦不可逃也。吾人之品格，以所志所择之为善为恶而定，不闻以意见之所在而断者也。决定一物之去取，是德志之所为。此物如何，利于何人，宜于何途，则意见之所有事者也；至于一物之去取，意见不与焉。德志之可贵，谓其以真确故，毋宁谓其以所向目的之正当故；意见之可贵，必以其真确故也。且吾人只能择选所深知为善者，而志乎是；但于所不知之事物，意见亦将施其思维揣度之功焉。夫精于选择者，与善于意想者，未必同此一人也；常有意见超群，而为罪恶蒙蔽之故，不能择善而行之者矣。（卫尔敦英译亚里士多德《伦理学》页六十六、六十七）

从亚氏之言观之，德志与意见之异点有六。兹列举而讨论之如下：（甲）意见之所及甚广，德志只限于吾人能力范围之内而已。盖意见无责任之可言。只需外有物，内有心，则意见起；甚至外本无物，心且凭空臆造之矣。譬如天堂地狱之说，有何凭证，而古往今来，不知有凡几之臆说与意见；长生本不可能，不知几许苍生，想之，念之；故不特于人事间，意见常效其劳已也。德志则不然。盖志愿之为言，自引某事为己任也；既立志愿，务必行之。苟非己之所能，何以行之？不能行，则不得立为志愿。然则德志之限于人力范围明矣。（乙）意见以是非（即真伪）分，而德志则以善恶别。意见云者，思维揣度之谓。以我之智慧，思维所已知之物。或揣度所未知之事；其得事物之实情者谓之真，不得者谓之伪；如此而已，尚何善恶之可言？例如甲以马克思学说为然，乙不以为然；吾人只得谓甲之所见是，乙之所见非，或乙之所见是，甲之所见非；舍此而以善恶裁之，岂非愚耶？若言道德，则善恶生，盖善恶对人而言，道德为人而设者也。德志有关人之品格：志在为善，则品格高；志在为恶，则品格低；品格以志之所在而定，不以有何意见而断也。（丙）意见只问事物之性质：是何、如何、为何是也；德志则从事乎事物之选择去取。前者求知事物之真相而已，至于事物于人生，应生何种关系，不之问也。后者则专问事物于人之关系如何；关系既明，然后定其去取；去取定，然后以完善之方法行之。意见负知之责，志愿负行之责；意见无关为人，德志则为人格之基础；是则二者之别也。（丁）意见贵在真确，德志贵在完成某种目的。意见之职务，在思维揣度某种事物而已；如其真确，即已可贵；盖于彼不能更有他求也。德志职在认清目的而力行之，故以达到目的为尚。是亦二者之别也。（戊）吾人之志愿，必在所深知其为善之事物；至于意见，往往起于所不知何物。志愿者，行为之决心也；倘不先知其为善，如何可行？意见者，思揣之能事也；故凡一切事物，皆可思揣，何必预知其为善为恶耶！（己）精于意想者，未必善于行为。盖意想与行为，二事也。意想，理智之能事；行为，习惯之能事。理智强者，习惯未必良；习惯良者，理智未必强也。试读历史，此理立见。古今不知有几许聪明颖慧、思想超群之人物，而行为乖张、贻害社会人群；是皆习惯不良之弊耳。

　　既明德志之"所非"（what is not），今请论其"所是"（what

is）。德志为何？亚氏曰：

> 苟德志之目标，为吾人力所能得，详经考虑（deliberation）后，所欲之事物；则德志者，乃详经考虑后，对于某种事物之在吾人能力范围内者之欲望也。盖吾人先行考虑，然后决定，则所欲者，皆循所考虑者为准矣。（卫尔敦英译亚里士多德《伦理学》页七十一）

生而有欲，人之性也；绝对无欲，不近人情。然欲，限于一人、一时、一地者也，与其他情境，往往冲突。盖人，社会之一分子，不可以独存。一人有欲，众人亦皆有欲。人之思想习惯，各有不同，故所欲自亦互异。聚众人于社会，即治众欲于一炉，其间不免冲突。但不能因冲突而遂分之，盖不可得而分也。于是必为之计。其计惟何？一欲之起，人各考虑：我有此欲，其有碍于人否？于我有利，于社会其无损否？徒利于我，而损于众，绝不可为。必也人我俱利；如不可能，亦必无损于人而后可。是则个人与社会之调和也。一人之间，又有时期之分，境地之别。譬如儿时所欲，与成年后所望不同。儿时好嬉戏，不欲读书；成年后则思成家立业，服务社会。为将来之事业计，则儿时不得不稍抑其嬉戏之心，从事问学，以博得一技。是则两时期间欲望之调和也。欲之滇黔，路出安南。安南，极南之土也；夏则裸袒，冬则夹衣，何需于裘？多此一裘，徒占行，弃之何如？不知一至滇黔，则气候不尔，冬日非裘不暖。夫行简便，行旅时之所尚也；披裘御寒，抵滇黔后之所欲也；智者宁不惮烦，携此一裘，以免受冻于滇黔矣。是则一人之欲，以所处之境地不同，而有待于调和者也。总上观之，人者，有组织、有系统之动物；社会者，合多数人而成之有组织、有系统之团体也。

人之道德愈高，则其各时期、各境地之欲望愈少冲突；社会愈平治，则各个人、各团体愈不相残相害。臻此奚由？调和是已。调和之方，在欲望起时，毋即纵之；审慎考虑，如其不可，立即制之；考虑而可，然后遂之。修己之方，处世之道，皆舍是莫由。德志非无所求也，自其有所求观之，无以异于欲望。有所求，而必先经考虑，斯则所以别于欲望者一也；有所求，而只限于人力范围之内，斯则所以别于欲望者二也。亚氏以欲望称之，何也？曰：以其有所求故。有所求，而非若普通欲望之无所不求，盖有限制焉。制限何在？（甲）限于吾人能力范围；（乙）必先详经考虑。故曰："德志者，乃详经考虑后，对于某种事物之在于吾人能力范围内者之欲望也。"

第三节　德志与自被动行为之关系

以上两节，分论自被动行为与德志，本节则从事讨论二者之关系。夫志愿（purpose），选择（choice）之能事也；选择，自动之特征（characteristics）也；然则德志之为自动明矣。

常人皆知道德起于自动，盖道德非偶然之事，人苟不慎思、谨择、力行，则断不能成德。至于罪恶，人鲜以为自动，盖谓人无甘心为恶者，其为恶也，必为物所蔽，未尝出其本心也。请观亚氏之意云何。其言曰：

> 道德与罪恶，皆在吾人能力之内。盖吾力所能行者，吾亦能止之；吾力所能止者，吾亦能行之。行而可贵，吾力苟能行之，则不行而可耻，吾力亦能竟己于行也。不行而可贵，吾苟能己于行，则行而可耻，吾力亦能，故行之矣。苟高尚之事业，卑鄙之行为，其行之与不行之之权均属于我；苟有行之而当，

有行之而不当，有止之而当，有止之而不当；则为善与行恶，其权亦皆在我矣。语云："人无甘心为恶，人莫不欲受福"，是言也，是非参半；盖人无受福而弗喜，而为恶则出于自动。（卫尔敦英译亚里士多德《伦理学》页七十三）

人于应知，易晓之国法，而渺若无闻，则罪及其身矣；因疏忽而致无知无识，人亦莫逃其咎也。彼若稍厝意焉，必不至此；盖非不能也，不为也。或谓彼之性格，本属疏散。则应之曰：因何而养成此种性格？夫放辟邪侈之人，成于放辟邪侈之行，开其端者谁耶？彼亦安得辞其咎哉！盖人之性格，莫不视其如何自用其才而定。（卫尔敦英译亚里士多德《伦理学》页七十四、七十五）

行放辟邪侈，而谓不出本心，不通之论也。行邪僻而不出无知，则谓之甘心邪僻。但一念之转，固不能立除过失，遽成善人；是犹病人不能因望愈之故，顿占勿药也。人苟摄生无方，医言不听，其得病也，可谓自取。其始也，彼固有力自免于病；迨乎坐失时会，则不复有自主之能矣。……邪僻之人，其初固能自禁，故其邪僻，实属自愿；迨乎既陷邪僻，则非复昔时之能自主矣。（卫尔敦英译亚里士多德《伦理学》页七十五、七十六）

亚氏之意，盖谓善行出于自动，诚可嘉也；恶行苟非由于无知，或受外物逼迫，亦莫非自动，其任咎也固宜。盖见善而不行，见恶而行之，其为自动，正犹见善而行，见恶而止；是无他，其间之选择去取，权均在我也。或曰，恶人之为恶，实出不得已也，盖其习惯既成，于不知不觉之中，其行为之方向已定，彼固无力左右乎其间也。亚氏则应之曰，唯唯否否，习惯之养成，其谁之责耶？夫既养成习惯，其于为恶也，则曰，非我也，习惯也；何以异于"刺人而杀之，曰，非我也，兵也？"是乌乎可！习惯既成，犹猛虎之入陷阱，虽日夜吼号，其脱也难矣。

欲成德，必先立志；德志云者，志乎善也，故为成德之基。凡此皆自动之事。至于败德，其因往往存于习惯不良，顾习惯未成之先，悉能自主，坐视其成，是为自动。志乎善，则善；不志乎善，则不善；前者自动之事，后者何独不然？由是观之，德志自动，其反面——不志乎善——亦然。

第五章纲要

```
              ┌ （一）行为之膺毁誉否，视其性质之为自动与被动而断
              │
              │ （二）行为之出乎逼迫或无知者，为被动。行为之动机
              │       在于作者，不受外间支配，尽悉一时特殊情形，
              │       而绝无误会者，是为自动
              │
              │ （三）每一行为，皆有数种特殊情形：（甲）作者；
              │       （乙）行为；（丙）时会或境况；（丁）工具；
         自被 │       （戊）目的；（己）态度。是数者昧其一，所行为
         动行 ┤       被动矣
         为   │
              │ （四）行为由于无知。与无知中之行为有别。由于无
              │       知者，昧于某种特殊情形，作者可邀原宥；无知
              │       中之行为，如醉而伤人，作者无所辞其咎
  自被        │
  动行 ┤      │ （五）被动行为之无知，与邪僻之徒之无知不同。前者
  为与        │       过于一时，后者人格已丧；前者可谅，后者宜诛
  德志        │
              └ （六）另有一种行为，其受逼迫也，而不自知，事后不
                     生悔恨之心。是人者最为可悯

              ┌ （一）德志与道德关系最切，其为品行之权衡，胜于
              │       行为
              │
              │ （二）德志定行为之趋向，而道德生于行为，故德志为
         德志 ┤       道德之原动力
              │
              │ （三）德志有五"非"：（甲）非愿望；（乙）非欲望；
              │       （丙）非情感；（丁）非冀望；（戊）非意见
              │
              └ （四）德志之界说：德志者，详经考虑后，对于某种事
                     物之在于吾人能力范围者之欲望也
```

自被动行为与德志 { 二者之关系 {
（一）志愿，选择之能事；选择，自动之特征；故德志自动
（二）道德出于自动，尽人皆知。顾罪恶顾非受外界逼迫，抑由于无知，亦属自动，此等罪恶，或谓起于不良习惯，然习惯之成，亦自动也
（三）是故德志自动，其见于行为，善与不善，皆自动也

第六章　论诸德

亚氏极富科学精神，故其研究人事也，观察详审，而分析精微。试观其论诸德，亦可以见之矣。其论诸德也，莫不准诸中庸之道，故每论一德，必旁及过与不及之弊。例如论勇，必兼论怯与躁，盖勇合中庸之道，而怯则不及，躁则太过也。夫若是，中庸之道，将益显于实际行事之间矣。本章请述亚氏之论诸德。

第一节　勇敢（courage）

亚氏谓人之所畏五事：（一）无知；（二）贫苦；（三）疾病；（四）孤独；（五）死亡。五者之中，以道德范之，有可畏者焉，有不可畏者焉。例如畏无知，宜也，盖人应求知，夫日新月异而岁不同，君子之事也。至于于心无愧之事，虽可畏，君子亦不之畏，例如贫。有物焉，人皆畏之，人力莫能当之，例如迅雷烈风是也；有事焉，虽畏之者众，而人力能当之，例如贫苦死亡是也。前者虽君子亦畏之矣，后者君子之所以处之，异于常人，而君子之勇，亦于是乎见。故曰：勇者畏所当畏，不畏所不当畏之谓也。

人之大患，莫过乎死；临死不惧，勇也，故杀身成仁，勇之至也。然则自戕之辈，皆至勇乎？曰：是又不然。夫死有重于泰山，有轻于鸿毛。管仲不死子纠之难，卒相桓公，以霸诸侯，是仁者之勇也；自经沟渎，而人莫之知者，是匹夫匹妇之勇也。唯仁者之勇，乃为真勇；故亚氏曰：

> 为贫苦，或失恋，或其他痛心之事，而一死以自决，是怯也，何有于勇？盖其死也，为避艰难，非有高远之目的，是直匹夫匹妇之所为耳。（卫尔敦英译亚里士多德《伦理学》页八十二、八十三）

综上观之，勇者有所惧，有所不惧，其不惧也宜，其惧也亦宜；其动机无不正，其态度无不当，而其举止无不时也。故亚氏曰：

> 勇者之动乎情也，见乎行也，莫不以当，而无时不服从理性之规律。（卫尔敦英译亚里士多德《伦理学》页八十一）

勇，合乎中庸之德；有过不及者焉：过为躁（foolhardiness），不及为怯（cowardice）。躁者应惧而不惧，无时不直前也。危墙之下，勇者不立，躁者立之矣；暴虎冯河，勇者不为，躁者为之矣。且躁者未必真不惧也，徒慕勇者之名，而每事不让于人，迨有困难，彼且敛足不敢前矣。故曰："岁寒，然后知松柏之后凋"；艰难至，然后勇者之行见；彼躁者，岂足以当艰难也哉？

怯者无所不惧。夫千金之子，不死盗之手，怯者之自敛，有甚于是；人虽面辱其亲，彼且不敢与争。躁者莫不为，怯者莫敢为，二者俱失于正。然躁者时或有补于事，怯者则无可作为矣。

有五事焉，近乎勇矣，而实非勇，不可不辨。五事惟何？（一）争城夺地之勇；（二）老于经验之勇；（三）情感强盛之勇；（四）血气方刚之勇；（五）无识无知之勇。兹以次论之：

（一）争城夺地之勇。国家立刑赏以临民，民畏刑或慕赏，而效死疆,是去勇,其间不容发矣;然犹未足以言真勇也。何则?畏刑之勇,固已卑卑,慕赏而勇,犹非高尚。夫勇者仗义,其目的至为高尚,非是之可比也。

(二)老于经验之勇。譬如士卒,老于疆场,作战经验人莫吾犹,其不惧也固宜。迨乎一旦力不能支,难保其不弃甲曳兵而走。何则?曩之不惧,非勇也,特轻敌耳;今见敌非易与,则心虚矣。夫勇,固不无仰助于经验,然徒恃经验,不足以成勇;必有高贵目的在前,然后乃能百折不挠耳。

(三)情感强盛之勇。情感强者,遇事无不激进,然往往失之太过。盖彼无深思远虑,更不足与言目的。勇者则不然,勇者"临事而惧,好谋而成";目的高尚,手段正当,故鲜有败。夫情感,固有助于行勇,然不可任情用事;必有高尚之目的为主,以情感为奴,然后乃出于正。

(四)血气方刚之勇。血气方刚之徒,其自信之心至重。夫自信之心,固为勇者所不可少;然血气方刚者之自信,特自恃耳——自恃其气力之壮,以为人莫我若也;迨乎胜己者至,彼且一败而北矣。唯勇者之自信也,经深思远虑,有高尚目的;是之目的,永保弗失,虽临我以死,我亦不为之挫,斯则所以为勇也。

(五)无识无知之勇。血气方刚之勇,由于自负;唯无识无知者,其勇为最可悯。陷阱在前,彼不之知,而宽伐大步如故,其下坠也固宜。其交人接物,唯其无知,故无往不受欺;及其觉之也,辄大惧而成至怯之人,盖彼不知防奸与自卫之方故耳。

夫苦乐之于人,为力甚大,能左右其行为焉。勇之为德,厥与苦乐有关。勇者常去乐就苦,其行为必以高尚之目的为准,目前苦乐,非所计也。然避苦求乐,人之情也;勇者所为,岂非不近人情?曰:不然,彼之所为,乐固亦在其中矣。常人以目前肉体上之乐为乐，彼则以达到精神上之高尚目的为乐，是特快乐之观念不同耳，勇者何尝不求乐？故古今之就义从容，至死而不稍变颜色者，皆其中有至乐存焉。其乐何在？不失其高尚目的是已。斯则勇者之所以别于常人，而亦人类之所以异于禽兽也。

第二节　节制（temperance）

节制者，求乐有度之谓也。此所谓乐，非指精神上之乐，如读书之乐，施舍之乐；亦非莫须有之乐，如闲谈之乐，眼界之乐；乃指肉体上之乐，而生深刻热烈之感者，例如饮食男女是已。是之为乐，人与禽兽所同求者也。

夫欲，可分为二类：（一）人之公欲；（二）人之私欲。公欲为人类天性所同好，私欲起于个人之习惯。例如渴思饮，饥思食，人之公欲也；甲好鱼，乙好熊掌，人之私欲也。公欲鲜有不当，纵有不当，亦只限于太过之一方而已；私欲则人鲜能适得其正，而所以过正者多方。盖公欲人之所同好也，好之太甚，斯为失已。私欲则为我之所独好，其可欲否，已待问矣，况欲之而太过，而失其方，而不得其时乎？例如三餐过饱，是公欲之太过者也。病胃而好桃李，是欲所不可欲也；吸烟过多，是太过也；饥而饮酒，是不得其方也（按饥而饮酒则易醉）；三餐之后，每食饼饵，是不得其时也；凡此皆私欲之不得其正者也。

无乐不求，而欲之特甚者，是为淫逸（licentiousness）。其未得之也，唯恐不得；既得之矣，又患失之。非徒患失已也，既得此矣，又欲得彼，其欲无穷，而所以厌其欲者有限；故适自寻苦恼，而不自知之也。亚氏曰：

淫逸之人，无乐（pleasure）不欲，或所欲，皆乐之至大者；于是遂为其欲所蔽，舍快乐之外，于彼别无可贵者矣。故是人也，实有二层之苦恼：欲之而不可得，一苦恼也；徒欲，亦一苦恼也，盖一切欲，莫不有苦恼以继其后。（卫尔敦英译亚里士多德《伦理学》页九十四）

求乐人类之本性也，故节制之德，只见有太过，未见有不及，盖绝不求乐之人，世上所未尝有也。故亚氏曰：

吾人未见有好乐不足，其所好不及其所应好者也。于可乐之事，漠然不相关者，亦非人也。即在禽兽，亦皆于所食之物，有所好恶；人而于一切事物，全无乐趣，绝不起好恶之心者，其去人也远矣。（卫尔敦英译亚里士多德《伦理学》页九十四）

自亚氏之言观之，节制之德，不在摒除一切欲望，盖非人之所能；即偶有人能之，亦不足贵，以其所为，不近人情，固非讲伦理者之所尚也。故节制之为德，在求乐而合乎中道。夫求乐而得其所、求乐而得其方、求乐而得其时者，节制之能事也。故亚氏曰：

善于节制之人，对于快乐，取其中道。淫逸之人所视为最可乐者，彼不觉其乐，抑或恶之。乐之非正者，彼不之求；彼之所求，无已甚者；求而不得，置之而已；见可欲者，欲之中度；其所欲者，莫过乎正，莫失乎时……（卫尔敦英译亚里士多德《伦理学》页九十四、九十五）

求乐既为人之本性，而节制之人，所为乃能若是，其故何耶？

曰：其故非他，在能服从其理性耳。夫人皆有理性之本能，唯节制之人，能发展此本能，而于求乐之际，以理性为其指导，故无往而不得其正。

第三节　乐施（liberality）

乐施之为德，关于钱财之取与；取与而合中庸之道，是为乐施。夫乐施之人，其取也莫不以义，及其既取，无时忘与，而其与也，人受其惠，斯则所以为乐施也已。凡有用之物，有用之而得其方，有用之而不得其方。钱财有用之物也，亦视其用之之得其方否耳。用钱财而得其方，是乐施者之能事也。

不妄取，清廉也，消极之德也，诚可嘉矣；然积极之德，胜于消极之德，既清廉矣，犹不若以财济众之为美也。故乐施者，虽兼清廉与仁惠二德，而实以仁惠胜。亚氏曰：

> 与而得其人，其足以见乐施之德，胜于取而合于义。……盖德之为德，其见于受惠，不若见于施惠之为美也；其见于去恶，不若见于为善之贵也。……好施者，人怀其恩；慎取者，人未必受其惠。……且慎取易，好施难，盖常人之情，难于舍诸己，易于不取诸人。（卫尔敦英译亚里士多德《伦理学》页九十九）

乐施之德重在与，明矣，然所以与之，亦有道焉。其内之居心，与外之接物，有不可不察者焉。今分别论之如下：

（一）居心方面。（甲）乐施者之施与也，其动机高尚。何谓动机高尚？曰：为好施而施，为爱人而施，不为亲戚之褒美，朋友之推崇而施也。（乙）其态度正当，毫不勉强，终无逼厌；"嘑尔而与之，蹴尔而与之"，不得谓之乐施。（丙）乐施者不求报，盖施舍于彼已成习惯，视为至乐之事。至于有报无报，非所厝意也。

（二）接物方面。乐施者之施与，必计其量，择其人，择其地，择其时也。不计量，则不能遍施，盖其财有限，而其所欲施者无穷；施于此矣，亦欲有以施于彼，故所施必得其量，以使其财常有余，而无不足之患。不择人，则往往失其所施：或不待施之人而施之，待施之人而不施；或不应施之人而施之，应施之人而未施，是皆不得其当也。不择地，则辜负钱财。庙宇寺观，迷信之薮也，施之何为？医院义校，慈善之所也，施之有益。舍后者不施，而施于前者，岂非散财于无用之地？不择时，则人难受其惠，故施舍，必于人急需之时；人无急需，而施与之，则不见得力，人有急需，而施与之，则有生死肉骨之功。

乐施之人，贵在居心善，所与当，然居心尤重；其所施之量之大小，不若居心之善之为贵也。有人于此，家有百万之财，以万金舍孤儿院，犹有难色；不若千金之子之舍百金，而乐不自胜也。故所与虽少，而出乎乐施，犹胜于所与虽多，而为求名！

夫乐施者，以施舍为习惯，然必有其所以施焉；故乐施之人，不能无取；唯其取必以义，所取之量，必以其所施者为准。财富于彼，舍施与之外，别无价值，故乐施者不积财，而自奉常不足也。亚氏曰：

　　人恒抱怨于天：谓善于用财者，财常不足。（卫尔敦英译亚里士多德《伦理学》页一〇一）

乐施之德，亦有太过与不及焉；太过谓之华靡（prodigality），不及谓之贪吝（illiberality）。今先论华靡：华靡云何？施与无度，不量入为出之谓也。华靡之徒，惯于挥霍，绝不谋入；其居心未必恶，特不思之甚耳。此辈易于回头，盖财用竭，年齿长，则知悔过；以视贪吝之徒，胜百倍矣。虽然，悖出者鲜不悖入，盖不悖入，则无以供其悖出。故华靡之徒，往往妄取财，于是遂与淫逸（licentiousness）同弊，虽易于用财，其去乐施之中道弥远矣。以其多与也，故无所不取；以其急于与也，故无所不与；于是所与，莫不失当，诈欺之徒、谄媚之子且皆得而分其财矣。

人之本性，近于爱财，故贪吝之于人，为数较华靡为众，且所以为贪吝者多方。有徒吝而不贪者焉，有吝而兼贪者焉。吝而兼贪，为最下品，盖财常入无出，其为害于社会至大。徒吝者一毛不可拔，而亦不侵犯他人之财物，或惧人之夺己也，或以备不时之需，以免有所求于人也；是犹可谅，然其爱财，如斯之切，固可鄙耳。

总之，华靡与贪吝，俱背中庸之道，然华靡易于移易，以就中道，贪吝则最难挽救也。自社会之立脚点观之，华靡胜于贪吝，盖华靡者，其财常在社会之中；贪吝者，其财有入无出，有如死海之于水焉。

第四节　慷慨（magnificence）

慷慨之为德，亦有关于用财，故与乐施颇为相似，然亦有别焉。夫乐施者，日以施舍钱财为事；慷慨者则不斤斤乎小节之间，其用财也，必于至大之途。例如出门而遇丐者追呼其后，乐施者必止而舍之钱，慷慨者则或未厝意焉。他日将大倡义举，捐资累万，建贫民院，以收留乞丐者矣。是慷慨者不屑行小惠，而好倡大举也。慷慨者有乐施之德，而乐施者未必有慷慨之风。何以言之？夫施财不论大小，其为乐施一也；至于慷慨，则指大者，必一举而惠及千万人而后可。故尽人皆能乐施，不必尽人皆能慷慨。盖乐施者，只需有中人之资，中人之名位可矣，慷慨者则非中人以上不可，不若是，则无以成其大也。

上文论慷慨与乐施之异点，今请论其同点。慷慨之目的，必须高尚，犹乐施也，钓名沽誉，与望报者，皆非慷慨；而其态度，尤宜落落大方，其用财也，只问有益与否，至于数量，非所甚计也。故亚氏摹写慷慨者之言曰：

> 彼将顾及一物之如何成为至美至当，至于用财之多寡，与夫省节之方，非所计耳。（卫尔敦英译亚里士多德《伦理学》页一〇八）

虽然，慷慨者虽必富豪之辈，然其资财，尚有厚薄之别焉。伐冰之家，不畜牛羊，百乘之家，则不畜聚敛之臣矣。故慷慨之人，必视其资财之多寡以行事；慷慨过于己之资财，则谓之不自量，慷慨不尽其力，则犹未免吝啬之讥。且时会（occasion）也，环境（circumstances）也，亦皆慷慨者之所宜察；不得其时，不得其境，虽慷慨，犹不慷慨也。故慷慨亦不可失中庸之道。

慷慨之过者，谓之庸豪（vulgarity），不及者，谓之鄙吝（meanness）。庸豪者常耗大财于无用之地，而其目的，乃在自示其富。故亚氏曰：

> 彼之所为者，不出于高尚之动机，特以自示其富耳；盖彼以为，若是乃能见重于人。故宜大用其财者，彼将小之，宜小用其财者，彼反大之。（卫尔敦英译亚里士多德《伦理学》页一一一）

鄙吝之徒若何？亚氏之摹写，尽精致之能事，今引其言于下：

> 反之，鄙吝之人，无时不患不及之弊。大功垂成之际，往往因小有顾惜，而败坏全局。每行一事，必踌躇不已，而百计以筹省节之方。无时不烦恼，而常自疑己之所费，为过当也。（卫尔敦英译亚里士多德《伦理学》页———）

第五节　豪侠（high-mindedness）

豪侠之人，以大事为己任，而材足以当之。材不足，而好以大事为己任者，谓之自负；"吾身不能居仁由义，谓之自弃"。前者太过，后者不及；唯豪侠者之自居，为合中庸之道，以其自许，能尽其材，而亦不过其材故也。

豪侠之人，其才气高，其自许深，故世间一切之权利，无足以撄其心；其所重者，唯声名乎。虽然，人加之以荣誉（honour），彼尤恬然澹然；而所以败坏声名者，则疾如水火。亚氏曰：

> 豪侠之人，虽重荣辱，然货财爵禄，与夫际遇之隆替，于彼皆无足重轻。得志不狂喜，失志不殷忧；盖荣誉尚且无足以动其心，况荣誉之上，别无有加者乎？夫富贵之可欲，为荣誉故耳；求富贵者，莫非有心于荣誉而已。斯人也，而漠视荣誉，尚何有于其他？（卫尔敦英译亚里士多德《伦理学》页——四、——五）

夫出身高贵，爵禄隆厚，似有事于荣誉矣，然苟无德，荣誉亦莫之归。故徒际遇盛，而无德以济之，则不足以大事自任，即亦不能成为豪侠之人。往往富贵者，自谓高众一筹，示其骄矜之意。其实彼何所恃而骄？富贵耶？富贵奚足恃？必也德乎！故唯豪侠者，以其有德，乃能自豪，以其有所恃，乃能骄矜。

豪侠者之为人，已略见于前，以下请详论其品德。为求明晰，且分立己与接物二方面论之。

其立己也，又可分为居心与行事二者。

立己方面

（一）居心。

（甲）不怀怨。怀怨，妇人女子之事。豪侠之人，常志乎大者，有人开罪于彼，转瞬即忘，初不厝意。

（乙）心怀率直。其爱人也，人皆见之；其恶人也，人亦皆见之。其所怀抱，莫不可以语人；其所行事，无不可使人知。故传曰："君子无隐。"其豪侠者之谓乎。

（二）行事。

（甲）不危身。夫君子不立于危墙之下，惧伤体也；至于大义所在，君子宁杀身以成仁矣。盖豪侠之人，怀抱至大，将置身于大有用之地，岂肯为区区小节，危其躯耶。虽然，是非曲直之际，则不稍让于人，虽刀锯当前，不为之挫。故豪侠之士，常保身于无事之日，而效死于有事之秋。

（乙）不疾不趋。豪侠之人，其步重，其声沉，其举止迟；盖其心不逼促，故其见于形也重而威。

（丙）不轻动。豪侠者，动必所关者巨，盖小事于彼无足为。故宁敛足不前，养其精神才能，以从事乎大者。

（丁）常镇静。生老病死，人生所不可免者，豪侠之士，处之泰然。世路崎岖，人情冷暖，于彼犹越人之秦晋。故其心无时不镇静。

（戊）不轻艳羡。豪侠者之所见多，故所怪少。常人之所艳羡者，于彼亦不过尔尔。

（己）不道人短。世人之毁誉，豪侠者视如浮云，故不屑说己长，不愿道人短。

（庚）不重虚名。豪侠者以天下为己任，故其襟怀广，不竞竞于虚名。每事必重实际，以有益于生民为本。

（辛）重义轻利。荣誉于彼无所加，况利乎？但豪侠之人，亦不无所重；所重者何？义是已。盖利者，卑贱之物，义者，高尚之德；豪侠之士，常恶卑贱，而爱高尚也。

接物方面

（一）乐于施惠。豪侠者，其自许大，故常以利人济物为己任。

（二）耻于受惠。"一夫不得其所，犹己推而纳之沟中。"既以利人济物为己任，故常惠人，而不惠于人。

（三）不忘报德。豪侠者固不愿受惠于人，然偶有受人之惠，则于心耿耿，必思所以报之；且所以为报，往往过于所受。

（四）不谄媚。豪侠者之与人交，以公不以私，以义不以利，故无所用于谄媚；且谄媚，绝非自许深者之所出也。

（五）傲于富贵谦于贫贱。富贵而无德，豪侠者所不为也；曰："彼以其富，我以吾仁；彼以其爵，我以吾义，吾何慊乎哉？"富贵而有德，则对之亦无愧色，曰："舜何人也，予何人也，有为者亦若是。"故常傲于富贵。贫贱而有德，不知其贫，而敬之矣；无德，则是巍巍者，何足与争，怜之而已。故常谦于贫贱。

上文备论豪侠者之品德，以下论自弃与自负。亚氏摹写自弃，最能曲尽其情。不容著者赞一辞，今录其言如下：

自弃之人，固非不能为善，特自夺其材耳；常自抑自弃，以自限其前程；不然，彼奚不足以有为哉？此辈固非愚也，特懦耳。盖其思路，日败其德；夫人立志之大小，端赖其自许之深浅；此辈之不敢望于高尚之事业，美满之生活，盖自以为其材不足以当之也。（卫尔敦英译亚里士多德《伦理学》页一一九）

自负者则诚愚矣。自弃者自知其材，失在自卑过甚；自负者不自知其材，而妄自许。故每好求名，而无有不败者也。其服美，其貌伟，而好夸其际遇以骄人。

第六节　温厚（gentleness）

人孰无怒，怒而不失中者，斯为温厚。应怒而不怒，是为柔懦（phlegmatic disposition）；不应怒而怒，是为暴急（irascibility）。例如居上位者，僚属小过，捶几顿足，而面辱之，是暴急也；僚属营私舞弊，知而任之，不敢究治，是柔懦也。暴急与柔懦，皆不合中道，前者过，后者不及，皆君子之所不居也。传曰："文王一怒，而安天下之民"；其怒也宜，故不失其中道，不失其为温厚也。亚氏曰：

苟能怒而得其事，得其人，得其所，与夫态度正当，久暂适宜者，诚可也。是人也，性必和蔼；惟和蔼者，为可敬耳。（卫尔敦英译亚里士多德《伦理学》页一二一、一二二）

和蔼者尚矣，顾亦难已。夫怒之太过者，有多方焉；综其所为，与和蔼者，适相反也。有易怒而易解者——怒之时，虽凶猛不可当，迨其息也，与人相处如初，是急躁（quick temper）者之所为也。有易怒而难解者——其怒也暴，其怨也深，必有以为报，然后乃快于心，乃能息怒。是怀怒（sullenness）者与阴酷（sternness）者之所为也。综上观之，与其怀怒，毋宁急躁，盖前者事后坦然，后者事后常怀蜂虿，最难当也。至于应怒而不怒，其不可取也，与暴急等同，故亚氏曰：

不及者……无所免于讥。得其时矣，得其事矣，而毫不动怒者，其人去愚不远矣。夫麻木不仁，与不能动怒者，尚能自卫其身也哉？己辱而低声下气，友辱而不挺身仗义，不亦鄙贱矣乎？（卫尔敦英译亚里士多德《伦理学》页一二二）

第七节　真率（friendliness）

亚氏曰：

于社会共同生活之间，语言交通，人事往来之际，有人焉专事阿谀。其人也，每好悦人，见人所为，无不称善，未尝稍拂人意，不欲致厌于人。复有人焉，所为适得其反；事事必与人违，而绝不虑及他人所感之不便。是人也，谓之乖戾。（卫尔敦英译亚里士多德《伦理学》页一二四）

夫阿谀者，诈巧取悦于人，大非待人接物之道；乖戾之徒，刚愎不仁，不可与处；皆去中道远矣。适得乎中者，其唯真率乎！真率之人，其待人接物，纯出丹诚——不愿谀人，亦不肯苦人。处于众人之间，无相识不相识，莫不以诚相见；故人皆近之，不疑其诈，不恶其乖。其与人交，莫不节之以礼；悦人固其所愿，然于义之所在，亦不肯尽投人意。盖顺所当顺，逆所应逆，其待人接物之宝箴也。

真率者，虽无相识不相识，莫不以诚相见，然非无亲疏之别，厚薄之差，上下之等也；亲疏也，厚薄也，上下也，莫不尽得其宜，故人无不敬之。其处于人群之中也，固常取悦于人，然终不肯稍失己之尊严；目前取悦于众，是非定而烦言兴者，不肯为也；目前有利于人，事后贻误社会者，亦不肯为也。故其行事，虑及深远，常负始终之责。

太过之弊，有二种焉：无人不求欢，徒貌恭言顺，而别无用意者，谓之虚文（complaisance）；取悦于人，而为己谋利者，是为谀谄（flattery）。不及者一而已：乖戾（surliness）是也。

第八节　诚实（truthfulness）

亚氏曰：

夸张（boastfulness）之辈，凡世俗所崇尚之品德与才能，己虽空空如也，必伴为咸萃于我；纵令有之，其所示于人者，亦必言过其实，表里不相称也。象谦（ironical）之徒则反是，每好自掩其所知，自贬其所能。其适得中道者，谓之坦白君子：言语之间，行事之际，莫不诚实；知之为知之，不知为不知，不强进，亦不故退。（卫尔敦英译亚里士多德《伦理学》页一二七）

无所知，无所能，而强为多知多能，是作伪也；有所知，有所能，而佯为无知无能，亦作伪也。作伪，君子所不取也；唯诚实者，为可敬耳。

从夸张与象谦者之言语行事观之，前者太过，后者不及，易断言也。然事有不尽然者，苟自卑过甚，反成夸张；盖人莫不知其知此能此，而故为不知不能者，适足以自炫耳。

第九节　机敏（wittiness）

亚氏曰："娱乐之关系人生，不在正当事业之下"；盖人不能终日工作，必有娱乐焉，以怡情养性。朋辈相聚，嬉谑为欢，亦娱乐之一种也。

虽然，嬉谑不可以无方，必以礼节之。嬉谑过甚，易于伤雅。夫作为鄙俚之词、猥亵之态，以供人嬉笑者，殊失嬉谑之正道。嬉谑之为用，在于补救正当事业所不及，以涵养精神，舒畅身体为目的，故以得到乐趣为度；过此而言嬉谑，可谓不知本矣。嬉谑而能得中道，舍机敏者其谁？故亚氏曰：

> 适中之道，谓之机敏（tact）。机敏之人，其出乎口，入乎耳者，必为雅士之言词；盖嬉谑之际，雅士自有其习闻熟道之词焉。故雅士之嬉谑，异于俚人；读书之辈，其为戏也，与不学者迥异。（卫尔敦英译亚里士多德《伦理学》页一三〇）

嬉谑太甚，谓之揶揄（buffoonery），是太过之为害也，有不及焉。世有容貌至为谨严，绝不言笑者，其处朋辈之间，常令人望而惧之，见而远之。夫一笑以比河清，其为人也，寡欢乃至于是，不亦甚乎？是之徒也，唯以野（boorishness）呼之耳。

亚氏缕论诸德竟，兼及羞恶之心。谓羞恶非诸德之一，其状近于情感。何以言之？夫畏惧，情感也；人畏惧，往往变形色；羞恶生，则面赧；是皆情感生于内，而渐及于外之征也。故羞恶，与其视为德态，毋宁视为情感。用引亚氏论羞恶之言于下：

是之情感，老年之人，不应有之；有之，其惟少年人乎。予谓少年人，应有羞恶之心，盖其行事，往往受制于情感，故多错误，端赖羞恶之心，以挽救之耳。且少年人能知耻，人恒美之；于老年之辈，则无足多矣，盖老年人，固不应有可耻之事也。故有德之士，不贵常起自惭之心，因耻生于邪行，有德者不容有邪行故耳。（卫尔敦英译亚里士多德《伦理学》页一三二）

第六章纲要

诸德
- 勇敢
  - （一）勇者有所惧，有所不惧，而皆一出于最宜。其动机正、态度当、举止时
  - （二）勇敢中庸之德，过为躁，不及为怯。躁者莫不为，怯者莫敢为
  - （三）有五事，近乎勇，实非勇：（甲）争城夺地之勇；（乙）老于经验之勇；（丙）情感强盛之勇；（丁）血气方刚之勇；（戊）无识无知之勇
- 节制
  - （一）求乐有度，谓之节度。所谓乐，为肉体上的，而生深刻热烈之感者
  - （二）欲有二类：公欲与私欲。公欲鲜有不当，私欲则所以过者多方
  - （三）节制为中庸，过为淫逸。人之求乐，有太过，无不及，故无不及之名
  - （四）节制之德，不贵摒除一切欲望，所尚在求乐而得中道
  - （五）求乐人之本性，节制之人，其能不太过者，亦在其能听命于理性耳
- 乐施
  - （一）乐施之为德，关于钱财之取与，取与而合中庸之道，是为乐施。取必以义，既取复不忘与，与莫不得其宜。过为华靡，不及为吝啬
  - （二）乐施者之居心：（甲）动机高尚；（乙）态度正当；（丙）施舍已成习惯
  - （三）乐施者之接物：其施舍，必计量，择人，择地，

诸德 {
　乐施 {
　　择时。
　　（四）乐施者尤重居心，其所施之量，大小不拘
　　（五）乐施者以好施故，不能无取，以供其施。唯其所取，必以其所施为准
　}
　慷慨 {
　　（一）慷慨近于乐施，唯较为宏远。不屑行小惠，而好倡大举
　　（二）中人之资，已能乐施；慷慨则非中人以上不可
　　（三）慷慨者之目的高尚，态度正当；所施之人、时、地，皆悉当而后可
　　（四）量入为出，亦慷慨者之事
　　（五）慷慨为中庸，过为庸豪，不及为鄙齐
　}
　豪侠 {
　　（一）以大事为己任，而才足以当之，是为豪侠。过为自负，不及为自弃
　　（二）豪侠之人，才气高，自许深。世间权利，在所不屑，所重唯声名耳
　　（三）徒际遇盛，而无德以济之，则不能成豪侠之人
　　（四）豪侠者之立己：
　　（1）居心：（i）不怀怨，（ii）心怀率直
　　（2）行事：（i）不危身，（ii）不疾不趋，（iii）不轻动，（iv）常镇静，（v）不轻艳羡，（vi）不道人短，（vii）不重虚名，（viii）重义轻利
　　（五）豪侠者之接物：（甲）乐于施惠；（乙）耻于受惠；（丙）不忘报德；（丁）不谄媚；（戊）傲于富贵谦于贫贱
　}
　温厚 {
　　（一）怒之不失中者为温厚，过为暴急，不及为柔懦
　　（二）又有易怒易解者，是曰急躁；易怒难解者，是为怀怒或阴酷。与其阴酷，毋宁急躁
　}
}

诸德 ┤
├ 真率 ┤
│ （一）真率者待人接物，纯出丹诚，不愿谀人，亦不肯苦人。过为乖戾，不及为阿谀
│ （二）真率者，虽无相识不相识，莫不以诚相见，然不无亲疏之别，厚薄之差，上下之等，要皆悉得其宜而已
│ （三）其处人群之中，固常取悦于人，然不肯稍失己之尊严
│ （四）太过之弊有二：（甲）虚文；（乙）谀谄
├ 诚实——过为夸张，不及为象谦
└ 机敏 ┤
　（一）嬉谑足以涵养精神，舒畅身体
　（二）嬉谑得中为机敏，过为揶揄，不及为野

第七章　公道

亚氏之论公道，于希腊哲学史中，自有其渊源可寻。渊源安在？柏拉图之思想是已。古代学者，莫不以修己治人为急务，故其讲伦理也，终必归宿于政治，柏氏即其一耳。氏谓兴邦之道，在四大德（four cardinal virtues）：（一）智慧（wisdom）；（二）勇敢（courage）；（三）节制（temperance）；（四）公道（justice）。智慧，在位者之德；无之，则不能纲纪万方，平章百姓。勇敢，士卒之德；盖为国干城，非勇莫济。节俭，小民之德，小民出其所产，以相生养，以事其上。唯公道为最高之德。君子极其为治之方，士卒勤于卫国之事，庶民尽其相生相养之道，各尽其分，是为公道；盖即柏氏所云"尽尔之职，毋干他人之事"者也。亚氏之论公道，承柏氏之余绪，而推广其意，其思虑也精而切，其分析也微而审，可谓盛矣。

第一节　公道之意义

亚氏曰：

公道云者，一种德态（moral state），能使人公正——见于行，存乎心，莫不出于正者也。（卫尔敦英译亚里士多德《伦理学》页一三四）

"见于行，存乎心，莫不出于正"，是何谓也？存乎心而正，是谓意善；见于行而正，是谓举止端庄，行为公正。兹所及者，限于行为，至于存心，容俟后节论之。所谓行为公正，有广狭二义。处于社会之中，动必合法，不肯稍乱公众秩序者，谓之行为公正，是人也，人咸称为公道。是广义也。狭义关于取与之事，取与以当——不多取寡与，不寡取多与者，谓之公允（fair）。故亚氏曰：

> 有人于此，违国之法，人咸目为不公道；有人于此，取过其分，人亦如是目之也。故公道之人非他，（一）举止合法，（二）取与公允者也。由是观之，公道云者，合法之谓，公允之谓……（卫尔敦英译亚里士多德《伦理学》页一三六）

取与公允之于行为合法，犹部分（part）之于全体（whole），特殊（particular）之于普遍（universal）也。何以言之？合法之事，非止一端，取与公允，特其一耳。反之，不勤所业，临阵无勇，举凡一切为人之天职，苟有未尽，皆为不合法；取与不公允，不过限于取与一事而已。亚氏曰：

> 法律所规定之行为，大都本于道德之大全（complete virtue），盖法律令人实行一切美德，而禁止一切罪恶。（卫尔敦英译亚里士多德《伦理学》页一四一）

按古之学者，往往鄙夷法律，专重道德，例如吾国之孔老是已。孔子曰：

> 道之以政，齐之以刑，民免而无耻；道之以德，齐之以礼，

有耻且格。(《论语·为政篇》)

老子曰：

法令滋彰，盗贼多有。(《道德经》第十七章)

是皆其明证也。盖太古人事未繁，人心淳朴，所以维系社会，保持治安者，道德是已；迨乎生姓日蕃，诈伪蜂起，人类共同生活之屏障，非复道德所能独胜其任，必有仰藉于法律矣。夫法律，冷酷之器具，道德，热烈之情感；前者主威，后者主爱。古代之民，不必临之以威，抚之以爱可矣；至于后世，爱有必不可行者，故必以威济之。此社会进化，所必经之程序也。虽然，徒讲道德，固不足以为治，法律不本道德，犹未可也。何则？道德之长处，在于深入人情世态；法律不本道德，其流弊之小者，迂阔不切实用，大者戕贼百姓，民不堪命。亚氏殆有见于此，故重法矣，犹以为未可，必以道德为本；故曰："法律所规定之行为，本于道德之大全。"夫如是，道德与法律，二而一，一而二也。一者，道德尽人之情，法律亦尽人之情；二者，道德防所未然，法律惩于既发，道德曲折活动，法律正直固定。

第二节　公道之种类

公道之种类有二：普遍之公道（universal justice）与特殊之公道（particular justice）是已。普遍之公道，对于社会之全体而言，行必合法，不稍乱公共秩序之谓也。此所谓合法，范围甚广，似不专限于国家之成文法；举凡社会中所公认之一切道德标准，亦莫不谓之法。故亚氏曰：

> 公道有一义焉：举凡一切所以造福于社会全体，而保持群众幸福于弗坠者，皆公道也。法律令人行勇——临阵不失其位，见敌不弃甲曳兵而走是也。法律令人节制——禁奸淫，止邪盗是也。法律令人和婉——不强悍，不凌人是也。非止此也，举凡一切善恶，法律莫不及焉；或奖励某事，或禁止某物。苟为良法，则其所禁与所奖者，莫不适得其当。夫禁而失其所，奖而不得其宜者，其惟仓促间所立之法乎。（卫尔敦英译亚里士多德《伦理学》页一三七）

普遍之公道，即政治上之公道（political justice）。二名何以同指？是有说焉。盖此所谓"政治"，实与社会同其义。人生有群，是为社会；社会包括人类全体，故为普遍。此普遍之公道，所以亦名政治上之公道也。

政治上之公道，为绝对者。何则？夫政治上之公道，乃社会全体共同生活之方，故属普遍。既能普遍，即亦绝对，盖一切特殊之情事，皆以是为准也。取与义，临阵勇，与人和，以及其他诸德，莫非社会之所尚，即人类相处之道。各个人之行为，皆宜以是为准；不然，则社会目为不公道，而摒之弃之，惩之罚之矣。亚氏曰：

> 曩所论者，绝对之公道，政治上之公道是已。是之公道，存于人类共同生活之间；所谓共同生活，以谋独立，自由，平等，为鹄者也。（卫尔敦英译亚里士多德《伦理学》页一五七）

人或谓一切政治上之公道，皆出于习惯（conventional），时变境迁，则公道之标准，亦随之而转移。盖彼以为一切皆出人意，人之意念，随时随地不同，故其公道标准，亦无定向。亚氏之于是言，唯唯否否。夫社会之是非标准（即政治上之公道），自不免有人意，左右乎其间；然谓其尽出人意，纯属习惯，则未必然也。盖此种标准，乃集合多数人之思想与品性，经长久时间，于有意无意之中，所积渐成立者也。其不良者，将受天然淘汰，淘汰之余，莫非真理；且于天演历程中，自有其必不变者存，施诸天下古今，莫不咸宜者也。其例易见。古今之政体，变化万端，而以民为本之原则，不可泯也。伦理之观念尽变，而适当行为，美满生活，终不失其为根本也。由是观之，社会是非标准，于常变之中，有不变者存；故曰：政治上之公道，有习惯者（conventional），有自然者（natural）。

以上论普遍之公道，下文将及特殊者焉。何谓特殊之公道？取与公允是已。特殊公道，又可分为二类：（一）分配之公道（distributive justice）；（二）纠正之公道（corrective justice）。

分配之公道，盖指财物，以及其他可分之物，于各个人间分配之事也。分配适得其当，谓之公道；不当，谓之不公道。分配之合公道，即分配之成比例（proportionate）者也。以数学之方式表之如此——甲：乙＝丙：丁。设甲为四，乙为二，丙为六，丁为三；则以乙除甲，等于以丁除丙。然甲之为数，与丙之为数不必同；乙之为数，与丁之为数可互异也。人事间财物权利之分配，亦如是已。有甲乙二人于此，彼所得之财物权利，苟合公道，则其分配，必成比例；即甲之所得，其宜也，与乙之所得同。以数学之方式表之则如下——x 物：甲人＝y 物：乙人。前之 x 物，与后之 y 物不必同；甲人与乙人可互异。只令以前物归甲，后物归乙，两者俱得其宜，斯为公道矣。设前物为食禄万钟，后物为箪食瓢饮；甲为有德君子，乙为鄙夫鄙妇；则万钟之禄之归有德君子也固宜，箪食瓢饮之归鄙夫鄙妇也亦宜，皆公道也。故此种分配，因时而制宜，随人而求当，不斤斤然以求数量之平均。真正平等，其在此中乎！曷观夫亚氏之言曰：

> 分配至少必涵四事：人二，物二是已。苟二人位侔德齐，则其所得必等，盖此物之于彼物，应如此人之于彼人也。苟二人位不同尊，德不并隆，则其所得，自亦互异。夫争端之起，常在人相等，而所得不均；或人本不齐，而所得反无差别。（卫尔敦英译亚里士多德《伦理学》页一四三）

分配之公道，关于社会中财物爵禄之分配；纠正之公道，则有事乎各私人间，彼此交涉（private transactions）之事也。分配之方，重在几何式之比例（geometrical proportion）。几何式之比例，不问数量之多寡，唯得者与所得之相称与否，在所计耳。夫万钟之禄之与箪食瓢饮，其相差不啻天壤；然以前者归于有德君子，后者归诸鄙夫鄙妇，俱不见其均，以二者俱得其宜，皆成正当比例故也。纠正之公道则不然，几何式之比例，于彼无所用也。其所重者，厥唯算术式之比例（arithmetical proportion）。夫有德者杀人，其抵罪也，与鄙夫鄙妇同；在位者行淫，其受法律制裁也，与田夫野老无以异。彼之所为，于法律皆为不公道，而受同等之纠正。

纠正之义何在？有可说焉。夫不公者，不均之谓也；凡己所不欲，而强施于人者，是为不恕，不恕即不均也。均之为义，不必限于财物之分配，凡一切逆施于人之举，皆为不均。即以分配之道衡之，亦无不可；盖见杀之人，与受淫之辈，其损失固不待言，杀人者与行淫者，一时得逞其气，遂其欲，亦不为无所得也；然则谓之取与不公允，不亦可乎？法律之施其纠正之功也，盖本此理，将不平者平之，不均者均之也。请听亚氏之言曰：

> 夫私人交涉间之公道，虽亦公允平等之是务……然其求比例也，无所取于几何式者，其所取，唯算术式之比例耳。盖无论君子欺小人，抑小人欺君子，其为欺也固同；不问君子行淫，抑小人行淫，其行淫也何异？法律只计行恶者为害之深浅，与夫孰肇祸，孰被祸，孰行凶，孰受损，如此而已；至于行恶之人，彼皆视为同科也。此中之不公道，端在不平不公；司法者之所从事，特平均之耳。盖杖人与受杖者，杀人与见杀者，彼此之间，利害不均，故司法者勉为之均。均之奈何？刑罚是已。杖人者与杀人者，各施之刑罚，以令其损益相抵。夫益字之义，于此虽未尽合，然通常莫不于是乎用之；故杖人者，人咸视为受益，受杖者，人常谓之有损……（卫尔敦英译亚里士多德《伦理学》页一四六）

所谓私人之交涉，可分二类：（一）自动者（voluntary）；（二）被动者（involuntary）。自动如交易、借款、担保、储蓄、佣赁等是也；谓之自动，以其出于双方之自愿故。被动又有秘密与强暴之别。秘密如偷窃、潜奸、拐逃、伪证、暗杀之类；强暴如凌辱、诽骂、煽诱、强奸、残害、杀人之类。被动之为言，受强迫也；既受强迫，自无公道之可言。唯自动者，方有关于公道；然未必即公道也，例如买卖之事，其人虽两相允愿，所为未必尽合公道。

第三节　公道与道德

所谓公道，自其广义观之，一切为人之道——立己之方，待人之法——莫不在焉，而尤重待人接物之事。盖自处易，与人同处难，自误事小，误人事大；故自洁其身，而能与人为善者，其德至高；修其私德，而能兼重公德者，其人必为社会所共仰也。

夫道德之所从事，行为之方、处世之道是已；行为始于立己，终于待人，处世近在独居，远及与人共事。夫能尽立己待人之道，独居共处之方，其为德也，可谓备矣。所谓公道，职是之务，故曰：广义之公道，等于道德之大全（complete virtue）。请听亚氏之言，其言曰：

> 唯其所为（指公道之所为），德之大全，故其终极，以全德为归。其全也有道，盖服膺乎是（指公道）者，不徒行己有德，其待人接物也，莫不道全德备。人常有自洁其身，而不能与人为善者；故比亚斯有言曰"有职守者，其为人也易见"；此言诚然，盖职守所以使人与众接触也。（卫尔敦英译亚里士多德《伦理学》页一三八）

> 最下者立己无行，而待人接物无道。其上者，不徒独善其身，而能兼善天下；如是亦难矣哉。（卫尔敦英译亚里士多德《伦理学》页一三八）

亚氏极重人与人间之关系，故其论公道也，于待人接物之事，尤三致意焉。是其所见之深远也，盖人生于世，不能无群；既必有群，则相处之道，斯为急务。夫闭门独居，隐者之行也，固高尚矣，然非处群之道也。苟人人皆隐，则天下事，有谁为者？故夷齐之行，非所尚也。必也世治则与人俱享其乐，世乱则与众同分其忧；乐也忧也，吾与天下人共之，斯为可贵者耳。不然，天下何尚有圣贤人哉？

公道自其狭义观之，则取与公允——不多取寡与，不寡取多与之谓；分配之道，端在此矣。纵稍推而广之，不限于财物之取与，而论忠恕之道，亦不外乎利己损人，或利人损己之事。夫取与公允，道德之事也，与人忠恕，亦道德之事也，二者虽属道德范围，然犹未为全德（complete virtue）；盖道德之大全，包括人生一切行为，取与公允，与人忠恕，特诸德中之二耳。然则狭义之公道，为道德之一种，不待言矣。

第四节　公道与自被动行为

亚氏之讲道德，结果与动机并重，故其论公道也，亦以是二者为标准，以断定某种行为之合公道与否。每行一事，社会判其是非善恶；财物取与，以及其他施诸人，保诸己之行为，其公允不公允，忠恕不忠恕，则有法律为之权衡。是以结果为标准也；至以动机为标准，则当何如？亚氏曰：

> 行为之公道不公道，视其自被动之性质而定。苟属自动，则褒贬随之；是之行为，方有公道不公道之可言。苟非自动，虽不幸而蒙不公道之名，而实非不公道之行为也。（卫尔敦英译亚里士多德《伦理学》页一六一）

自动之行为，其当者为公道，不当者为不公道；被动之行为，虽就事论，有当不当，然无有于公道不公道也。何以言之？夫不公道之行为，与不公道之事有别。行为成于动机与结果；徒俱动机，不见结果，陷于空虚；独有结果，而无动机，是为盲动；故二者缺一，无以成行为。至于事，则不能与行为同日而语；盖事专限于结果，动机非其范围之所及也。结果有善恶之别；凡善恶，皆可以公道不公道衡之。故被动行为，可生不公道之事；而行为自身，不得谓之不公道，以其所行虽如此，其动机实不如此故也。请听亚氏之言曰：

　　不公道之行为，与不公道之事有别；公道者亦然。一事或于天然见其不公道，或以法令习俗见其不公道；及其见于行也，斯为不公道之行为，未见于行之前，不过徒俱不公道之名耳。（卫尔敦英译亚里士多德《伦理学》页一六一）

　　人之每行一事也，苟出乎自动，其行为方有公道不公道之可言。苟出于被动，则其行为，无有于公道不公道，特其所行之事，偶有公道不公道之别耳。（卫尔敦英译亚里士多德《伦理学》页一六一）

　　行为之自动者，始可与言公道不公道；被动者，不论其结果之善或恶，皆不及公道之范围。今所待问者：何为自动？何为被动？此问题业于第五章详之，为求明了，特摘要重述于此。自动之为言，行为之际，作者有操纵之力，而对于一切情形，知之审也。有操纵之力，则不受压迫，知一切情形，则不出无知（not from ignorance），故为自动。

　　自动之行为，有经考虑（deliberation）之后而行者，有未经考虑而遂行者。考虑也可，不考虑也亦可，其选择之权，皆属诸我，故为自动。例如为人君者之杀人，必待国人皆曰可杀，然后杀之，是经考虑者也。因细故而暴怒如雷霆，其人之出此，盖未之思也。至于公道与不公道之行为，亦莫不如是。有公道之行为而不出于考虑者，有不公道之行为而出于考虑者；然考虑与不考虑之间，一任其人之自由，无或阻者，故其行为，莫逃乎公道之制裁，非复被动者之所可比也。

一种行为，既不生于逼迫，亦不出于无知，独未经考虑，则其失当也，可谓不公道乎？曰：奚为不可？盖能考虑而不考虑，是作者之过也。然则作者既有过矣，其为人也何如？无乃不公道乎？曰：是犹未也，夫作者之过，过起无心，其行为虽偶有不公道，犹可恕也；苟既经考虑，而所行仍不免于不公道，则作者之德态（moral state），固已有疵，斯乃不容赦耳。

以上所论公道及不公道行为与自被动之关系，皆自施者而言，今请更就受者方面而论之。亚氏书中，本无定论，特备其问题而已。为述如次：人之受不公道也，其有出于自动否？此问题可分两方面——受于人与受诸己是已。受诸己云何？立己无方，自陷于放辟邪侈之谓。氏之答案未定，但备一说，然不无可观，用述于下：夫行不公道（doing injustice），若指自动损人（to hurt somebody voluntarily）；而自动，乃行之之际，操纵之力在我，而尽知一切情形之谓，则人固有对己不公道，或甘心负己者也。何则？盖凡立己无方之徒，其流于放辟邪侈也，其初莫非己力之所能禁，特纵之而使成习惯耳。故其所为，非甘心负己而何？甘心负己，即自动而受不公道于己也。至于受不公道于人，亚氏亦备一说。盖谓：苟行不公道，乃损人而人莫之愿（hurt contrary to the wish of the person to whom it is done）之谓，则人无自动而受不公道于人者，何则？自愿受损，世无其人。

第五节　公道与中庸

中庸之道，贯通亚氏伦理思想之全部。道德之存乎心，谓之德态；及其既见于行也，谓之中庸。中庸，行为之所止，即其所应持之态度也。亚氏之论诸德，皆以中庸为指归；今于公道，自亦以中庸为枢纽也。兹引亚氏之言如下：

> 不公道之人，其取与不公允；不公道之事，其利害不平均。夫不公允、不平均之中，必有中道存焉。中道惟何？公允与平均是已。盖不论何种行为，苟有太过不及，其间必有公允，平均可寻。（卫尔敦英译亚里士多德《伦理学》页一四二）

> 公允也，平均也，皆过与不及之中；然则公道，非中庸而何？且公允与平均，所关至少二人，抑或两物。故公道者，中庸也；公平也；与人相对待也。唯其为中庸也，故介乎过与不及之间；唯其为公平也，故与人相对待。（卫尔敦英译亚里士多德《伦理学》页一四二、一四三）

公道与人相对待（relative to certain persons），是何指耶？盖即因时制宜，随人求当之谓也。以物言，不必斤斤然以求数量之平均；以人论，不必仆仆然以求地位之平等；要以各得其宜为上。公道与人为相对之理，正从中庸之道得来。盖"中"有二种：天然界之"中"，与人事界之"中"；人事界之"中"，是为中庸。前者固定不移，后者随时随地随人而变；故前者为绝对，后者为相对。其相对也，为其深入人情事理，而人情事理，永无固定故也。

上文所引亚氏之言，以公允平均为中庸。夫公允平均，财物取与之事，特殊公道之所尚者也；然则唯特殊公道，有事于中庸，普遍公道独无耶？曰：不然。夫普遍公道，合法之谓也。法律之制定，本于道德，道德止于中庸；故法律之成立，中庸之道，固已在其中矣。然则能守法律，而行为不合中庸之道者，未之有也。反之，违法即亦叛德，叛德即亦背中，不待言矣。

第六节　公道之人与公道之行

　　亚氏之讲道德，动机与行为并重，前既屡言之矣。唯其二者兼重也，故徒具公道之心，而无公道之行者，不成公道之人，盖有心无行，无以自见。且公道之为言，待人接物俱得其宜也；今语人曰：我有公道之心，人亦何从见之？姑不问其心如何：有公道之心，与众何关？无公道之心，于人何有？夫如是，无乃大失公道之本旨乎？故曰：公道之人，必有公道之行。

　　然则有公道之行者，尽皆公道之人，偶行一二不公道之事，其人亦必不公道乎？殆犹未也。其人之公道与否，行为之外，亦视其存心如何耳。夫公道之行，与公道之人，自其不可离观之，有如影之与形；自其可离观之，实截然二事也。何则？人有存心未善，而偶行一二善事者，其行之也，出于无心；人有本属公道，而偶为一二不公道之事者，其为之也，亦出乎无心。小人偶有善行，无补于其德，君子偶有过失，不足为之病；所重者，亦在常然之德态（constant moral state）耳。德态善，则一二过失，犹日月之食，无损其明；德态恶，则一二善行，如杯水车薪，无济于事。由是观之，偶行不公道之事，于公道之人，不害其为公道；偶行公道之事，于不公道之人，无减其为不公道；盖前者之所为，动机未恶，后者之所为，动机未善，而俱非其本来德态之表现也。亚氏曰：

　　　　人有偶行不公道，而自身非不公道者。……有奸妇女，不由德志之败坏，而出于一时情欲之不可制；是人也，行不公道，人非不公道也。例如行窃而不为盗，奸人而不为淫，皆此类也。

（卫尔敦英译亚里士多德《伦理学》页一五六、一五七）

夫既行窃，而不为盗；既奸妇女，而不为淫；既行不公道之事，而非不公道之人；为论不亦奇乎？是有说焉。夫一念之差，一行之违，人皆有之，圣人且不能无过，况常人乎？亦视其善改否耳。苟过能立改，则其善能去恶，其正能克邪，其德志方强，不失其为君子也。苟过不能改，一而再，再而三，以至于无穷，是德志败坏，斯则无所逃于小人矣。

复次，苟经考虑，然后行不公道，则其人亦必不公道矣；盖无心之过可恕，有心之过不可谅也。且经考虑之后，而故择不公道之事行之，是非止一念之差，一行之违，其由来也久矣，其德志之败坏也可知矣。故亚氏曰：

苟害人，而出于考虑之德志（deliberate moral purpose），是人也，行不公道。此不公道之行为，适足以证其人之不公道……（卫尔敦英译亚里士多德《伦理学》页一六四）

第七节　公道与酬报

酬报（retaliation）之为言，量其所受于人者，出乎己以偿之之谓也。受于人者，有利有害；以利偿利，以害偿害。夫以德报怨，为谊固高，然非人之所能，不若以德报德，以怨报怨之切当可行也。故人损我，我亦损人，人利我，我亦利人，至公之事也，谁曰不宜？且从来讲伦理者，有通病焉：不偏于利己，即偏于利人。利己则损人，利人则损己，二者皆非中道。亚氏最重中庸，故不为太过，亦不为不及，人我并重，斯则切实可行矣。虽然，群己之间，利害有冲突时，斯则己轻群重，舍己从人，在所尚矣。

酬报之义，虽兼偿害偿利二事，然后者较前者为重要，以其举目皆是，于社会最为普遍故也。夫人生于世，不能独存，必有群焉，以为相生相养之事。人必有求，求之最少，亦不能免衣食住三者；试问世上，其有于是三事，一人独任之者乎？耕不能织，织不能耕，兼斯二矣，而更能造为宫室，以为居者，吾知天下无其人也。况人之所需，仅止此乎？故曰："通功易事，以羡补不足"，此社会之所以组合，人类之所以生存也。故亚氏曰：

人类苟不以利相酬，则不能通功易事。夫通功易事，社会之所赖以结合者也。（卫尔敦英译亚里士多德《伦理学》页一五〇）

通功易事，以羡补不足，奈何而后可？夫天下之物至不齐，其事至不一；今欲以物易物，以事易事，或以物易事，或以事易物，则物与物之间，事与事之际，概夫事物交互之中，不得不权为之等；于是价值生焉。价值所以衡量事物，使之等，然后可互易也。例如鸡一只，值米五斗；以只鸡易五斗米，犹言只鸡等于五斗米也。

通功易事，必将事物互相比较，然后定彼此之价值。物有量少而值高，则一物可易数物，或量多而值少，则数物方易一物。物物相较，事事相比，不亦繁乎？必有物焉，以为公共标准，一切事物，皆准之以定其价值。于是泉币兴焉。用引亚氏之言如下：

医者不必尽与医者交接，往往与田夫野老，通功易事。夫不同等之人，常起交易之事，而有待于平均也。故交易之事物，不可无比较之方；于是泉币兴焉。夫泉币，一种媒介，用以衡量一切事物，以定其贵贱者也……制履者之于造屋者，犹众履之于一屋也；彼此之间，可生交易。然履之与屋，苟无术以令之等，则无以为交易；于是公共之衡量标准，在所需矣。是之标准，乃社会中，彼此互助之际所共求者也……（卫尔敦英译亚里士多德《伦理学》页一五二）

故泉币犹一种衡量标准，所以使不同之物，可以互相比较，而令其价值相等。夫共同生活，无交易则不可；交易在齐物价；齐物价，端赖有比较之方也。（卫尔敦英译亚里士多德《伦理学》页一五四）

泉币之为用，不仅衡量标准已也，可以代府库仓廪之功焉。何以言之？夫以物易物，必待彼此有所需时，然后行之。彼此无所需，则交易不起；此需彼不需，亦不生交易。然则制履万千，人未之需，不与我易，我将造为房屋，以贮之耶？是未免太烦矣。何如交易之事，以泉币代之？人有所余，以之易钱；贮钱于家，他日有需，持以市物。较诸以物易物，岂不大简便耶？故亚氏曰：

泉币之为用，有事于将来交易。如物券焉，无所需时，存之而已，迨有所需，持以取物。盖人有钱，则所欲之物，皆可立致。（卫尔敦英译亚里士多德《伦理学》页一五四）

泉币之为用固大，然不过人立之标准耳。其可贵处，正在可通有无，故其价值，与物为相对者也。故亚氏曰：

彼（指泉币）之存在，出乎人为，而非自然：盖变动废弃，莫不由人。（卫尔敦英译亚里士多德《伦理学》页一五三）

泉币与他物同，其价值之高低，本无定例……（卫尔敦英译亚里士多德《伦理学》页一五四）

酬报之义，既已备述于前，今且视其与公道之关系如何。或谓酬报即等于公道，是大不然。夫公道就广义（即普遍）论，则人生一切行为，苟能合法，皆为公道。酬报所关，交易之事，交易人生行为之一种耳。由是观之，酬报之不能等于公道可知矣。

就狭义（即特殊）论，酬报亦未能等于公道也。其故有可说焉。夫狭义之公道（即特殊之公道）有二种：（一）分配；（二）纠正。分配云者，社会之财物，以及其他利益之分配。分配之方，视其人之才德禄位，而各定其宜，彼此数量之间，不必求其均等也。交易之事则不然。交易重在物之价值，值高则所易多，值低则所易寡，才德禄位，非所恤也。其例易见。譬如双履值钱三千，君子购之，与小人购之同价；卿大夫购之，与庶人购之，亦同价也。

纠正云者，私人交涉之间，有不恕不均者，恕之均之之谓也。"以目偿目，以齿偿齿"，出乎己者，反乎己者也。是犹得人十钱，还以十钱。交易之事则不尔，只履不能易一屋，或千万履，然后差可。其酬偿之间，不以一偿一，以十偿十，纯以价值为准，而价值有高低贵贱之不同。斯则酬报与纠正公道，又有异也。

复次，公道之事，对于所施者之心愿与否，颇有关系。请言其故。例如和奸与强奸，二者虽俱为不公道，然前者轻，而后者重；以和奸出于所奸者之心愿，而强奸则适居其反也。前者固违法背德，辜负社会；然后者违法背德，辜负社会之外，更强人所不愿，而辜负个人矣。是前者独对社会负责，而后者对于社会个人，俱负其责；后者之不公道，实倍蓰于前者也。

至于酬报，则无关于个人之心愿与否。客或曰：酬报，交易之事也。我愿交易，则与人交易，不愿交易，则不与人交易，奚云无关心愿？曰：非此之谓也，客所云云，酬报未生之际也，非既生后之情境也。盖不公道之事，既见其为不公道矣，尚有程度之差——程度之深浅，准诸所施者之心愿与否而断。至于酬报，既见于事实，斯无程度之别。酬者与受酬者，不问其心愿与否，其为酬报一也。例如以舟易车，既有需于车，而复爱舟，不得已以此易彼；既成交易，则为酬报而已。同一酬报，不闻有程度之别；易辞言之，即酬报无深浅轻重之不同也。

第八节　公道与正义

本节以正义译 equity，其故有可说焉。夫正，正乎己也，内心之事也。义字则取告子仁内义外之义。盖社会中自有是非善恶之标准，合此标准，即谓之义。正乎己之谓正，发乎外而合社会标准之谓义；合斯二者，正义是已。故正义，内外兼全者也。以正义译 equity，庶合其义。详见下文。

正义之意义既明，请进而论其与公道之关系。正义无非公道，而公道有时非正义。请言其故。夫公道，合法之谓也。法律之所规定，莫不笼统。法律就大多数，或最普通之事实，有所制裁，至于一二特殊之事，苟其情形怪奇，内容复杂，则法律失其能事矣。是乃法律之不及处，而亦无可奈何者也。故亚氏曰：

法律之所规定者，莫非普通之词。然有事焉，非普通之词，所能适尽其情者也。（卫尔敦英译亚里士多德《伦理学》页一七一）

一切事物，不能悉定于法，盖有法律所不能及者也……（卫

尔敦英译亚里士多德《伦理学》页一七二）

唯法律有笼统之弊，故不能处处入微，而曲尽人情事理。所断不能尽合正义，又何疑乎？法律有时不合正义，即公道未必皆正义也。其故何在？盖合法与公道，一而二，二而一也。然则正义无不公道，何以见其然？夫正义，内外兼全者也。唯其全乎外，故合法，盖法律外也。既已合法，斯为公道，盖公道即合法也。

正义之为用，厥在补救法律之不逮。夫法律，非徒笼统，而且冷酷，非徒冷酷，而且板重；不能深入人情，曲尽事理。其不逮处，正义固能弥补。其冷酷也，苟无正义，则未免苦人太甚。其板重也，苟无正义，则不能应用无穷。故亚氏曰：

事物之合于正义者，公道亦在其中矣。正义虽未能驾绝对公道之上，然实有胜于一种公义之有普泛之流弊者。是乃正义之特性：补救法律之不逮，不逮之生于普泛者是已。夫一切事物，所不能悉定于法者，以法律有不暇给处，而必有待于其他也。（卫尔敦英译亚里士多德《伦理学》页一七二）

亚氏谓正义有时胜于公道，以法律往往有普泛之流弊云云；其所谓法律，盖指成文法，或国家所颁行之法令是也。此盖狭义之法；夫广义之法，实概括国家之法令与夫社会习俗、道德标准而言。绝对公道，合法之谓；合法一词，不专指遵守国家之法令而已，举凡一切行为，合于社会之是非标准者，皆为合法。故绝对公道，无所不包，正义莫能过也，故曰：不能驾绝对公道之上。质言之，绝对公道，实兼法律道德二者，正义则稍偏于道德，以补救法律之不逮为能事；故正义之范围，视绝对公道为狭。正义既不能驾绝对公道之上，其所能过，乃公道之就法律方面言者。法律有时因普泛而生不逮之弊，唯正义为能救之，故正义有时胜于法律。胜于法律，斯乃胜于公道之一种也。

或曰：公道奚难？盖为善为恶，其权在我，我为善，斯善矣，我为恶，斯恶矣。公道适如是也。亚氏其应之曰：唯唯否否。夫为善为恶，权虽在我，然为恶易，为善难。何则？盖过不及多途，中道一而已。为恶之方无穷，为善之术唯一耳。舍此一术，所由莫非恶矣，甚矣为善之难也。夫欲止于公道，亟宜治本。治本之道惟何？善其德态（moral state）。欲善德态，又当何如？曰：日常生活之间，其处心积虑，无不悉纳于正，而言语行事，莫不以至当为准。夫如是，习惯（行为之趋向）乃良；德态非他，美满之习惯是已。

行公道既难，然则知公道，岂易哉？夫辨善恶之心，与德态之优劣互为消长者也。德态善，愈能见善知恶；德态恶，则是非颠倒，善恶莫辨。故欲行公道之事，必先知公道之所在；欲知公道之所在，必从善德态始。

本部分第六章，具述亚氏之论诸德，此章复述其论公道。试问公道与前所述诸德，关系如何？公道与诸德，乃判然两物，抑亦诸德之一耶？曰：非判然两物，亦非诸德之一，乃诸德之总和；故公道者，诸德之大成也。请言其故。夫公道之为言，合法之谓也。此所谓法，实包括国家之法令，社会之习俗，道德之标准而言。故每行一事，必上受国家法令之制裁，下受社会习俗之匡正，与夫道德标准之评判。准是数者而悉合，然后行为乃能合法，乃成公道。然国家法令，社会习俗，道德标准，虽不免偶有出入，其大致则同出一辙；准乎此而合，鲜有方乎彼而乖者也。夫如是，公道之所包至广，人必一切行为，无有不当，一切美德，无有不备，然后乃能以公道称。

上文不云乎，公道有广狭之分，普遍特殊之别。普遍公道（亦即绝对），已如曩者所云，无所不包。至于特殊公道，独关取与之事（清廉），推而广之，不过待人之道（忠恕）而已；是二者，各为行为之一种，诸德之一耳。故普遍公道，与特殊公道，以范围论，一广一狭，且所差甚远；以性质论，一为诸德之和，一为诸德之一。二者绝不相同，俱称公道，亦亚氏立名有未慊耳。

第七章纲要

公道
- 引论
  - （一）公道问题，于希腊思想史中，有其背景
  - （二）柏拉图倡四大德：智慧，勇敢，节制，公道。各级之人（在位者、士卒、庶民）各尽其职，各保其德，斯为公道
  - （三）亚氏之论公道，承柏氏之余绪，而推广其义
- 意义
  - （一）界说：公道为一种德态之能使人公正（行为正，居心正）者
  - （二）行为正有广狭二义：广义谓行动举止，待人接物，莫不合法。狭义谓取与公允
  - （三）故公道云者，合法之谓，公允之谓
  - （四）合法之事，不止一端，取与公允，特其一耳；故后者与前者，犹部分之于全体，特殊之于普遍
  - （五）所谓合法，意取广义，合于道德法律习俗之谓
- 种类
  - （一）公道之种类有二：（甲）普遍——行为合法；（乙）特殊——取与公允
  - （二）普遍之公道，对于社会之全体而言。所谓行为合法，法云者，范围甚广，不限于国家之成文法，举凡社会上所公认之是非善恶标准，皆谓之法
  - （三）普遍之公道，即政治上之公道，亦即绝对之公道
  - （四）政治上之公道，有习惯者，有自然者
  - （五）特殊之公道又可分二类：（甲）分配之公道——财物及其他可分之物之分配，分配悉得其当之谓；（乙）纠正之公道——各私人彼此间交涉之事，悉得其平，绝无损人利己之谓

公道	种类	（六）私人交涉，可分二类：（甲）自动者；（乙）被动者。被动者又分二类：（1）秘密，（2）强暴
	公道与道德	（一）公道自其广义观之，乃一切为人之道
		（二）道德之所从事，行为之方，待人接物之道，此外无以复加；公道职是之务，故公道以广义论，等于道德之大全
		（三）道德贵能兼善他人，故待人接物间之公道，最为重要
		（四）道德之大全，包括人生一切，取与公允（分配之公道），与人忠恕（纠正之公道），不过诸德之一，故于公道为特殊，犹部分之于全体也
	公道与自被动行为	（一）行为成于动机与结果。被动之行为，作者无动机，故不在公道不公道之范围
		（二）行为之自动者，始可与言公道不公道。被动者，不论其结果之善恶，皆不窥公道之藩篱
		（三）不公道之事，与不公道之行为不同。被迫而行不轨，其事不公道，其行为非不公道；盖事以结果断其是非善恶，行为必合动机与结果二者，然后加以评判
		（四）自动之行为，有经考虑者，有未经考虑者，要皆无所逃于公道不公道之范围
		（五）人似有自动受不公道于己，而无自动受不公道于人者也

公道	公道与中庸	（一）中庸之道，贯通亚氏伦理思想之全部。其讲诸德，以中庸为指归，故于公道，亦以中庸为枢纽
		（二）公道与人相对待，不竞于数量之平均，不务于地位之平等，要皆各得其宜而已矣
		（三）公允忠恕，俱为中庸之道，合法亦中庸之道；盖法律本于道德，道德止于中庸，故合法即中庸之道
	公道之人与公道之行	（一）有公道之行者，不必皆公道之人；偶行一二不公道之事，其人未必即为不公道也。行为之外，尚须察其居心如何
		（二）既经考虑，而所行仍不公道，其人斯为不公道之人矣
	公道与酬报	（一）酬报云者，量其所受于人者，出乎己以偿之之谓也
		（二）以德报德，以怨报怨，至公之事，不可利己以损人，亦不宜利人以损己；然群己间利害有冲突时，则己轻群重，贵在舍己从人
		（三）酬报重在以利相偿，即交易与通功易事之事
		（四）交易之事，不可无公共标准；价值者，公共之标准也
		（五）价值之断定，复假手于泉币，所以求简便，所以便贮藏也
		（六）酬报虽与公道有关，然不径等于公道，其原因有三：（甲）公道以广义论，行为合法之谓，酬报不过行为之一种耳。（乙）公道以狭义论，分配之

公道 {
- 公道与酬报 { 事，纠正之事。分配不求数量之平均，交易则必价值相等而后可。纠正以目偿目，一偿一，交易则千万履，或差可易一屋。（丙）公道之事，与受者之心愿否有关，而起程度之差，交易则不论受者心愿不心愿，其为交易一也
- 公道与正义 {
  - （一）正义之意义：正己之谓正，发乎外而合社会之标准之谓义
  - （二）正义无非公道，而公道有时不正义，盖法律有笼统之弊，不能处处入微，曲尽人情事理
  - （三）正义之为用，在补救法律之不逮
- 结论 {
  - （一）公道难能，行为欲合公道，必自善其德态始。公道难知，欲知公道之所在，亦必自善其德态始
  - （二）公道为诸德之总和，诸德之大成
  - （三）广义之公道，与狭义之公道，判然两物，并称公道，实亚氏立名之未慊处
}

第八章　友爱

友爱一词，希腊语为 φιλία，英译为 friendship 或 love。Friendship 之为言，友也；love 之为言，爱也。在英文中，不能并举，必择一焉以当之。故卫尔敦（Welldon）氏之译之也，谓"友"或"爱"。"或"字虽属两可之意，然与"并"、"及"、"与"等字不同，盖谓非此则彼，二者必须任择其一。以 friendship（友）译 φιλία，固属正法，然 φιλία 实有 φιλεῖν（爱）字之义，故曰 friendship（友）或 love（爱）也。在中文，则友爱二字，能并举以成一词，于是 φιλία 字之义，可无漏矣。

盖爱者，社会中人我间感情之关系也。无之，则社会如僵石之堆积，无怜老惜幼、济贫扶弱之事矣。舍我之外，更有人焉，与我同处，以为相生相养。人有亲疏远近之别，亲且近者，如父母兄弟夫妇；诸姑伯叔，在其次矣；至于九族之人，又次也。推而广之，以及于天下之人。子夏有言："四海之内，皆兄弟也。"夫爱始于骨肉之亲，以至九族之人。推恩以及一乡一国，至于天下，莫不爱之。是爱也，以别于骨肉手足，而名曰友：其实友即爱也，特异其辞，以取别于亲者近者，以见推恩之义耳。

第一节　友爱之要义

一、性质

吾人首先所应知者，友爱之性质。明乎此，然后友爱之为何物，与其在人类社会中之地位如何，乃见。友爱之性质，可分四款：（一）必要（indispensable）；（二）自然（natural）；（三）能群（social）；（四）高尚（noble）。

何以言其必要？请详说之。万钟之富，千乘之贵，亦无以加矣；苟无骨肉手足之爱，亲戚朋友之与，孑然一身，将何所用其富？何所需于贵？以高尚言，既富贵矣，必有人焉，与我共之，然后方有可乐。以鄙陋言，富贵而无所亲所爱，则无以示其荣。项羽所谓富贵不归故里，犹衣锦夜行，良有以也。荣华之有需于友爱，既已如此，至于贫苦，自不待言矣。且老者需养，幼者待育，病者欲恤，弱者仰助。苟人皆曰："自家打扫门前雪，莫管他人瓦上霜"，则此辈者，死无日矣。今老幼病弱之能存于世也，端赖人有友爱之心，而视惜老怜幼，济病扶弱，为己责也。

何以谓其自然？虎狼虽凶，不害其子，飞禽之中，鸟为最慈；至于人，益显矣。骨肉之间，有天然之爱存焉；推而广之，以至于路人，亦莫不有同情之心。孟子曰："人皆有不忍人之心"，其斯之谓乎？

友爱而能群，又何故耶？夫社会国家之所以维持弗坠，端赖友爱。人相爱，乃能互助；无爱，则人各为我，不知有群。父母不子其子，兄弟漠如路人，家庭溃矣。大之，则乡无以为乡，国无以成国，社会灭矣。苟人各相爱，不徒社会之组织日固，且无所用于法律。盖法律者，所以戒争也，既相爱，则不争；不争，何有于法律？故亚氏曰：

> 人皆相友，则彼此之间，无待于公道。顾虽公道，犹有需于爱。质言之，最高之公道，爱亦在其中矣。（卫尔敦英译亚里士多德《伦理学》页二四六）

亚氏所谓"无待于公道"，盖指狭义者，法律是也。最高之公道，实兼法律道德，与夫社会之风俗习惯而言；爱为诸德之一，故曰：最高公道，爱亦在其中矣。

友爱高尚，何以见其然？亚氏虽未详其故，窃揣其意，以解之曰：亚氏最重社会国家，观其置政治学于诸学之上，可知矣。爱者，所以维系社会国家也，故最可贵。其言曰：

> 好友者，吾所称许；多友，高尚事也。且或谓能为人友，即能为善人。（卫尔敦英译亚里士多德《伦理学》页二四七）

友人，爱人之事，好友，爱人不倦也；多友，泛爱众也。爱人不倦，兼能泛爱，斯则社会之所宝也，故曰高尚。

二、界限

人贵能爱，然则草木金石，在所爱乎？泛言之，凡不暴殄天物，皆谓爱物，故爱人爱物，往往并称。严格论之，对物不得言爱，只可言惜；爱物，惜物之谓耳。由是观之，人之友爱，有界限焉，不及无生之物（inanimate things）。其故可得而言之：（一）无生之物，爱之不知，更无报答之能。夫爱者，彼此相互之事也，有感无应，不得谓爱，而木石适然。（二）凡爱，必存雅意于其中，爱之欲其善，人之情也。欲善之心，唯人与人之间有之，人与物不能也。譬如酒醴，甘则喜之，好恶在我；苟欲其善，亦所以为我也。今欲友善，为友也，非为我也。盖友，非我所有物；我为目的，物为工具以奉我，友则不然。友与我俱为目的，徒以互爱之故，彼此发生关系；爱则欲善之心生，我欲友善，为彼非为我也。对于无生之物，不可言爱，然则虫鱼鸟兽，固有生矣，其可言爱乎？曰：犹未也。虫鱼不足道矣，鸟兽亦冥顽不灵。其中虽有一二类焉，似知爱其所生，然谓其与爱相近，或为爱之前期，可，谓其遽与人类之爱同，则未可也。动物虽有知觉，未见有与人类心相通者。譬如家畜，饲之累次，见则摇尾而前，似有情于我者；其实不然，往者见我，必得食物，今复见我，以为食物之将至，而摇尾耳。且人类之爱，有道德意味，在乎其中。其发端也，固基于天性，禽兽之爱其所生，或与此同出一源。及其至也，则社会之是非标准，所谓道德法律，皆与有陶铸之功焉。此非其他动物之所能有也。例如生子以乳哺之，爱之表现也，禽兽亦能之。至谓哺乳过多，有害婴儿消化机关，宁听其啼，不与之食。于是不以乳哺为爱儿，而以节乳为爱之矣。是乃爱之观念，因教育而变也。对于禽兽，其可与言此类之爱乎？系犬于家，狂吠不止。告之曰："邻有犬疫，系汝所以爱汝"，犬其知之乎？

木石鸟兽，俱不可与言爱，然则人类彼此之间，皆有爱之关系乎？曰：唯唯否否，凡属人类，皆有相爱之可能，未必皆生爱之关系。请言其故。从不相识之人，我闻其名，而景慕之，在我固可雅意无穷，然彼莫之知也。夫爱，人类相互间之感情生活也，至少二人以上，方可言爱；不识其人，徒有景慕，非爱也。故曰：必相识之人，各知彼此之心，然后能爱；能爱矣，而必情投意洽，然后有爱。请听亚氏之言曰：

> 窃谓雅意，不可不见知于其人。某甲对于某乙，虽从未谋面，为其有德多能，固可生雅意矣。某乙对于某甲，亦如是。是二人者，彼此虽存雅意，犹未足以言友也，以彼此不相知故耳。故欲为友，必先相知，且互欲善（wishing each other's good）……而彼此之雅意，又所共悉也。（卫尔敦英译亚里士多德《伦理学》页二四九、二五○）

按亚氏所谓雅意（well wishing or good will），盖含二事：（一）景慕之心，（二）欲善之意。景慕云者，闻其名，而慕其才，仰其德。诗云："未见君子，忧心忡忡"，其斯之谓乎？既景慕之，则欲其善。吾人于所钦仰之人，偶闻其有过失，足以败名，辄为之惋惜不已；若其才德日进，声望日隆，则为之喜，斯即欲善之意也。

曩谓雅意未足以言爱，然则于爱漠不相关乎？曰：否。盖爱非仓促间之事，有前期（preliminary period）焉。前期惟何？雅意是已。未订交之前，必先彼此知名，而起景慕之心，欲善之意，然后相访。常于接触，而彼此情投意洽，于是交谊始，而爱生焉。故亚氏谓雅意友爱之种子也。兹引其言于下：

> 故雅意者，友爱之种子，犹好色之为恋爱之根源也。对于彼姝，未慕其色，而恋之者，未之有也。虽然，慕其色，而遂恋之，殆犹未也；必也未见思之深，既见悦之甚乎！交友亦然。彼此不存雅意，不能成交；彼此既存雅意，未必遽为友也。何则？对之初存雅意，欲其善而已，犹未有实力以助之，更不为之谋深远也。故曰：雅意者，友爱之胚胎耳；假以时日，彼此

相娴，友爱乃生。是之友爱，不基于图利，不本于求乐，盖是二者，非雅意之所自出也。（卫尔敦英译亚里士多德《伦理学》页二九四）

三、要素

友爱之要素有三：（一）德态（moral state）；（二）行为（activity）；（三）相聚（living together）。兹以次论之。

亚氏曰：

就道德言，人之以善称者，在其德态与行为。友爱亦然。（卫尔敦英译亚里士多德《伦理学》页二五五）

善人之所以为善，以其德态与行为，有大过人处；友爱之所以为友爱，正亦如是。人有美德，我乃友之；我之德，亦足与为友，故人方不我弃。友必以德，以利乐交者，终非正道。故亚氏曰：

友谊三科：小人以乐合，以利交……君子之交友也，取其善，不以利乐为条件。故君子之友，尽友之道，小人之友，特偶然之撮合耳……（卫尔敦英译亚里士多德《伦理学》页二五五）

交友不以德，其交不固，即如亚氏所云。彼此具美德矣，苟犹尔自尔，我自我，无关系之可言，亦未尽交友之道。必也有善相劝，有过相规，同患难，共安乐乎！夫如是，则行为之关系生，较之彼此徒具美德，进一步矣。

然事有不尽如人意者，德相侔矣，行相关矣，或为身家生计所迫，或为国家任务所羁，不得不分离者，比比皆是。于是彼此徒相孺慕，行为难以相关矣。然则于友谊何如？曰：无伤也，请听亚氏之言曰：

相聚者，则相悦而相助。人于睡眠之中，远别之际，彼此虽寂寂如也，然动作之能，互助之力，固常存不失。故山川暌隔，友朋之爱，不因之而遂绝，特彼此间之行为，为所阻耳。（卫尔敦英译亚里士多德《伦理学》页二五五、二五六）

别离不害朋友之爱，盖彼此之美德，不以别离而变。所异者，行为不能相关，然互助之能力尚在，于必要时，尽可相就而谋也。虽然，朋友亦不利久离，久离不免忘怀之惧。故亚氏曰：

苟离别过久，则友爱或渐归于消灭。故谚曰："久不谈心，厥谊用。"（卫尔敦英译亚里士多德《伦理学》页二五六）

曩谓朋友以德交，以行縻，别离过久，友谊或至消灭。可知相聚之于友爱，至为重要。相聚斯能相勖于善，相规于过，而彼此之人格，易于互相影响，成德之助也。故亚氏曰：

彼此相许，而不相聚者，不过互存雅意而已，非友也。盖交友之特征，莫过于相聚之一端。待助于人者，固须与人同处；即无所求于人，亦且不愿于孤寂中，度岁月也。（卫尔敦英译亚里士多德《伦理学》页二五六）

两情人之所最乐者，莫过于彼此相见；舍目之一官外，其他于彼无可择焉。盖爱情缘是而生，赖此而存也。今谓朋友之所求者，莫过于同处，不亦宜乎？夫友爱之要素，固舍聚首莫属耳。（卫尔敦英译亚里士多德《伦理学》页三一三）

人无贤愚贵贱，莫不各有其友。亚氏曰：

无论其对于人生之见解如何，与其生活之目的奚在，人无不欲与其友相处者也。故有酒肉之友，赌博之友，武艺之友，田猎之友，讲学论道之友。各流之人，皆择其所最好者，而致力焉。唯其欲与其友相处也，其所行事，莫非所以成全共同之生活。（卫尔敦英译亚里士多德《伦理学》页三一三）

为善不可无友，为恶亦不可无友。一人为善，其善也微，合多数人为善，其善也大而广。一人为恶，其害不烈，合多数人为恶，其害乃大。譬如杀人，一人持刀，顷刻间杀一人，亦云速矣；苟合十人，各持一刀，则顷刻间，可杀十人矣。

人之欲与其友同处也，盖有故焉。亚氏曰：

人之对于朋友，犹对己也。故己生存，自顾而乐；见友生存，己亦视为乐事。且朋友间所应有之行为，唯同处乃能实现。故共同生活，在所需求，良有以也。（卫尔敦英译亚里士多德《伦理学》页三一三）

欲与友同处，其故有二：（一）己存自顾而乐，友存有以自慰。盖人之于友，安乐则愿共享，患难则欲同当。友存，非仅谓存于斯世已也，必存于我侧，然后乃能同患难，共安乐，然后乃能自慰也。

（二）朋友间所应有之行为，非同处不能实现。此节易见。即如上文所云相勖以善，相规于过之事，皆非同处莫能为也。

相聚有条件焉。必能相娱，而所乐同物，然后乃能相聚。故亚氏曰：

> 苟无相娱之方，而所乐不同物，则终难久于相处。由是观之，所谓社交，其特征盖在此矣。（卫尔敦英译亚里士多德《伦理学》页二五六）

四、根源

木必有根，水必有源，友爱之根源，其何在耶？曰：爱人基于爱己；友爱者，爱人之事也，故友爱之根源，盖在爱己。亚氏曰：

> 对友之友爱关系，与夫友谊之特征，其根源盖在对己之关系也。（卫尔敦英译亚里士多德《伦理学》页二九〇）

欲明亚氏之意，必先知其友爱之定义。其言曰：

> 友谊云者：为友故，愿友向善；为友故，事友以善；为友故，望友生存无恙。慈母之于子女，正如是也……抑或与友相聚，而同好恶，共苦乐之谓也。慈母之于子女，亦其例耳……（卫尔敦英译亚里士多德《伦理学》页二九〇）

综观亚氏之言，友爱之定义，所含三事：（一）望友向善，（二）事友以善，（三）与友相聚，好恶同，苦乐共。是三事者，皆为友谋，非为己计，是则所宜厝意者也。

以上所云三事，正有德之人所以遇友，亦即其处己之道也。亚氏曰：

> 友爱之定义，于此数种特质中，必择一焉。是数者，皆于有德者之处己见之。人苟有志向善，其处己也，亦莫不如是。曩不云乎，有德之人，一切之标准也。盖彼之为人，最为一致，绝不矛盾。苟好一物，则专心致志乎是，不分思虑于其他。有益于己者，彼乃欲之，而谋所以致之。其求善也为己——为己之理智，盖理智人之真我也。彼爱生命而宝之，其所最重者，盖其慎思明察之区。人莫不为己谋善，有德之人，其爱生也，亦以生之为善故耳……（卫尔敦英译亚里士多德《伦理学》页二九〇、二九一）

> 是人也，居，不欲失其自我。如是乃乐。回忆已往，怡然自得，预想将来，希望无穷。其心多悬想。每逢苦乐，其自觉明，盖苦乐于彼，有常感也。故是人也，居恒寡悔。其处己如此，其遇友亦复若是，盖友者，其第二我也。友爱之为友爱，莫过乎是；循是而行者，不愧称为友矣。（卫尔敦英译亚里士多德《伦理学》页二九一）

有德者之对己也，志在向善，且力行之，以为成德之基。其望善也为己，其行善也亦为己。目的在己，不在爵禄名位。传曰："古之学者为己，今之学者为人。"夫为己而学，乃为真实学者，为人而学，是以己为工具，以名位为目的，本末颠倒，安得谓之学者？为学如此，养德亦然。好善为己，行善亦为己，然后乃能自爱；成德之人，莫非自爱之徒。故唯有德者，乃能好生；其好生也宜，以其能自爱——能自爱，然后知所以生也。

不失自我，自爱之征也。人情冷暖，世态炎凉，而我之为我如故。名利不足以瞒我，权势不足以轹我。世变万端，我心坦然。不做违心之事，故追念已往，怡然自得；终日自强不息，故预想未来，希望无穷。外物变化万端，而我心常一，我之为我，无时或变；故苦乐于我，有常感也。夫如是，为人乃能一致，前后不至矛盾。

君子处己如此，推心置腹，对友亦然，忠恕之道也。故友爱，始于爱己，终于爱人；其从爱己以至爱人，以忠恕为枢纽。爱人之道若何？曰：（一）为友故，望友向善；犹为己故，志在向善也。（二）为友故，以善事友（谓行有益于友之事以辅助之）犹为己故，而行善以进德也。（三）与友常聚，好恶同，苦乐共；犹不失自我，行事一致，无矛盾也。由是观之，友爱之根源，不在爱己而何？

唯君子能自爱，小人不能也。小人之处己，无固定目的。苦乐无度，好恶无常。其行事也，往往自相矛盾，朝行夕悔。亚氏曰：

> 是人也，立己无定向。欲此矣，又欲彼也。其人昏淫无度，不取乎善，唯乐是务，虽害己不恤也。怯而怠，知善而莫之行也。唯其德败，故言不觉，行不法，终至日暮途穷，而一死以自决也已。（卫尔敦英译亚里士多德《伦理学》页二九二）

> 小人之独居也，回忆已往，无不懊恼，预想未来，唯有恐怖。与人相处，乃能暂忘一切；故其求侣，莫非自逃之策耳。己无足爱，故不自爱。其于苦乐，无自觉之明，盖其心不一，同一物也，或得之而苦，或得之而乐。心无定向，或趋此，或趋彼，其人且为所分裂焉。虽不能同时亦苦亦乐，然顷刻间，所乐者，或转而为苦，而生悔心，盖是人者，固多悔也。（卫尔敦英译亚里士多德《伦理学》页二九二、二九三）

小人不能自爱，其故有二：（一）小人好恶无常，同一物也，或朝好而夕恶之，或朝恶而夕好之。非止此也，其好恶毫无标准，应好之物，或反恶之，应恶之物，或反好之，以致是非颠倒。故其行事，益己者不为，损己者为之，终致败德害身，无异自戕。（二）小人不知有己。何则？其心志不定，好恶无常；明日所行之事，或与今日迥然不同，而不自知其所以。前后矛盾，俨若二人。夫己之成立，端赖有一固定主张，犹一国之有中央政府，国无中央政府，则不成国，人无固定主张，则不成人。不成人，无己之谓也；无己，尚何自爱之可言？既不能爱己，斯亦不能爱人，盖爱人基于爱己也。然小人不无伴侣，彼之伴侣，非友也，非以爱合也，特如亚氏所云，所以互相利用，以为自逃之工具耳。

上文常见"有己"、"爱己"等词，此中有待说明，以免误会。有己，非唯我之谓；爱己，非自私自利之谓。己者，理性之己；爱己者，爱理性之己。己，非如常人所谓七尺之躯；爱己，非饱食暖衣，爱我肉体之谓。乃爱我理性，不独保之毋失，且培育之，使其滋长，以至于成德之谓也。然则爱己，正所以爱人，盖不爱己，则理性不发达，非徒不能爱人，且亦不知所以爱人也。故亚氏曰：

爱己一词，用于讥贬之义，则凡关于货财名位，以及身体上之快乐，取过其分者，皆以是称之。夫是数者，人欲之指归也。彼方视为至善，而用心乎是，引满乎是。故人于财利名位，求之无厌者，只知厌其欲望，遂其情感；欲望情感，莫非其人之非理性之部分耳。是乃人之常情。常人恶多善少，故爱己一词，用之日久，而恶义生焉。爱己若是，固无怪乎其见讥也。由是观之，爱己一词，常人恒用之于货财、名位、快乐之取过其分者；苟有人焉，专心致志于公道、节制与其他有德之事，而保其高贵之部分，唯恐有失，尚复谁责其爱己哉？夫是人也，显然爱己。彼所求者，莫非至善；所满足者，其最高贵之部分，而唯其命是听。夫一国之元首，足以代表全国，理性之于人，亦然也。故唯爱其最高贵之部分，而求满足之者，乃为真爱己也。（卫尔敦英译亚里士多德《伦理学》页三〇〇、三〇一）

客有问曰：何以必爱理性之己，方为爱己？七尺之躯，非我之所有耶？饮食男女，喜怒哀乐，非天赋我之本能耶？然则我爱我身，厌我欲，遂我情，非爱我而何？曰：客且勿躁，静听吾言。今请一述亚氏进化之观念；明乎是，则向之疑窦，迎刃而解。氏谓草木禽兽，以至于人，于进化历程中，成一直线。生物各有其机能（function）。草木之机能，为营养与生长（nutrition and growth）。经进化以至于禽兽，则于是二者，加以知觉与动作（sensation and mobility）而已。至于人，则所增者，端在理性。禽兽较草木高一级，人又较禽兽高一级；其所以高者，其所增之机能使然。禽兽之所以高于草木，以其于营养生长之机能外，更有知觉与动作二者；人之所以高于禽兽者，以其于是四者之外，更有理性。故各级之所以别于较低一级者，以其特有某种机能，而下级无之。人之所以为人，正以其有理性，而理性绝非草木禽兽之所能有者也。今以身体之机关为我，则禽兽亦有之，就令草木，其管干枝柯，亦犹人之身体也。以知觉情感为我，则又与禽兽共之。夫我之为物，断非人与草木禽兽所同有者也；必有物焉，人之所独有者，乃足以当之。然则何者为人之所独有？理性是已。由是观之，人之真我，非理性而何？故爱己者，非爱理性之己，不得称为真爱己也。故亚氏曰：

理性行统驭之权，谓之克己；不然，斯陷于淫逸矣。故曰：理性人之真我也；必遵循理性，然后行为由己，然后行为出于自动。（卫尔敦英译亚里士多德《伦理学》页三〇一）

夫理性之部分，为一人之真我。惟有德之人，最能爱护理性。是皆不可掩之事实也。故有德之士，即亦爱己之人；特其爱己，异于常人。所不同者，一循理性为人，一纵情感用事，一爱高尚事业，一营一己私利。（卫尔敦英译亚里士多德《伦理学》页三〇一、三〇二）

夫能爱己，然后乃能爱人；能爱人，方能交友。非止此也，爱己斯能爱国。真正爱己之人，国家之所宝也。何则？真爱己者，理性发达。理性发达，则立己待人，俱有常法。能立己，国家不为之累；善待人，社会无违法之事。人民皆能立己，社会秩序安宁，而国不治者，未之有也。故亚氏曰：

苟有人焉，专心致志于高尚行为，则举世美且誉之。使人人热心于高尚事业，殚毕生之精力而为之，则国家之需求悉备；而小己之间，亦各获至宝矣；盖德，天下之至宝也。故吾断然曰：善人必须爱己；其所行善事，利己兼能利人。恶人不可爱己，其爱己也，适以害己，且亦损人。（卫尔敦英译亚里士多德《伦理学》页三〇二）

有德之人，一举一动，皆以朋友与国家之利益为前提。于必要时，尚且舍生以为友为国。货财名位，世之所争，彼独视如敝屣，唯保高尚之德，以为己有。宁享最高快乐于顷刻间，不愿保寻常快乐于长久也。宁生于世止一年，以建高尚之事业，不欲久延生命，以度莫须有之光阴也。宁行一事而出类拔萃，不愿做万千平庸事也。故凡舍生为人者，皆怀此志，其实皆为己求高尚之德耳。是人也，苟财足以富友，则必欣然与之。分财于友，友得财，而己实获美德，是以至宝归诸己也。（卫尔敦英译亚里士多德《伦理学》页三〇二、三〇三）

第二节　友爱之种

类凡分类，必先有立脚点，然后准之以定事物之种类。例如举凡有翼而飞者谓之禽，四足而走者谓之兽，圆颅方趾者谓之人是也。形下之物如此，形上之物亦然。友爱之分类，其立脚点有二：（一）动机；（二）地位。动机谓彼此未定交前之存心，与订交时之目的。地位则指彼此之贫富贵贱之差也。

一、以动机分类

以动机论，友爱可分三类：（一）为利之爱（friendship of utility）；（二）为乐之爱（friendship of pleasure）；（三）为德之爱（friendship of the good）。兹以次论之：

以利交者，彼此初心，无雅意之可言，特动于利耳。贫贱者曰：彼富且贵，我与为友，大则假我权势，以为进身之资，小则周我以财，因免冻馁之患。且与富贵为友，乡党邻里，皆不我欺。富贵者曰：彼固贫贱，而我友之，人必称我礼贤下士，怜苦惜贫。以富贵友贫贱，于我何损，而彼心将感激无垠，他日有事，正可为我效力奔走。夫我不过稍降颜色，而可沽名钓誉，广置股肱之人，以为我用，何乐不为哉？

以乐交者，亦非以雅意为媒介，彼此皆以求乐为的。客诚智巧多方，言辞有味，抑或温柔和顺，足以悦人，而我乐与为友。我之友之，为我之乐趣故，彼之贤不肖如何，与夫与我订交后之进德与否，于我犹越人之秦晋也。彼能供我欢乐，则我友之，不然弃之，其他固非所暇恤耳。

以德交则大异于斯二者，不为利诱，不以乐縻。彼有美德，敬之羡之，唯望其蒸蒸日上；而其期望之也为彼，不为我也。迨乎订交，彼以财利济我，未必受之，我有财利，不以分之为德，盖是区区者不屑受，而亦无足与也。我不亟亟然求乐于彼，亦不然供彼以乐，盖是营营者非最高目的之所在也。其所重者，彼此之德，有善相劝，有过相规，盖德行较利乐为可宝，而分人以财，不若勖人以善，饷人以乐，无如告人以过也。故亚氏曰：

完满之友爱，其惟君子之人、才德相侔者之友爱乎！是人者，已善矣，而亦欲人善也。能为友故，欲友向善者，可谓真友；盖其友谊，为彼此品德之结果，而非偶然事耳。是之友谊，与彼此之德行相终始，而德行可期于久远者也。（卫尔敦英译亚里士多德《伦理学》页二五二）

以德交者为完满之友爱，以彼此才德相侔故，为友欲其向善故，与德行相终始故。有优点焉，为他种友爱之所不能齐备，不可不缕述之：

（一）是人也，其善为绝对，以其善乎己也（good to oneself）；为相对，以其善乎友（good to friends）也。善乎己者，立己端庄，不为败德之事；善乎友者，欲友向善，克尽友道，不为损友之事，而多益友之行。故亚氏曰：

> 是人者，善于绝对，而亦相对而善乎友也。君子之善，非善于绝对而已足，而犹互助于他人也。（卫尔敦英译亚里士多德《伦理学》页二五二）

按亚氏所谓善于绝对，与善于相对，即独善其心，与兼善天下之义也。

（二）是之友爱，最为可乐；盖为善最乐，古有常训，无容疑也。是乐乎己也，亚氏所谓绝对之乐也。其于友也，亦使其乐无穷，盖欲友向善，辅友以德，乃以己之所乐者，加诸其友之身，而令其亦乐。此正己乐，而能与人同乐者也。为德莫盛乎此。故亚氏曰：

> 此辈乐且无穷。盖君子乐乎己，而亦相对而与人同乐也……（卫尔敦英译亚里士多德《伦理学》页二五二）

（三）是之友爱，可期于久远。夫友爱所需三事：（甲）才德相侔；（乙）自善善友；（丙）自乐乐友。是三事者，皆于是乎备，故可期于久远。亚氏曰：

> 是之友爱，自能久远，以友爱所需之条件，皆于是乎备也。举凡一切友爱之动机，要不出乎善乐二者，姑无论是二者之为绝对，抑或于所爱者为相对也；而其基础，则在彼此之间，有相同者在（按谓才德相侔）。君子之友，之数者莫不咸萃其中；常人之友，或有类似乎此，而终莫能臻于如是之完备耳。（卫尔敦英译亚里士多德《伦理学》页二五二）

顾此等友谊，不数见习闻。盖有三难存焉：一切条件齐备，一难也；需时费日，二难也；彼此相知，三难也。然是亦无可如何耳。必尽破诸难，而此类友谊乃立，真正友爱始见。迨其友谊既成，则又至坚至固，非若其他之易聚易散，骤合骤离也。故亚氏曰：

斯人难遇，而此等友谊，亦不数见也。非假之以时日，益之以相知，则无以成其友谊。盖谚尝谓：不同历世变，不共尝风霜，则莫能相知。且彼此之间，苟无以互见其可亲可信，则友谊亦无从起。（卫尔敦英译亚里士多德《伦理学》页二五二、二五三）

为德之爱，基于才德相侔；才德相侔，则彼此相得，斯能有利同享，而交相乐矣。故此等友谊，虽首贵德行，不以利乐为指归，要亦旁及利乐；斯则所以为齐备也。至于其他，如为利之爱，则以利为唯一目的。顾利非久远之物，盖其源有穷，而其用多变，而友谊亦随之而动摇矣。例如某甲多财，而某乙友之；一旦甲财尽，乙且疏之不暇，是利源穷而友谊解也。彼多文采，擅言辞，而吾用之以为我嘘扬。迨我功成名立，则无所用于彼喋喋者，而貌稍衰，礼稍替矣。是则利之用途一变，而友谊亦因之而涣也。

为乐之爱，似较为利之爱，高一筹矣；然行乐究非人生最后目的，必辅之以德，而其乐始有价值。盖必有德，然后乃知不害他人之乐，而与众同乐。夫一人独乐，其为乐太狭，于人道无足贵，必也与众同乐，然后为乐乃广，于人道始尊。且以乐交者，其交易结易涣，盖所乐之物善变，而一己之好恶有转移也。例如彼姝美丽绝伦，因悦之甚，经年色衰，则爱慕之心日减，如沸水之渐散其热。昔以小足为美，必缠之使小，今则谁尚之哉？故所乐之物，不能长保其可乐，好恶之心，难于不变其标准，而友爱亦随之而终始矣。

上文已备论三种友爱之利弊优劣，兹更引亚氏之言如次：

> 爱基于利者，激于一己之利；爱基于乐者，动于个人之乐。其爱人也，不问其为何如人，而为其有以利我娱我也。此辈之友谊，特出于偶然耳，盖其所爱，不以其人之身，而以其为我利乐之所自出也。苟其所爱，有变乎前，则友谊解，盖向之所以利我者穷，所以娱我者尽，尚复何所顾恋哉？（卫尔敦英译亚里士多德《伦理学》页二五〇）

> 爱基于乐者，固有类乎是（指爱基于德者），盖善人亦彼此相娱也。爱基于利者亦然，盖君子亦交相利也。苟彼此之所互求同物，而物之所自出同源，例如所求俱为欢乐，而二人皆为机敏之徒者，则友爱可望持久。非若情郎与其所爱者之关系也。盖后者之所乐不同物：情郎之所乐者，彼姝之姿色，而彼姝之所喜者，情郎之宠媚耳。一旦色衰，则其爱亦解，以彼姝之貌不足以悦情郎，而情郎亦不施其宠媚也。至于前者，则二人之品性相近，故爱可常存；而彼此相娴，又有以使其互相景慕也。（卫尔敦英译亚里士多德《伦理学》页二五三、二五四）

老年人难于交友，以其心思沉涸，往往坚持所见，不易舍己从人，而每与人寡合故也。是固过矣，而少年人适得其反，其舍己从人也太过，以致毫无主张，而陷滥交之弊。是皆过与不及之患也。亚氏曰：

> 严酷之人，老年之辈，难于交友，盖其声色严厉，不乐与人为群也。然社交之为交友之因缘与要素，固无疑也。少年人

之交友速，非若老年之人，严酷之辈之多所迟疑，不尽合己意者不与交也。（卫尔敦英译亚里士多德《伦理学》页二五七）

老年人难于交友固矣，且多以利为条件也。盖人至于老，则血气衰，壮志消沉，唯利是慕。且精力既败，所仰助于人正多。故垂老而言交友，非以生计相资，即以子孙相托。少年人之交友也，纯起于一时之相悦，其为利者鲜。盖彼血气方刚，无所仰藉于人，而历世未久，不知人生之艰难，故不竞竞于利。亚氏曰：

利非持久之物，盖与时俱变者也。苟友谊之目的在利，一旦利穷，则友谊随之而解。此等友谊，于老年人尤所常见，盖人老则行乐之心消，而唯利是念……彼辈不必常相聚，亦不必真相悦也；舍互致其利之外，无相见之要需。其心所存一线之乐趣，尽于对利之愿望已耳。（卫尔敦英译亚里士多德《伦理学》页二五〇、二五一）

少年人之友爱，实基于快乐，盖彼感情用事，只知追求一时之欢乐而已。迫乎年齿与时光俱积，其所引为乐者，或与前不同物矣。故其交友也易，其弃友也速。此无他，其友爱常随其所乐而变化；则其骤移突变也，又何足怪乎？（卫尔敦英译亚里士多德《伦理学》页二五一）

老年人血气既衰，慕利心重，精力既败，不能自立，故其交友，动机在利。少年人心志未定，无深思远虑，历世未久，不悉人生艰难，故其交友，动机在乐。唯壮年人，识见既高，而无老年人颓丧之气，故不唯利是念；精力方健，而无少年人摇移之习，故不为目前快乐所蔽。舍利乐之外，其交友也，不以德而何？

上文论三种友爱，与人年齿之关系。其与人德行名位之关系，亦有可论者焉。亚氏曰：

> 为利乐故，小人与小人之间，可以为友；小人与君子，亦可为友；非君子非小人之相互间，亦可为友。顾惟小人之非利不足以相悦，为友而友，舍君子外，无人能之，盖益显矣。（卫尔敦英译亚里士多德《伦理学》页二五四）

> 爱基于利，处境相背者之结合。贫与富友，愚与智友，皆其类也。盖人有所需，则出其所有，以易其所无。男女之谈爱，美丑之言交，皆可于是乎属。（卫尔敦英译亚里士多德《伦理学》页二六三、二六四）

相趋于利乐，则凡能济我以利，助我行乐者，皆可与为友。小人之朋比为奸，小人与小人间之友谊也。小人欺君子以其方，当君子之为所蒙蔽，而与之共事也，其间亦有友谊存焉。是小人与君子之友也。通功易事，与夫社会间之酬酢往来，何一非友谊之事，顾其事不关道德，君子小人无异也。故曰：非君子非小人之间，亦可为友。且处境相背，则各有所有，各有所无。例如贫者之所有，时也，力也；富者之所有，钱财也。贫者以其时力，易富者之钱财；富者以其钱财，而得贫者为其服劳。是纯以利交也。

二、以地位分类

曩以动机，分友爱为三类，今更以地位分之，可得二类：平等之友爱与不平等之友爱是已。同友爱也，而分类殊途，何耶？盖以动机为纵，地位为横。分类之法，先立其纵，然后贯之以横，友爱虽多方异致，无有挂漏者矣。亚氏用心之细，方法之精，于此可知矣。其言曰：

> 友爱之为类三，即如前者所论。各种友爱，或成于平等，或成于尊卑上下。善相等者，固可以为友矣。善人亦可为不善人友也。利乐之间，其友爱之成立也，亦若是；其彼此之相酬也，或相等，或不相等。（卫尔敦英译亚里士多德《伦理学》页二七四）

何谓平等之友爱与不平等之友爱？亚氏有言曰：

> 向所描写之友爱，皆基于平等者也。盖彼此之感情与互助，无一非平衡均等；或以甲物易乙物，如以乐易利者然。（卫尔敦英译亚里士多德《伦理学》页二五九）

友爱之要素，不外乎二事：（一）存乎心者，感情是已；（二）见乎行者，互助是已。何谓感情平等？爱憎纯出自由，非外有物焉，以内铄我心也。何谓互助平等？一往一来，义务不畸重畸轻也。不平等之友爱，其感情不尽出于自由，或有所羁縻，或不由我心自主。其互助之义务，有畸重畸轻；义务不必定于我，往往社会之制度，国家之礼仪，有以范我，然后义务加诸我身。

平等与不平等之义既明，则进而问何种友爱为平等，何种友爱为不平等。平等之友爱有二：（一）朋友；（二）兄弟。不平等之友爱有四：（一）君臣；（二）父子；（三）长幼；（四）夫妇。亚氏曰：

> 兄弟之爱，类于朋友。盖兄弟平等，年又相若；夫既若此，故其感情品性，大致相近。（卫尔敦英译亚里士多德《伦理学》

页二七〇）

  又有一种友爱，出于尊卑长幼之间者焉：君臣，父子，长幼，夫妇是也。是之友爱，缘类而殊，因人而异。君臣之爱，异于父子之爱；而父之爱子，与子之爱父殊途，夫之爱妻，与妻之爱夫异致。盖其德，其用，以及其动机，皆因人而异，又何怪夫感情友爱之悬殊乎？夫如是，则彼此所以互助之方，各有不同，而其不同也固宜。子女之于父母，能报其抚育之恩，而父母之于子女，能尽其分内之事，则其间之爱，乃能久远，而合于礼义矣。（卫尔敦英译亚里士多德《伦理学》页二六〇）

  朋友之爱，与兄弟之爱同科（谓同属平等之爱），何耶？盖二者之间，有相同者焉：（一）兄弟同居以长，朋友亦贵相聚。（二）朋友年龄不相上下，兄弟亦长幼相若。所异者，兄弟同生，有血统关系，朋友则无之耳。亚氏曰：

  惟子女之与父母为一体也，子女彼此之间，亦一体矣。故"同气"、"同胞"等词，常以加诸兄弟姊妹之间。盖彼此虽属异身，实乃同体。人苟能同居以长，而齿又相若，则其为助于友爱至深；盖谚尝曰："齿同意合"，而相与弥密，则为爱弥笃。其惟兄弟之爱，有似于朋友之爱乎！（卫尔敦英译亚里士多德《伦理学》页二七二）

  兄弟之爱，其特质与朋友之爱同。兄弟之间，德相侔，则为爱弥笃，然其爱之所赖而存也，则在天然之同点。盖兄弟之关系，视朋友为密；其爱出于自然，与生俱来者也。且同胞而生，同居而长，同教而学，其品性自必较为相近。（卫尔敦英译亚里士多德《伦理学》页二七三）

朋友尚德固矣，然兄弟之间，其德弥近，则其爱弥深。顾骨肉之亲，究不可与朋友同日而语。兄弟二人，虽一善一恶，其德差如天壤；然善者之视恶者，终不至漠如路人，恶者之遇善者，鲜有俨若雠仇者也。然则血统之于兄弟，顾不重乎？

　　友朋之间，虽有忘年之交，然终罕见希闻，盖年齿悬殊，则思想难侔，而意见寡合。且长幼既判，则不能尽出于平等，畏老蔑幼之心，鲜有不萌者也。至于兄弟，年龄相去太远，所关尤巨。俗所谓"长兄如父，季弟若子"，非虚语也。故亚氏曰：

　　苟年龄相去过远（谓兄弟），则其间之友爱，非复手足之关系矣。（卫尔敦英译亚里士多德《伦理学》页二六九）

　　尊卑长幼间之友爱，因类而殊，所殊何在？因人而异，其异奚指？是则不可不论者也。夫君臣主恩，父子主爱，长幼主敬，夫妇主顺，中土之天经地义；亚氏之训，虽未必与之尽同，然关系既殊，所以为爱亦异，此固其所熟审者矣。

　　亚氏谓国君之于臣民，犹牧者之于牛羊也。牛羊牧者之所有，无不爱之；而其爱之也，以上临下——畜之，保之，驭之，将之，而不令出乎己之范围也。国君之于臣民，制为刑赏以临之，创为甲兵以保之，明夫相生相养之道以育之，其用心与牧者无以异也。其言曰：

　　国君之爱其民也，居上位，而常施其恩。故贤君之驭民善，其所以保民，犹牧者之保其牛羊也……（卫尔敦英译亚里士多德《伦理学》页二六九）

父子之爱，类于君臣之爱。国君之于臣民，犹牧者之于牛羊；父母之于子女，亦如是也。所异者，子女为父母之所生，非独其所有已也。夫君臣之伦，成于礼义，其爱亦赖礼义以维持；父子之伦，成于天性之自然。其爱有血统关系。以性质论，一起于人为，一本于天然。以程度论，亦有深浅之不同，盖父子之爱，较君臣之爱为深。亚氏曰：

> 父之爱子，亦犹是耳（指君臣之爱），顾恩爱有深浅之别。盖父母为子女之所自出，其生育之恩，固莫有能过者矣；况加以抚养之劳，教育之功乎？（卫尔敦英译亚里士多德《伦理学》页二六九）

父母之爱其子女，往往较子女之爱其父母为笃，盖生者于其所生之观念，视所生于其所自生之观念为深也。故亚氏曰：

> 父母之爱其子女，视同一体；子女之爱其父母，为其所自出故。顾父母之知其所生，较子女之知其所自生审；生者于其所生，较为亲挚，所生于其所自生，较形淡薄。盖物莫不属于其所自出者，如齿牙发肤之属于人体也；然所自出者，固不必属于其所出者也……且时期亦有不同者在，盖子女呱呱坠地，父母即已笃爱之矣；然子女不能生而知爱其父母也，必待稍长，略有知识，然后能之。（卫尔敦英译亚里士多德《伦理学》页二七一、二七二）

父母之爱其子女，如牧者之保其牛羊；子女之爱其父母，则有瞻依之情。人莫不爱其所有，而长保之；至于瞻依，则有时或已，而爱遂减。故父母终身爱其子女；而子女有自成室家，能于自立，而遂疏其父母者。故亚氏曰：

　　子女之爱父母，生民之敬造物主宰，乃以下爱上，以不足瞻依于至全也。夫父母者，子女莫大之荫庇——以生以养以教，自呱呱坠地，以至于成人，如一日也。（卫尔敦英译亚里士多德《伦理学》页二七二、二七三）

　　子女弃其父母，不可；父母弃其子女，则情有可原。盖子女债务者也，其债不可不偿；而偿无穷期，以其对于父母之义务，无止境也。债权者可抛弃其债权，故父母亦可放逐其子女。虽然，为父母者，苟其子女非穷凶极恶，鲜有忍出于此；纵置天然恩爱于度外，亦不愿垂老失所凭依也。子女不孝，则奉养之劳，避之不暇，抑忽而弛之矣。此无他，世人每于受惠则踊跃，施惠则踌躇。（卫尔敦英译亚里士多德《伦理学》页二七九、二八〇）

　　长幼之爱，亚氏书中虽一语及之（见卫尔敦英译亚里士多德《伦理学》页二六〇），然未论其内容。顾其意可得而揣度焉。诸姑伯叔，以及九族间之与父母同辈者，皆长者也。然不限于亲族戚属而已，凡年长于我者——自业师父执，以至诸父之友——莫不与焉。《曲礼》曰："年长以倍，则父事之；十年以长，则兄事之；五年以长，则肩随之"；其斯之谓乎？幼者对于长者，宜存敬仰之心；长者对于幼者，应尽指导爱护之义。而长幼之爱，亦有亲疏厚薄之别，盖亚氏言爱，固主有差等也。

　　男女居室，人之天性。天之生民也，斯赋之以好色之性；而男女之事，自有生民以来，无时不行于人类之中也。迨乎治化稍进，则知制为婚姻，使不紊乱。有婚姻，斯有家庭，再进而成国家。故夫妇之爱，本于天性，社会之始基也。且生育，动物普遍之机能，以论人类，亦莫逃焉；夫妇之爱，生育之本也。亚氏曰：

> 夫妇之爱，似属天然。夫人类之缔结婚姻，视建立邦国为自然；盖家庭先于邦国，而亦较为要需也。且生育之事，乃有生者之普通机能。（卫尔敦英译亚里士多德《伦理学》页二七三）

> 以言禽兽，缔合止于此（指男女之缔合）矣。至于人，则男女之合，不专为生育而已，亦为生活之目的焉。男女结为夫妇，则分功之事立见。或为夫功，或属妇职；于是彼此互给其所需，各出其所能，以促进共同生活。故此等友爱，利乐俱在其中。然使夫妇皆为有德之人，则其爱亦必基于德；盖彼此各有其德，而所同好者，莫非盛德之事。（卫尔敦英译亚里士多德《伦理学》页二七三、二七四）

> 且夫子女，亦所以维系夫妇之缔合也。故无出之夫妻，易于离解。盖子女者，父母之福星；彼此共同之指趣，皆在子女之身，而夫妇之合，赖以益固。（卫尔敦英译亚里士多德《伦理学》页二七四）

自亚氏之言观之，夫妇之爱，有特点四：（一）好色之性；（二）生育之事；（三）共同生活；（四）相悦于德。其源出于天性；其维系之道，则在是四者，而子女亦与有功焉。

友爱之分类，以动机为纵，地位为横。动机之类有三：（一）为利之爱；（二）为乐之爱；（三）为德之爱。地位之类有二：（一）平等之爱；（二）不平等之爱。分类之法，先立其纵，然后贯之以横；即动机之类既定，然后逐一考验，何者属于平等，何者属于不平等。

继今所为，即在此耳。

为利之爱，有平等，有不平等。朋友之爱，平等也，其爱有为利者（见前）。兄弟之爱，亦平等也；其间虽有血统关系，其亲挚之情，出于天性，然亦有利存乎其中，独不见父母早亡，兄弟之相依为命者乎？不平等之爱，有君臣、父子、长幼、夫妇四者。四者之中，君臣纯以利合。其理易见，盖国君赖臣民以养，臣民待国君以治，其间之关系，莫非以利为交换也。父子之爱，基于天性，然亦以利维系之。盖子女赖父母以抚育教养，父母待子女以奉老送终。至于德，则父子之间，最难及之，以父子之年不齐，而地位大异，非若朋友之能心同意合，而德相侔也。且"父子之间不责善，责善则离"。长幼之爱，其情虽不及父子之深，要亦以利为指归；盖长者有待幼者服事，幼者有需长者护持。夫妇之爱，其原动力虽在好色之性，顾亦不脱于利，盖夫妇同居，利乐使然也。夫妻相处而不乐，固有离解者，然使夫不养其妻，妻不事其夫，其能久合者，亦几希矣。

为乐之爱，大都平等。不平等，则彼此之所乐不同；且既有尊卑长幼之分，则尊且长者，必欲保其尊严，卑且幼者，不免存敬畏之心，于是不能畅所欲为，以尽其乐。然向以夫妇之爱，属于不平等之列，今谓其无乐事之可言，疑乎其不可矣。曰：夫妇之爱，其去平等，间不容发。其初之不平等也，以男女所受教育不等，而经济之能力不齐，迨乎社会日进，男女受同等之教育，而经济之能力齐，则夫妇平等，自然之势也。试观今日文明各国之男女，其效可以见矣。至若文明未大进之邦，男女之间，固有轩轾，不容讳也。因而夫妇间之欢乐，反不若兄弟朋友之无所拘忌。为夫者必欲保其尊严，为妻者必欲守其贞静之德。试观我国旧社会之夫妻，可以见其一斑矣。

为德之爱其何如？曰：亦平等者之事也。不平等者，德不相侔；德不相侔，则此等友爱无从起。夫欲德侔，必所见相同，地位相等，而处境相类而后可。不平等之人，则是数者，相去甚远，唯平等者，乃足与语此耳。故唯朋友兄弟之间，有为德之爱；朋友为上，兄弟次之。夫妇之间，以其未能尽达于平等，故为德之爱，所见盖稀。朋友之撮合，有纯以德为动机者。兄弟则否，兄弟之爱，基于血统关系；德相俾，特于爱有所增耳。夫妇之缔合，实因好色之性，与夫共同生活之利乐；为德结为婚姻者，盖累世不一见也。

曩以动机为纵，以地位为横而贯穿之。亦可倒施而行，以地位为纵，以动机为横。其贯穿之效，与前者同；而两种分类之关系益显。兹不多言，观下表足矣：

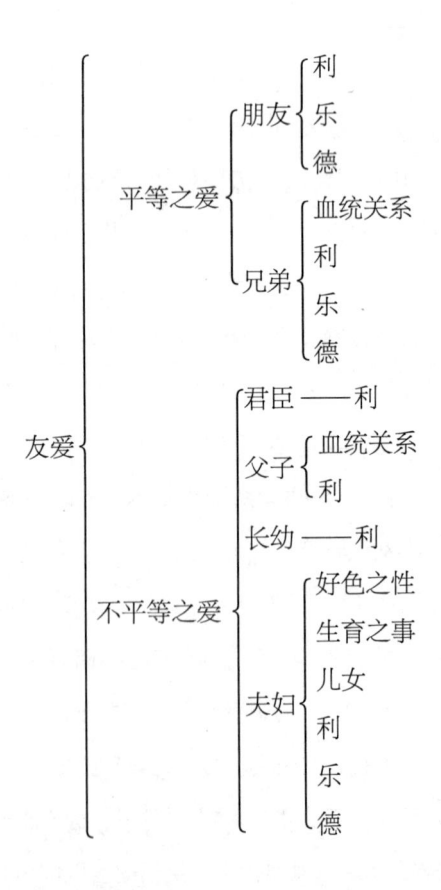

友爱
- 平等之爱
  - 朋友：利／乐／德
  - 兄弟：血统关系／利／乐／德
- 不平等之爱
  - 君臣 —— 利
  - 父子：血统关系／利
  - 长幼 —— 利
  - 夫妇：好色之性／生育之事／儿女／利／乐／德

第三节　友爱之余义

一、友爱与公道

亚氏尝云："友爱者，德之一种，抑德在其中矣。"（卫尔敦英译亚里士多德《伦理学》页二四五）友爱之为物，或即诸德之一；或兼诸德之用。公道者，诸德之总和也。以性质论，友爱纯，公道杂；以范围论，友爱狭，公道广。此其大较也。其详可得而言焉。友爱与公道，有同点三，异点一。兹以次论之如下：

（一）不论其群为何群，有群斯有公道，而友爱亦存其中。夫人类之有群，大之以为相生相养之事，今之社会国家是已。小之，或为利益之共保，或为学问之讲求，或为娱乐之结合，如今之合作社、诸学会、俱乐部等，皆是也。举凡一切集会结社，非友爱无以维系弗坠；非公道无以定其秩序，而分工合作之事不举，其共同目的亦无由达。亚氏曰：

> 友爱与公道，其机遇，其范围，无不同也；盖一切群，皆涵公道，而友爱亦莫之能缺。……有群斯有友爱，而公道之所及，亦与群同遐迩。（卫尔敦英译亚里士多德《伦理学》页二六四）

（二）友爱之道，因人而异。"君义，臣行，父慈，子孝，兄爱，弟敬"，古之所谓六顺，亦即友爱因人而宜之道也。公道亦犹是耳。君臣、父子、长幼、兄弟、夫妇、朋友之间，各有其相当之公道。亚氏曰：

兄弟朋友，一切尽同。他人则有同有不同，而友爱亦有浅深之别。公道之为类亦多。父子间之公道，与兄弟间之公道不同，而与朋友或国人间之公道，又悬殊矣。（卫尔敦英译亚里士多德《伦理学》页二六五）

（三）公道有二类：法律之所规定，与夫道德习俗之所崇尚者是已。友爱之以利合者，亦有法律上与道德上之别。法律上者，商贾之事；其彼此间之往来，订有契约，受法律之约束与保障者也。道德上者，则日常酬酢之事；无契约之可言，所谓合则来，不合则去，纯视彼此性情之远近如何耳。亚氏曰：

公道有不成文与法定之两方面；友爱之基于利者，亦有道德上与法律上之别。道德上之友，以品性合；法律上之友，以契约合。……法律上之友，有其缔合之条件……如商贾之以财易货，或稍宽假以时日，其期于必偿则一也。其所负债，不可不偿，得以稍延时日，友谊在其中矣。……道德上之友，无缔合之条件。有所赠酬，本于友谊。虽然，有施未尝不望报，视其所施，直等散债于人耳。（卫尔敦英译亚里士多德《伦理学》页二七五、二七六）

曩既历陈友爱与公道之同点，今请及其异点。亚氏曰：

公道中之平等，与友爱中之平等，判然两物。公道首重比例之平等，数量之平等次之；友爱则首重数量之平等，而比例之平等次之。设有二人于此，一善一恶，一贫一富，两相悬殊，其难于为友，正足以见此言之不诬也。夫人之不同，一至于此，

斯则不能为友，而其人之本心，亦无望于相交也。（卫尔敦英译亚里士多德《伦理学》页二六一）

何谓比例之平等（proportionate equality）？不论其人才德之优劣，品位之高低，其所受于社会，以为生养之资者，与夫其他一切待遇，悉得其宜，无有不当之谓也。苟其人才高德隆，其享万钟之富，千乘之贵，不为过也。反是而才劣德污，虽箪食瓢饮，亦无所怨于天，无所尤乎人。此公道之所以为公道也。舍其人之才德品位不论，而斤斤然计其所享之隆替厚薄，而必欲齐其数量（quantity），亦可谓不知本矣。故公道中之平等，小己于国群中所享之利益，与其人之才德品位为比例之谓也。以论友爱，则事有大不然者。圣人难与愚夫愚妇友，而千金之子鲜与乞丐交。凡欲约为朋友，不独有待于才德之相侔，而物质上之条件，亦必相去不远而后可。是则所谓数量之平等（quantitative equality）也。

二、友爱与幸福

幸福之人，其有事于友爱否？人既得幸福，尚有需于朋友否？今请详细论之。夫友爱所涵三事：（一）爱己；（二）爱人；（三）见爱于人。幸福云者，至善之准。至善若何？尽量发展其本能。本能将如何尽量发展？曰：舍扩充其理性之行为无术。凡此正心修身之事，非自爱者不能也。孟子曰："自弃者，不可与有为"，其斯之谓乎？己既心正身修，不陷不义，则以为人事已尽，视他人之心身，犹越人之秦晋——败德自彼败德，害身自彼害身，我固不使然，于我何有？是人之所为，亦无取焉。盖独善其身，尚当兼善他人，斯乃盛德之事。自洁自清，而与世无关者，其为德犹未臻于至善；知爱己者，必兼爱人，然后于德为最贵。且举世皆浊我独清，其清难以长保；举世皆恶我独善，其善鲜能徒存。人者，合群之动物，其合群之性，出于天然。故自爱不足，犹有待于人之爱我；既爱人矣，亦欲见爱于人。盖人以感情论，有求爱于人之本性；以需要论，尤不能一身自给，必有待于人之资助扶持也。请听亚氏之言，其言曰：

> 谓幸福之人，既有世上诸善，而独无需于朋友者，则大误矣。夫朋友，于身外诸善之中为最。苟谓朋友之道，施贵于受，志士仁人，不忘利人济物，而资助朋友，胜于陌路之人；然则善人固有需于朋友，以资其扶助也。间尝论人之处安乐与处患难，其需友孰急。意者患难之秋，固有赖于人，以扶颠持危；安乐之际，亦欲有人焉，待其施惠。夫谓处安乐之境，而可与众隔绝者，其所见大谬，盖独享其所有于无谁何之乡，固非人之所愿也。夫人，具有社会性之动物也；其本性好与群同处。故人得志，正唯其富有无强，不能离群而独处。然与不相识之人为伍，毋宁与朋友为伍；侣常人，莫若侣有德之士。故幸福之人，有需于朋友。（卫尔敦英译亚里士多德《伦理学》页三〇三、三〇四）

三、友爱与穷达

人穷则有需于朋友之济助，盖求同情之心，人皆有之。我穷，则欲有人焉，同情于我；纵无大力以助我，邀其怜悯，我心得所慰藉，而痛苦因以稍杀。穷则求助于友，固属人之常情，一朝得志，则当如何？曰：鄙夫鄙妇，尚知富贵不归故里，犹衣锦夜行，况夫德高乎是，而智过乎此者？故达则欲与友同享其乐。盖同情之心，有往有来，我穷，欲人同情于我；我达，亦必同情于人，此天下之至公也。由是观之，穷达俱有需于朋友——穷需朋友，以同患难，达需朋友，以共安乐。故亚氏曰：

穷时达时，需友孰甚？穷时达时，俱需朋友。盖患难之秋，待友济助；安乐之际，欲友为侣，欲施我惠，而仁人济物，本人之所乐为者也。（卫尔敦英译亚里士多德《伦理学》页三一〇）

故患难之秋，需友弥亟；是时也，必仰藉于彼，以为一臂之助。安乐之际，贵有朋友；是时也，求贤与交，盖与贤者为侣而事之，乃最乐之事也。（卫尔敦英译亚里士多德《伦理学》页三一〇、三一一）

患难之秋，欲友扶助，固人之常情，然因是而累友苦友，则又非仁人君子之所肯为也。盖其心以为我遭患难，固已甚矣，何必更以累友？我处患难良苦，固欲有人同情于我，然友本安乐，何忍以我之痛苦，败友之欢乐？怀此念者，其德甚高，其仁至矣。亚氏曰：

见友容颜，乐已在其中，况当患难之时，有待于排忧解愁者乎？友多智巧，则其声音颜色，皆足以为慰藉之资，以其知我之品性，与我之好恶之情也。虽然，友为我故，而受苦恼，实一憾事，盖使人痛苦，无人或愿之也。是故毅勇之士，不肯令友分其忧。唯其有苦乐之感也，故不忍见友为己苦恼；唯其不喜悲戚也，故无望于友为己悲戚。夫一己忧伤，偶有人焉，与其同感，因悦之甚，而引为知心之友者，其唯妇人女子乎？（卫尔敦英译亚里士多德《伦理学》页三一一、三一二）

己患难，不肯以为友累，己忧伤，不欲以使友戚，为德已至高矣；顾有进乎是者：友忧亦忧，友乐亦乐，无时不与友同乐，随遇有以济友于难，亦仁者之事也。故亚氏曰：

安乐之秋，有友在侧，则可怡然度日；且彼亦能席我之基，与我同享安乐。故得志则宜勇于与友同乐，盖加惠于人，高尚之事也。然患难则慎毋累友，此时之怯，在所应尔。故谚曰："我一人忧，实已甚矣。"（卫尔敦英译亚里士多德《伦理学》页三一二）

是故友患难，不待其求助于我，宜先施而援之。是乃为友之责。夫急而不求援者，尤宜先施之，盖出乎此，彼此俱属高尚，而乐无极。（谓急不求援，高尚之事；先施之，亦高尚之事；迨乎既免于难，则彼此皆至乐矣。）且助友为欢，宜乎勇矣，为己取乐，宜乎怯矣，以前者益友之道，而后者无可取也。（卫尔敦英译亚里士多德《伦理学》页三一二、三一三）

四、爱有差等

所爱之人有不同，故其爱有差等。爱其父，无以异于路人者，不近人情也。爱其子，犹爱雠仇者，岂人之所为哉？故圣人无不爱，而必有等差；各得其宜，以求心之所安，礼义在其中矣。亚氏曰：

众人之所求于我者，不能同科……父母，兄弟，朋友，恩人，所求于我各不同。而我之所施者，亦必因人而异，要皆适当不强而已矣。（卫尔敦英译亚里士多德《伦理学》页二八六）

所以敬父，与所以敬母不同；而所施于父母之敬礼，与所施于缙绅先生，赫赫将帅，又大异也。对于长者，则视其年事，而施其礼貌；于大庭广众之中，或起立而致敬，或让之于上座。对于兄弟朋友，则宜掬诚相示，而与之共所有。对于亲戚，乡党，国人，亦各施其所宜；视其亲疏远近。其才德之高下，与其待我之厚薄，而断其所应受于我者若何。（卫尔敦英译亚里士多德《伦理学》页二八七）

凡百之人，其与我之关系，不能一出于同。或亲或疏，或远或近，或厚于我，或薄于我；我之爱之也，因关系之不同，而见其等差。而其人之才德品位，亦能左右吾爱敬之心。夫才高德隆，我爱之，自较才下德污者为深。师长父执，我敬之，其礼视朋辈为厚。

五、朋友之数

世有善交者，朋友动辄千数百人，然累年不通音讯，除伏腊一刺外，彼此不相闻问也。此辈于交际场合中，所遇之人，皆引以为友，而其人之性情品德如何，不之问也。晤面则握手大叙寒暄，一若殷且勤矣；天各一方，则彼此漠若云汉，非徒不可与言相助相勉也，甚或相倾相轧，而为权利之争矣。是人也，友遍天下，而所为若此，何若寡交者，只二三知心之友，而能同患难，共安乐者乎？且与多数人心同意合，乃最难能之事。取悦于此，或招怨于彼；以一人之身，安能应付咸宜，悉称人意？故亚氏曰：

以一人而寄同情于多数人之悲喜哀乐，乃难能之事。盖诸友之所遭不同，正与甲同乐之顷，或更有乙焉，使之同苦。（卫尔敦英译亚里士多德《伦理学》页三〇九）

交友之最大目的，在于共同生活；所谓同患难，共安乐，规过劝善之事，有人任之，斯可矣，何必求多？且真能副我之望，所谓莫逆之交，知心之友，绝不能多，亦无所用于多。亚氏曰：

交友不必极力求多，足以实现共同生活可矣。夫献丹诚于多数人，而为其挚友，不可能之事也。（卫尔敦英译亚里士多德《伦理学》页三〇九）

朋友成群，不择人而交者，终归于无友也已……（卫尔敦英译亚里士多德《伦理学》页三一〇）

利乐之友，求多较易；交友以德，求多实难。盖前者常见，而后者罕遇。既以利乐为鹄，则凡有以利我悦我者，皆吾友也，而人尽友矣。德之机，常隐而微，必相处既久，相知已深，而情相投，德相侔者，乃能成交。是之友，乃真友。故曰：得真友难，而亦不能多。亚氏曰：

与多数人缔为纯全之友，其不可能也，犹同时而爱恋多人。夫纯全之友谊，颇有过度之态，对于一人，始属自然之事；倘一时而欲求多数悦己之人，贤良之友，盖亦难已。且友爱云云，实涵经验相知二事，而二事者，皆甚难也。虽然，利乐之友，求多非难，唯其为益于我也亦暂。（卫尔敦英译亚里士多德《伦理学》页二五七、二五八）

六、爱之涣变

朋友终身之关系，抑亦有中途而涣者乎？曰：二者俱有之。今所论者，正所以剖明涣散之由。

以利乐交者，易于中途离解。盖彼曩者有以利我悦我，故我与交；今既无有于我之利乐，友之何为？其交也以利乐，利乐既尽，则交情亦去，固无足怪也。故亚氏曰：

> 苟友爱之动机，在利与乐，则利乐尽，而爱亦随之而涣也固宜。盖我之所爱者，利乐耳；利乐既去，我爱云何而不涣？（卫尔敦英译亚里士多德《伦理学》页二八八）

交友以德为准，今有人于此，我爱其德而交之，迨乎共事既久，彼乃突变其志，而成小人之徒，然则绝之乎？抑仍友之乎？亚氏曰：

> 以某为善人而友之，继乃转为无行之棍徒，义不可不爱之乎？一言应之曰：爱之非所能也。非物物皆可爱，必有善焉，然后爱之。恶徒无可爱处，亦不应见爱于人。爱及恶徒，自居其类，是何可哉？物以类聚，彼恶我善，吾安能爱彼？（卫尔敦英译亚里士多德《伦理学》页二八八、二八九）

彼本君子，故我爱之，后变为小人，弃之可也。虽然，尚有可为者焉，以尽我为友之义。劝诫之，励勉之，必不听，然后绝之。夫如是，于我心无愧矣。亚氏曰：

> 处如是境，立即与绝可乎？抑有未尽然者，唯其恶无可救药，斯绝之可矣。苟尚可救，义不可不为。救友之德，胜于为保其财，盖德贵于财，其关于友谊亦较切。且以此绝友，不为无理。曩我之所友者，固非今日之彼也。彼变其德，而我救之

无效，斯则非复我之所宜友矣。（卫尔敦英译亚里士多德《伦理学》页二八九）

设甲乙二人为友，乙才德日进，而甲犹昔也，则乙之所以遇甲者，当何如？其能爱之如故乎？亚氏曰：

使甲长保其本来之品德，而乙则长驱万里，才德驾甲而上之，然则乙能友甲如故乎？曰：否，不复能友之矣。二人之相去也弥远，其不能也弥显。童年之交，常见其例。苟二人之中，其一已达成年人之思想，其一尚保其童心；是二人者，好恶之情不相同，安能为友？彼此之间，无同情心；无同情心，斯不能相处，故亦不能为友也。（卫尔敦英译亚里士多德《伦理学》页二八九、二九〇）

夫善恶者，相形之事。使乙之才德日进，而甲则碌碌如故，虽己身未尝损，视乙则犹损也。夫如是，则二人者，才德相去日远。才德不相侔，则善恶之感、好恶之情，无不悬绝矣。夫朋友之要素，在能同患难，共安乐；好恶不同，间且若水火之不相容，尚何有于同苦同乐？由是观之，二人之不能为友也固宜。

第八章纲要

友爱要义
- （一）性质：（甲）必要的；（乙）自然的；（丙）社会的；（丁）高尚的
- （二）界限：（甲）不及于无生之物；（乙）不及于虫鱼鸟兽；（丙）不及于不相识之人。不相识之人，彼此可生雅意，雅意可以为爱之导火线，为爱之前期
- （三）要素：（甲）德态；（乙）行为；（丙）相聚。——
  (1) 朋友可暂离，而不可久别，久别则难免忘怀之惧
  (2) 欲与友同处，其故有二：（ⅰ）同安乐，共患难；（ⅱ）相勖以善，相规于过
- （四）根源：自爱——
  (1) 友爱所含三事：（ⅰ）望友为善；（ⅱ）事友以善；（ⅲ）与友相聚。是皆有德者之所以遇友也
  (2) 自爱云者，于人情世态万变之中，不失其自我之谓也
  (3) 唯其爱己之心以爱人，故爱始于爱己，终于爱人
  (4) 唯君子能自爱，小人不能，其故有二：（ⅰ）小人好恶无常；（ⅱ）小人不知有己
  (5) "有己"、"爱己"等词，非为我之谓，自私自利之谓。己者，理性之己，爱己者，爱理性之己；己非七尺之躯，爱己非爱七尺之躯
  (6) 人之所以为人，在有理性，故唯爱理性之己为爱己

友爱 ⎰ 要义 ⎰ （7）爱己斯能爱人，爱人斯能交友
     ⎱   ⎱ （8）爱己斯能立己，斯能待人。能立己，国家不为之
                  累；善待人，社会秩序安宁，而国治矣

     种类 ⎰ （一）以动机分类：（甲）为利之爱；（乙）为乐之爱；
           （丙）为德之爱——
           （1）以利交者，彼此初心，本无雅意，不过动于利耳
           （2）以乐交者，亦无雅意，彼此皆以求乐为目的
           （3）以德交者，不为利诱，不以乐縻，彼此纯出雅意
           （4）以德交者为完满之友爱，其故有三：（ⅰ）彼此
                才德相侔；（ⅱ）为友故欲友向善；（ⅲ）与德相
                终始
           （5）为德之爱有要点三，非其他友爱所能齐备：（ⅰ）
                己善矣，兼能善友；（ⅱ）此等友爱最为快乐；
                （ⅲ）此等友爱可期久远
           （6）为德之爱，不数见也，盖有三难：（ⅰ）条件齐备；
                （ⅱ）需时费日；（ⅲ）彼此相知
           （7）为利之爱，利穷爱解；为乐之爱，乐尽爱消。其
                时皆至暂也
           （8）友爱与年龄之关系：老年人血气既衰，慕利心重，
                故交友之动机在利。少年人心志未定，乏深思远
                虑，故交友之动机在乐。壮年人识见既多，而无
                老年人颓丧之气，故其交友，动机多在德
           （9）友爱与人德行名位之关系：为利之爱与为乐之爱，
                小人与小人之间有之。小人可欺君子以其方，而
                利用之。友爱种类，社会上之通功易事，与酬
                酢往来，皆利乐之爱。为德之爱，唯君子与君

友爱 { 种类 {
- 子之间有之
- （二）以地位分类：（甲）平等之爱，包括兄弟与朋友两项；（乙）不平等之爱，包括君臣、父子、长幼、夫妇四项——
- （1）以动机为纵，地位为横，先立其纵，然后贯之以横
- （2）平等之爱，感情平等，互助平等；不平等之爱反之
- （3）兄弟之爱与朋友之爱同科，其故有二：（ⅰ）兄弟同居以长，朋友亦贵相聚。（ⅱ）兄弟齿相若，朋友亦年不相上下。所异者，兄弟有血统关系，朋友则无之
- （4）国君之爱其臣民，犹牧者之爱其牛羊——保之，将之，教之，督之
- （5）父母爱子，亦犹牧者之爱其牛羊，然君臣之爱，以礼维系，父子之爱，出于天性。斯则自然人为判，而浅深厚薄别矣
- （6）长幼之爱：幼者对于长者，宜存敬仰之心；长者对于幼者，应尽指导爱护之义
- （7）夫妇之爱，有特点四：（ⅰ）好色之性；（ⅱ）生育之事；（ⅲ）共同生活；（ⅳ）相悦于德。其爱之源出于天（盖男女居室人之天性），其维系之道，则在是四者
- （8）动机与地位之分类，其纵横贯通之理，可于第二节末之表见之

友爱 { 余义 {

(一) 友爱与公道 ——
(1) 大较：友爱诸德之一，公道诸德之大全。以性质论，友爱纯，公道杂；以范围论，友爱狭，公道广
(2) 同点：(ⅰ) 凡有群，斯有公道，而友爱亦在其中。(ⅱ) 友爱之道，因人而异，公道亦犹是也。(ⅲ) 公道有法定非法定之二类，友爱亦有法律上与道德上之别
(3) 异点：公道重比例之平等，友爱重数量之平等

(二) 友爱与幸福 —— 幸福之为言至善，至善，尽量发展其本能。欲发展本能，非自爱不能。且爱己矣，亦欲爱人。爱人矣，犹欲见爱于人。夫爱己，爱人，见爱于人，三者皆友爱之事，而幸福之人皆需之，故幸福之人不可无友

(三) 友爱与穷达 ——
(1) 穷达俱有需于朋友，盖同情之心，人皆有之；穷则欲人同情于我，达则亦欲以我同情于人
(2) 己患难，不欲以累友，友患难，则拯之唯恐不及，是盛德之事，君子为之

(四) 爱有差等 —— 凡百之人，其与我之关系有不同（如亲疏厚薄之别），故其爱之也有差等。而其人之才德品位，亦能左右我对彼爱敬之心

(五) 朋友之数 ——
(1) 交友不必多，而真挚之友亦不能多
(2) 利乐之友，求多较易；为德之友，求多实难

(六) 爱之涣变 ——
(1) 友变其德，劝之戒之，不听则绝之
(2) 一人长驱万里，一人碌碌如故，则原始友谊，势难维持

第九章　快乐

本部分第三章，尝谓苦乐与道德有密切关系，善驭苦乐，则成德不难。且人恒以快乐为人生最高目的，所谓幸福（happiness），所谓至善（highest good），即在其中矣。可见苦乐问题（problem of pleasure and pain）在伦理学至为重要，不可不辩。故亚氏曰：

  苦乐问题，必须重论，另有故焉。盖吾尝谓道德与不道德，与苦乐有关。且常人之见，佥以幸福，即在快乐之中。（卫尔敦英译亚里士多德《伦理学》页二三六）

  吾人讨论，次及快乐，在所宜然。盖快乐与人性，息息相关。人之教育子弟，有如行舟，以苦乐为舵（盖谓苟有正当之苦乐观念，而能善驭之，则无往不利；正如行舟，既正其舵，则可保无倾覆之虞矣）。且成德之要素，舍正当之苦乐观念外，别无其他矣。苦乐与人生相终始，人莫不去苦就乐，故苦乐于人生之幸福与道德，有莫大之影响焉。（卫尔敦英译亚里士多德《伦理学》页三一六）

第一节　一般人之论快乐及亚氏之批评

唯快乐于人生，关系至深，故人各就己之所见，自持一说。综观众说，不外二派：（一）快乐论；（二）反快乐论。试读亚氏之言，亦可以见之矣。亚氏曰：

> 或谓至善，即快乐也。复有人焉，所见反是——彼谓快乐，恶之极也。后者之持此说，或确信其然；或因有鉴于人性之趋乐，常以心为形役，故作矫枉过正之论。意谓为人类之利益计，与其乐而忘忧，毋宁刻苦过甚，庶可渐归中道。（卫尔敦英译亚里士多德《伦理学》页三一五、三一六）

论快乐者，分为二派，既如上述，兹分别论之如下：快乐论者，谓天下无贤愚贵贱，莫不趣乎快乐。夫可欲之物，皆有善（good）在，然则众所共欲者，岂非至善？快乐为众所共欲，故至善。亚氏曰：

> 游杜沙斯氏，因见万物不论有知无知，皆唯快乐是求，遂主快乐至善之说。谓凡可欲之物，无有不善，故至可欲者，斯至善矣。夫物而为万类之所同趣，适足以见其为至善；盖万类之为己谋善，正犹求饱暖也。故物苟为万类之所同善，莫不以之为鹄者，不待问而知其为至善矣。（卫尔敦英译亚里士多德《伦理学》页三一六）

从亚氏之言观之，游氏主快乐至善之说，其理由如次：（一）凡可欲者皆善，最可欲者至善；（二）快乐为人所共求，故非徒可欲，且最可欲；（三）快乐既最可欲，斯为至善无疑。

游氏尚有其他理由，以证明快乐之至善：（一）痛苦为万物之所同恶，故最不可欲；快乐适居其反（opposite），故最可欲。最可欲者，斯至善矣。（二）凡物别无所为而可欲者，斯最可欲。人求快乐，别无所为，只为快乐而求快乐耳，故快乐最可欲。最可欲者至善。（三）物之善者，益以快乐，其善可增。益于物，而增其善，则所益者亦必为善矣。

快乐论之主张，既备述于前，今请观反快乐论之主张如何。反快乐论，又有三种主张：（一）快乐绝对非善；（二）唯极小数之快乐为善，大多数皆恶；（三）纵令快乐为善，亦非至善。

主快乐绝对非善者，其理由亚氏尝详述之，今引其言于下：

> 以大致论，快乐非善，盖每种快乐，莫非达到自然状态之方法；方法与目的，绝不相类也。例如造屋之方法，谓其即等于屋，可乎？抑尚有故焉：夫节制之人，往往菲薄快乐；深思远虑之君子，只求无苦而已，快乐非所趣也。且快乐有碍于思虑，快乐弥增，则阻碍弥甚……复次，凡善皆出于专术，独快乐无专术。且日与快乐相征逐者，其唯小儿与禽兽乎！（卫尔敦英译亚里士多德《伦理学》页二三五）

观夫亚氏所述，主快乐绝对非善者，理由有六：（一）快乐非目的，乃方法，故不得为善。（二）善非偶然，志为君子，必有术焉以达其志。今不闻有专术，以致快乐，是快乐不得为善也。（三）节制之人，常避快乐。节制者，善人也；善人而避快乐，则快乐之非善可知矣。（四）深思远虑者，不求快乐，则快乐之足以祸身也。又可知矣。（五）小儿不知善恶，禽兽冥顽不灵，彼之所求，安得有善？（六）逸则无虑，乐则忘忧，故快乐者，思虑之贼；人无思虑，灾必迨其身矣。

主大多数之快乐为恶者，谓快乐鲜有能逃是三害者：（一）辱身；（二）败名；（三）害身。譬如出入花街柳巷，荡子以为乐矣，殊不知其辱身也。欺诈取财，一时致富，固有可乐，殊不知名誉因之而扫地矣。终日博弈饮酒，人或谓其乐矣，殊不知害身已甚。有是三害，快乐鲜非恶者。至于主张快乐纵可谓善，亦不得为至善者，则以快乐非目的，不过一种方法故耳。

按反快乐论之主张，虽有三说，其由极端以渐趋于温和，固显而易见。其初以快乐绝无善之可言，是极端之论调也。次谓大多数之快乐非善，尚有小数焉，可以谓善；是已退一步矣。又次谓纵可谓善，亦非至善；可见快乐虽未能为至善，以谓之善，固无不可也；是又退一步也。由是观之，反快乐论之态度，亦可于言外见之矣。

亚氏既将论快乐诸说，述其大概，己则进而研究其是非，然后加以批评。本节自此以下，专述亚氏之批评。亚氏于诸家之说，莫不唯唯否否，而对于反快乐论者之主张，似尤不满。兹详述之如次：

快乐论者之主张，以快乐为善，且亦至善。其理由有四，虽已俱见于前，姑重述之，以便与亚氏之批评相参证：（一）快乐为人类所共求，故最可欲；最可欲，斯至善矣。（二）人莫不知痛苦之为至恶，快乐为痛苦之反面，故快乐至善。（三）凡物不为他物之工具，而自身即目的者，斯为至善。人求快乐，别无所为，快乐自身，即目的矣，故快乐至善。（四）以快乐加诸其他善物之中，则其他善物，益增其善。

关于第一理由，亚氏有言曰：

> 凡谓众人所共引为鹄之事物为非善者，其言论似无根据。盖人之公见，不得不认为真；夫以众人之公见为不可信者，其欲更进以较为可信之说以代之也，吾知其难矣。苟徒冥顽不灵之物，追慕快乐，则是人者之所云，尚或有说；苟有识有知之人类，而亦追慕快乐，则此理又当何解？（卫尔敦英译亚里士

多德《伦理学》页三一八）

自亚氏之言观之，似亦承认众人皆趋快乐；快乐既为众矢之鹄，自有善在，是实不可讳之事实也。但未必即见其为至善耳。

其第二理由，以快乐与痛苦相反之故，因谓其为善。或曰：是不足以证快乐之为善也。何则？盖相反者，不尽善恶之间然也。两恶固亦可居相反之地。例如饥寒，可以使人冻馁，恶也；饱食暖衣，无所事事，尤足令人败性，亦恶也。夫饥寒冻馁之与饱暖败性，孰不知其相反，然其为恶也则一。非止此也，与善恶相反者，又有不善不恶者焉。例如疾病，人皆恶之，恶也；身体雄健，人皆好之，善也；二者与不强不弱之态，适相反也。不强不弱，人咸视以为常，无所好恶乎其间，是不善不恶者也。多病与雄健，于不强不弱之为相反也，尽人皆知；是则善恶固可与不善不恶者相反矣。既如是，快乐虽与痛苦相反，岂遽见其为善？

或者之驳难，似持之有故，言之成理，亚氏固亦称其智也，然犹未足以中快乐论者之要害也。且听亚氏云何，亚氏曰：

此言诚然，唯以论苦乐，实有未得其情。假令苦乐二者俱恶，则避之犹恐不及；苟俱非恶，则二者皆无庸避，或避此趋彼；然揆之事实，人莫不以恶故而避苦，以善故而趋乐也。然则苦乐之以善恶而相反也明矣。（卫尔敦英译亚里士多德《伦理学》页三一八、三一九）

亚氏之意，盖谓相反之物，固不限于善恶之间，然以事实论，快乐之与痛苦，其相反也，以善恶故；盖人莫不以苦为恶而避之，以乐为善而趋之也。亚氏重多数人之意见，苟人人所见，率皆如此，断非偶然之事。今常人之见，莫不以苦为恶，以乐为善，然则苦乐之以善恶而相反也，固无或疑矣。由此观之，快乐固可谓善；然究为至善否耶？是乃另一问题，亚氏似未遽承其为至善也。

对于第三理由，亚氏书（《伦理学》）中，未有特加批评之语；虽然，从其对于第四理由之批评，亦可以推知亚氏之意。亚氏曰：

> 此论只足以证快乐之为一善，尚未有以证其超乎一切善也。何则？盖一善益以他善，则弥见其可欲。柏拉图氏之证快乐非至善，其论调与此如出一辙。氏谓快乐非至善，以快乐生涯，益以深虑，则更为可欲故也。苟快乐生涯兼深虑，则有胜于前，快乐固不足以为至善矣；盖至善者，断不能有所益而使其更形可欲也。（卫尔敦英译亚里士多德《伦理学》页三一七、三一八）

亚氏之言，盖谓快乐诚善，然人生得快乐矣，犹未可引以为足也，必加之以德，然后快乐之生涯，乃益臻于善。此理易晓。例如丰其食，美其服，安其居，兼以父母俱存，兄弟无故，妻子好合，人生之乐事，可谓咸粹于其身矣；苟度量褊小，性情骄蹇，奚如富贵而知礼义者之为美哉？是故与其言以快乐益诸他善而增其美，毋宁谓以他善益诸快乐而增其善；然则快乐可以有所益而增其善，固非至善矣。快乐既非至善，则非最高目的，而终不免为其他之工具，是则第三理由之所证明，又不可信矣。

亚氏对于快乐论之批评，既如上述；其对于反快乐论之批评，犹有可叙者焉。反快乐论之主张，分为三种：（一）快乐尽恶；（二）大多数之快乐为恶；（三）快乐纵有善，亦非至善。今循此序以叙述亚氏之批评于下：

第一种之主张，有理由六：（一）快乐不过一种方法，故非善。

亚氏驳之曰：

快乐之为物，不必更有物焉，超乎其上，如目的之超乎方法也。盖快乐不尽为方法，或附丽于方法之物；快乐，动作也，目的也。吾人之经验快乐也，不在训练某种能力之进程（process）中，乃在某种能力，既获得后，施其能事之时也。于诸类快乐之中，未必皆有目的焉，以与之分立……（卫尔敦英译亚里士多德《伦理学》页二三七）

亚氏所云，盖谓快乐不必尽为方法，亦可以为目的。快乐既可为目的，谓其绝对非善，固不待思索而知其不可矣。或曰：上文亚氏之驳快乐论之以快乐为最高目的也，尝引其师柏拉图之说，谓快乐可益以深虑等，以使人生更形可欲，而益增其善；是不以快乐为目的也。今则以快乐为目的，前后岂不矛盾乎？曰：不然，前者驳快乐之为最高目的，今者谓快乐可为目的之一也。快乐虽未得为最高目的，孰竟谓其不得为目的之一耶？且前者之所指，乃身体上或物质上之快乐，今之所谓，乃精神上之快乐，二者迥然不同也。物质之快乐，非徒未得为最高目的，尚且不得引为目的。至于精神之快乐，有德君子，尚且求之，幸福之人，莫不有至乐存乎其心；然则快乐不独可以引为目的，且纵非最高目的，亦可谓最高目的之附属品矣。盖最高目的，在于尽量发展其本能，本能既能尽量发展，而不得快乐者，未之有也。且亚氏之以快乐为动作也，盖亦指此。夫尽量发展其本能云者，扩充其合于理性之动作之谓也；苟若是，则快乐随之而至；故快乐为动作一语，犹云快乐生于动作——动作之合于理性者也。

（二）凡善必有术焉，以求得之，今无专术，以致快乐，故快乐非善。亚氏驳之曰：

> 快乐不生于术，固所应尔，盖术不能生动作，所能生者，其唯能力乎……（卫尔敦英译亚里士多德《伦理学》页二三七、二三八）

术生能力（faculty），而不能生动作，其故有可说乎？曰：有，盖术属于知，动作属于行；知一事也，行又一事也，二者无必然之连带关系（necessary connection）。例如梓人，虽娴造屋之术，固可卷而存之；又如书家，虽精临池之方，固有惜墨如金者也。故有术者，斯有能力，如梓人之有造屋之能力，书家之有挥毫之能力；至于运用此能力，以见于动作也，则无必然之势矣。亚氏以快乐为动作，动作不生于术，故快乐亦不生于术也。

（三）节制之人，常避快乐，故快乐必为恶矣。（四）深思远虑之辈，只求无苦，不趣快乐，可知快乐之非善也。（五）小儿禽兽，唯乐是求，故快乐必无善者。此三种理由，亚氏以同一之词驳之，其言曰：

> 或谓节制之人，常避快乐，计深远者，不趣快乐，只求无忧足矣；唯快乐是务者，小儿禽兽之所为也。余谓是言也，可以一词辟之。夫快乐之为善，有绝对相对之别，与夫何者为绝对，何者为相对，上文既已备论之矣。今小儿与禽兽之所追求，盖快乐之相对者也。所谓深思远虑之人，只求无苦者，盖亦指此而言也。彼之所弃者，其肉体之快乐——快乐之足以满足欲望，产生痛苦者乎，快乐之使人陷于淫逸者乎！故节制之人，必避此等快乐；然彼之心，岂乏其固有之快乐哉？（卫尔敦英

译亚里士多德《伦理学》页二三八）

绝对之快乐何如？相对之快乐又何如？前者，精神之快乐；后者，肉体之快乐，是已。日夜思维，以求真理，精神之快乐也；赌博声色之好，肉体之快乐也。前者不能满足欲望（desire），然不为身累，其为乐也永；后者可以满足欲望，然乐尽苦生，其为乐也暂。节制之士，远虑之人，唯有鉴乎此，故舍后者，而求前者；小儿无识无知，禽兽冥顽不灵，故独知趋乎后者。虽然，固不可概括一切快乐，谓其尽恶，盖肉体之快乐，过当则诚恶，精神之快乐，其善亦莫可掩也。

（六）人无深思远虑，灾必迨其身；快乐者，思虑之贼也，故恶。亚氏辟之曰：

深虑也，德态也，俱不为其所生之快乐所障碍。障碍之者，其唯外来之快乐乎！盖读书之乐，唯有使人勤读，不闻反令其辍学者也。（卫尔敦英译亚里士多德《伦理学》页二三七）

快乐固有妨碍思虑者，然亦视何种之快乐耳。与思虑不相为伦者，如声色赌博之类，固能妨害之矣，盖思虑与声色赌博，不同出一源——前者精神之事，后者肉体之事。专顾肉体之乐，则不免忘精神之忧。例如蔽于物欲者，终日营营，唯恐不得，既得之矣，又患失之，顾彼引以为乐，而不自知其心之良知，固已丧无余；是则乐以忘忧之谓也。

反快乐论之第二种主张，谓大多数之快乐为恶，以其有三害焉：（一）辱身；（二）败名；（三）害身是已。亚氏驳之曰：

> 以快乐之事，有能为害之故，辄谓快乐为恶，是犹因养生之事，有不利于殖货者，遂谓健康为无益也。能为害之乐事，与夫不便牟利之养生之术，诚无可取，然此不足以证快乐与健康之自身为有害也。读书固有时伤体，因谓读书为不良之事，可乎？（卫尔敦英译亚里士多德《伦理学》页二三七）

以快乐有能为害之故，因谓其尽恶，是以少数例全体，固不可也。纵不谓其尽恶，而以大多数为然，亦未见其可也，盖快乐之有害者，不过限于肉体者耳；而肉体之快乐，尚非绝对所不容，必也昏淫无度，有过中庸之道，斯乃在所不取也已。

反快乐论之第三种主张，谓快乐纵可谓善，亦不得为至善。亚氏驳之曰：

> 快乐之不因其有恶之故，而谓其绝无至善，犹知识之不因其有妄之故，而谓其无真理也。举凡一切德态，皆容有自由无碍之动作，此等动作，洵为幸福；且唯其无所障碍，而得自由也，故最可贵。是之动作，即快乐矣。由是观之，纵令快乐多恶，此种快乐，固不害其为至善也。（卫尔敦英译亚里士多德《伦理学》页二三九）

人莫不有德态，德态云者，行为之趋向也。行为可趋乎正，可出乎邪。人之所以别于禽兽者，端在人有理性。以理性合德态，而成人之本能。德态受理性之指导，以施其动作，是谓行为。人类之行为，殊非禽兽之妄动所可比，以其有理性为指导故也。此种行为，尽量扩充，是谓尽其本能，尽其本能，斯有幸福也已。既得幸福，自有莫大之快乐。幸福者，至善也；幸福中之快乐，非至善而何？

幸福中之快乐为至善，故曰：快乐有至善者。

亚氏对于各派之论快乐，皆一一加以研究，而下批评。其批评之内容，既如上述。综观上文所述，可知快乐论之主张，不足以证快乐之为至善，反快乐论之主张，亦不足以证快乐之为恶。夫快乐之为善为恶，不可以概括论。快乐有种类之别，盖快乐生于行为，行为有善恶高下之分，故快乐亦随之而有等差。故谓快乐尽善，或皆至善，不可也；谓快乐尽恶，绝无善者，亦无当也。

第二节　亚氏之论快乐

亚氏曰：

> 肉体之快乐，实僭快乐之名，盖是乃人人所同有，其能不醉心乎是者，亦云鲜矣。于是乎人类徒知有此种快乐，以为舍是之外，别无其他者矣。（卫尔敦英译亚里士多德《伦理学》页二四〇）

快乐之事甚多，唯肉体之快乐，人常误认以为独一无二者耳。是有故焉，请详言之，人类之唯知有肉体之快乐者，以其需之切，而好之深也。其原因有可说焉。（一）人生苦恼之事甚多，其苦恼弥多，则其慕快乐也弥切。肉体之快乐，足以驱苦恼，而其效易见。（二）肉体之快乐，能满足热烈之欲望。不苦不乐之境，不足以厌人意，故必更求深刻之快乐以为快。

以肉体之快乐为独一无二者，殊未见其当，而唯是之务者，尤不可取。虽然，肉体之快乐，固非无补于为善，欲成幸福之人，尚不免仰助乎是也。且听亚氏之言曰：

职是之故，人莫不以幸福之生涯为可乐，而谓幸福即兼快乐。此见诚不谬也。盖任何动作，苟有障碍，辄不能尽美满之能事。幸福之为物，可谓美满矣；然幸福之人，苟欲行为无所障碍，必有需于肉体之善——外界之善——以为幸福之良辅。（卫尔敦英译亚里士多德《伦理学》页二三九）

欲成幸福之人，须尽量发展本能；尽量发展本能，则在扩充理性行为；扩充理性行为，必无所障碍而后可。肉体之痛苦，足为理性行为之障碍。有人于此，欲不受束修，以教贫人子弟，无奈饥寒交迫，不能遂其素志。是非肉体之痛苦，阻人做理性之行为耶？进而言之，肉体之快乐，足以助人为善。例如好学之士，苟无强健身体，则精神不能勤读不倦，苟乏充裕资财，则不能广置书籍，以资博览。虽然，求肉体之快乐，要在适中，不可太过。太过则为害更甚，盖乐则忘忧，逸则生诈，万恶之根源也。

　　以上论肉体之快乐，有要点三：（一）不足以当快乐之全部。（二）求之而得中度，则有补于理性之行为。（三）求之太过，则为害不可胜言。是三点者，差足以解常人之惑——常人对于快乐之误解。以下专述亚氏对于快乐之根本观念。

　　快乐之为物，犹黑暗府库，欲窥其隐，必得其钥焉而后可。亚氏所用之钥，行为是已。彼以行为解释快乐，一切困难问题皆迎刃而解矣。氏谓一切行为，皆有其快乐在。例如五官：耳之官主听，听之中有快乐存焉；目之官主视，视之中有快乐存焉；口之官主味，味之中有快乐存焉；鼻之官主嗅，嗅之中有快乐存焉；心之官主思，思之中有快乐存焉。其言曰：

　　凡官能，各有其相当之快乐；吾人常言美景佳音云云，即此可以证之矣。苟官能保其完善之状态，其对象尽其美满之能事，则所得快乐，亦最大无以复加。非止此也，苟感官与对象，俱极完美，只令有官焉以感，有物焉以为感，则所得快乐，莫不与之相终始也。（卫尔敦英译亚里士多德《伦理学》页三二六）

行为出于官能。官能之下者，如耳目口鼻，各于其所闻见味嗅，而分其美恶优劣；美恶优劣，对人之感觉言，则为快乐与痛苦。官能之上者如心，其所思亦有美恶优劣之别，而苦乐之感，亦因之而起矣。故行为之有苦乐，无或疑也。

"苟官能保其完善之状态，其对象尽其美满之能事，其所得快乐，亦最大无以复加"，是何谓也？请举例以说明之。譬如口之食物，使其人无伤寒等病，则味觉露；加以所食之物，烹调得法，则食时必觉其味之美。是官能与对象，俱极完美，则所得快乐亦至大之明证也。反之，苟味觉不露，则物虽美，食之亦不觉其味之妙；苟物粗劣不堪，则味觉虽灵，食之亦味同嚼蜡，毫无快乐之可言矣。非徒口之官如此也，心之官亦然。心机既敏，与以高深之问题，则愈思愈觉趣味无穷。心机迟钝，则高深问题，于彼格格不相入。倘问题粗浅，则不值心机敏捷者之稍用其心，乐趣亦何从而来？

快乐生于行为，"有官焉以感，有物焉以为感"，是有行为也；有行为，则快乐无不在，故曰："莫不与之（指行为）相终始。"

综以上所论，有要点四：（一）快乐生于行为。（二）一切行为，皆有其相当之快乐。（三）行为之主动者（subject to act）与行为之对象（object to be acted on）愈完善，则所得快乐愈大。（四）只令有行为，斯无时不有其相当之快乐。抑更有补充者，且听亚氏之言曰：

> 一切官能，各施其动作于其适当之对象。苟官能完善，而其所及之对象，至为高贵，则动作斯美满矣……此种动作，不独最为美满，亦最为快乐。各种感觉之中，皆有快乐存焉；一切思虑悬想，亦莫不然也……（卫尔敦英译亚里士多德《伦理学》页三二五）

所补充者何？（一）曩不云乎，官能与对象，俱极完善，则所得快乐亦至大。此处所补充者，乃在所得快乐，何以至大。盖官能与对象能完善，则动作最为美满；动作最为美满，则所得快乐，乃至大矣。（二）不徒感觉之中，有快乐存焉，一切思虑悬想，亦莫不有之，盖思虑悬想，亦动作也。夫思虑悬想，心灵之能事也，心亦官能之一；官能所施为动作，故心之所为者，亦动作也。

快乐自行为生，然则快乐与行为，其间之关系如何？曰：适当之快乐（proper pleasure），与其所自生之行为相增长；不适当之快乐，与其所不自生之行为相抵消。请听亚氏之言曰：

> 适当之快乐，于其所自生之行为，有助长之功……例如耽于几何学者，其了悟其中之问题也，较他人为精审；其成家也，视他人为易。好音乐，建筑及其他艺术者，亦莫不然；其进步之速，正因其兴趣之浓厚也。快乐可以助长行为；然一物之能助长他物，其彼此之间，关系必密。夫与不同类之物相关者，其自身之不同类，不待言矣。（卫尔敦英译亚里士多德《伦理学》页三二八）

为一事而好之笃，则有不能自已之势，且事半功倍。好之弥深，则其进步也弥速；唯其进步之速，成绩之佳，其好之也亦日甚。于是由乐趣生行为,由行为复生乐趣,二者互为因果,其效在于相资为用,以达于最美满之结果。故曰:快乐与行为相增长。

虽然,此就适当之快乐,与所自生之行为论也,不适当之快乐,与所不自生之行为,其间之关系,正与此相反。亚氏曰:

> 快乐之生于一种行为者,有碍于他种行为。例如好弄箫者,一闻箫音,辄悠然神往,不遑与人论辩,盖箫音于彼,其乐趣过于曩者之雄辩;是则弄箫之快乐,阻止雄辩之行为也。抑有同乎是者:有人于此,同时兼为二事,则于彼乐趣较高之事,足以排黜其他一事;苟二事乐趣相去过远,则其一且全部并吞其他,使其无立足之地矣。故吾人苟笃好一事,则不能兼为他事。必也为之而视如莫须有,然后乃能兼及其他;犹梨园子弟扮演不工,观众因食果饵以消遣也。(卫尔敦英译亚里士多德《伦理学》页三二八、三二九)

不适当之快乐之阻碍所不自生之行为也,有二途焉:(一)有一行为矣,而其他之乐趣起,则此乐趣,足以妨害所已有行为之进展。犹亚氏所云,好弄箫者,雄辩之顷,忽闻箫音,遂无心于论辩者然。(二)同时兼为二事,则二事之乐趣,不免有所高下,乐趣高者,足以障碍乐趣低者,其障碍之程度,与乐趣相差之程度,成正比例。

不适当之快乐之阻碍行为也,不亚于其相当之痛苦(proper pain)。夫静坐观书,而门外车马之声,轧轧不休,是观书之相当痛苦也。欲与爱妻白头偕老,而不幸中路相抛,是爱情之相当痛苦也。然观书矣,而心念鸿鹄之将至,其为害于观书也,与车马之声同。与妻同居,而别有外宠,其为爱情之疮痍也,与悼亡同。

唯快乐于行为有助长之功,而能致之于美满(perfect)之境,谓其于人生也，亦有如此功效，不亦可乎？盖人生之内容无他，行为是已；无行为，虽生犹死。故亚氏曰：

> 今谓人皆欲得快乐，无不可也。盖人莫不欲生。生命非他，动作是已。人之动作，其所及之范围，与所用之工具，皆本诸其心之所好。犹乐师之用其耳于声音，学子之用其智于悬想也。（卫尔敦英译亚里士多德《伦理学》页三二七）

> 快乐完成行为，故亦完成生命。生命者，人类欲望之指归也。快乐既能完成生命，而生命又为人之所同欲，然则人之趣于快乐，于理固不谬也。（卫尔敦英译亚里士多德《伦理学》页三二七）

夫欲维持生命，不可无行为，行为又赖快乐以完成之，故快乐之于生命，亦有功焉。于此可见亚氏固不摒弃快乐。形下之快乐（即肉体之快乐），与形上之快乐（即精神之快乐），俱有助于人生。形下者，如衣食财用之类，不缺乎是，行为始无阻碍；形上者，即各种行为之兴趣，有之，行为乃能发展。虽然，凡事皆以适当为上。形下之快乐，太过则有害；形上之快乐，不得其所，则亦为行为病（谓不适当之快乐之足以阻碍所不自生之行为）。是则亚氏所叮咛者，亦足见其无时而忘中也。

一种快乐之于人也，鲜能久持不衰，其故有可说乎？曰有，且听亚氏之言曰：

> 人不能长感快乐，何耶？或以人有疲倦故耳。夫人鲜能常勤不息，一种行为之停止也，其所生之快乐，亦因之而衰歇，盖二者相终始也。故人初行一事，则觉乐趣多，逾时渐杀。是

无他，其始也，聚精会神乎是，为之甚勤……继则稍倦，以至于沉寂，而快乐之感，亦因之而消灭矣。（卫尔敦英译亚里士多德《伦理学》页三二六）

快乐生于行为，有行为，然后有快乐，行为愈猛进，则快乐愈大。或谓兴趣生行为，有兴趣，自不难施诸行为，其实此语似是而非也。凡事必先尝试，积勤至于相当程度，然后乐趣起，于是有不能自已之势。苟从不尝试，而曰必待兴趣来，然后为之，试问兴趣从何而来？是犹不食而求饱也。故人贵在自强不息，能如是，则快乐无疆！

曩者所论，综其要点，可分四项：（一）适当之快乐（proper pleasure），于其所自生之行为，有助长之功。（二）不适当之快乐（improper pleasure），于其所不自生之行为，有障碍之力。（三）快乐既能助长行为，而完成之，则快乐亦能完成人生。（四）快乐不能久持不替，盖以行为有衰歇故。

行为有种类之别，显而易见。快乐生于行为，故其分类，依行为而定。亚氏曰：

行为各有不同，故快乐亦然。视觉异于触觉，其纯粹也，殆或过之。听嗅二觉，过于味觉，其所生之快乐，亦各不同，至于快乐之生于理智，又异乎是数者，而有以过之。总之，各感官皆有其特殊之快乐，理智亦莫不然。故曰：有机能，斯有快乐，盖快乐即在动作之中也。试观各生物，此理可见。犬之乐，与马之乐异；马之乐，与人之乐，又不同也。故哈拉克赖图曰："束刍之于骡，贵于黄金，以其乐乎彼，而不乐乎此也。"（卫尔敦英译亚里士多德《伦理学》页三三〇）

生物之种类有不同，其快乐之感，亦因之而互异。非止此也，同类之生物中，其快乐之感，有不同者。此情于人类最显。以言感官，或好美味过于佳音，或好佳音过于美味；以言心官，或爱文学甚于数理，或爱数理甚于文学。各因其性之所近，而定其好恶爱憎。亚氏曰：

> 生物之不同其种类者，其快乐观念，既已互异，然则同类者，宜乎同矣。是又不然，同类之中，其快乐观念，有大异者，至少于人为然。同一物也，或乐于此，而苦于彼，或爱于此，而憎于彼。同肥甘也，病者尝之，与健者尝之不同味。同温暖也，麻木者之感觉，与常人之感觉悬殊。是二者然，他物亦如是也。（卫尔敦英译亚里士多德《伦理学》页三三〇、三三一）

快乐之类别，因生物之种类而不同，其故有可说焉。盖生物各有其适当之动作，动作因种类而异；快乐从动作生，故亦因种类而悬殊也。例如禽兽只有感官之动作，故其快乐，亦限于肉体者耳。至于人类，感官之动作外，兼有理性之行为，故其快乐，分为二种：肉体者与精神者是已。前者名为感官之快乐（pleasure of the senses），后者名为理智之快乐（pleasure of the intellect）。

快乐之种类，因行为而定，即如曩者所云；快乐亦有善恶之别，其标准又何在耶？请听亚氏之言曰：

> 凡此种种，有德之人之所见者，斯不谬矣。苟是言不诬。苟道德或善人，乃一切之准衡，则凡善人心目中之快乐，乃真快乐，彼之所引为乐者，斯乃可乐也已。彼之所不欲，而他人以为可乐者，或有之，盖人有贤不肖之不齐，固无怪其然也。

虽然，不肖者之所欲，亦惟若辈乐之；其乐之也，正以其不肖耳。（卫尔敦英译亚里士多德《伦理学》页三三一）

快乐以善人之所见为准，而定其善恶：善人之所取者善，所不取者恶。是犹以行为为标准也，盖快乐生于行为，行为善，则所生之快乐亦善；善人之行为无不善，故其所视为快乐者，亦必善矣。亚氏曰：

于良善之快乐中，所适当于人者，其性质如何？察乎人类之行为，斯不难知之矣，盖快乐随行为而至者也。苟有行为焉，为完人（perfect man）所独有，则凡完成此种行为之快乐，皆人类之适当快乐，无或疑矣。其他则在其次也……（卫尔敦英译亚里士多德《伦理学》页三三一）

夫行为，有善有恶，有可欲，有不可欲，有浑然不分善恶，无可欲不可欲者；快乐亦如是也，盖每种行为，皆有其适当之快乐。是故快乐之适当于有德之行为者，斯善矣；适当于卑下之行为者，斯恶矣。（卫尔敦英译亚里士多德《伦理学》页三二九）

综本节所论，摘其要点如下：（一）快乐生于行为。（二）各种行为皆有其适当之快乐。（三）快乐能完成行为，亦即完成人生。（四）快乐有种类之分，其分类标准，因行为而定。（五）快乐分二大类：（甲）感官之快乐；（乙）理智之快乐。（六）快乐有善有恶，行为善者，其所生之快乐亦善；恶者，其所生之快乐亦恶。（七）善人之行为尽善，故其所乐者亦善，可以为常人之标准。

常人之论快乐，浑然不分种类，而往往偏认感官之乐为乐。夫感官之快乐，效果易见，其利也显，其害也昭。有见于其利者，则善之；有见于其害者，则恶之。于是二说相持，是非莫辨，善恶莫分。迨亚氏起，始分问题为三方面，而研究之：（一）快乐之起源；（二）快乐之种类；（三）快乐之善恶。方向既定，解决自无难矣。

以快乐生于行为，则其为物，不落空虚。使人欲求之者，知所取径。近在己之四肢五官，施其动作，则快乐至。

以快乐分二大类——感官之类与理智之类——则从来错误之观念除。乃知快乐之为物，不尽于食而甘，服而美，居而安，即不限于肉体之安宁，物质之美满而已。又有形上者焉：读书而得其趣，乐在其中；为人效劳而得其所，乐亦在其中。举凡一切行为，苟不倦怠，则乐趣常存，乐趣存，则行为一往直前，必达于至美满、至完善之境而后止。

以行为之善恶，为快乐之善恶标准——行为善者，其所生之快乐善，恶者，其所生之快乐亦恶；于是快乐为善为恶之争息矣。欲知某种快乐之善恶如何，只需反察其所自生之行为；善，则其所生之快乐亦善，恶，则其所生之快乐亦恶。是之标准，真无所施而不适用者也。

兹引亚氏之言，以作本章结束。亚氏曰：

此中真理，盖如是耳：快乐固可欲也，苟其来源不道德，斯不可欲矣。是犹财富固可宝也，苟叛国以致之，亦无足羡也已……抑快乐有多种焉。其来源高尚者，异于来源卑下者。且公道之快乐，非行公道之事，不能得之；音乐之快乐，不习音乐，无从领会之也。（卫尔敦英译亚里士多德《伦理学》页三二一、三二二）

亚氏此言，可以统括其论快乐之主旨。欲得公道之快乐，必行公道之事云云，谓快乐生于行为，是其起源也。快乐之来源高尚，异于来源卑下者云云，谓快乐因行为而定其种类，所谓来源，即行为矣。快乐可欲，苟来源不道德，则不可欲云云，谓快乐之善恶，以行为之善恶为标准，而判别之也。

第九章纲要

快乐
- 一般人之论快乐
  - （一）从来论快乐者，分为二派：（甲）快乐论；（乙）反快乐论
  - （二）快乐论谓天下人皆趋快乐，故快乐为至善
  - （三）反快乐论有三种主张：（甲）快乐绝对非善；（乙）唯极小数之快乐为善，大多数皆恶；（丙）纵令快乐为善，亦非至善。是三说者，有由极端，渐趋软化之势
  - （四）亚氏对于各派之主张，一一加以批评。以为快乐论之主张，不足以证快乐之为至善；反快乐论之主张，亦不足以证快乐之为恶。是不可概括论。快乐有种类之分，以其生于行为故；行为有善恶之别，故快乐亦随之而有等差。谓其尽善或尽恶，皆无当也
- 亚氏之论快乐
  - （一）常人往往以肉体之快乐，笼罩快乐之全部。其实（甲）不足以当快乐之全部；（乙）求之得中，不无稍补于理性之行为；（丙）求之太过，流弊无穷
  - （二）亚氏以行为解释快乐，谓：（甲）快乐生于行为；（乙）一切行为，皆有其相当之快乐在；（丙）行为之主动者，与行为之对象，愈圆美，则所得之快乐愈大；（丁）只令有行为，无时不有其相当之快乐
  - （三）不特感觉之中有快乐，一切思虑悬想，莫不有

快乐 { 亚氏之论快乐 {
- 之，盖是二者，亦动作也
- （四）快乐与行为之关系：适当之快乐，与其所自生之行为相增长；不适当之快乐，与其所不自生之行为相抵消
- （五）快乐于行为，有助长之功，因谓其于人生，有助长之功，可也；盖人生之内容无他，行为是已
- （六）亚氏固不摒弃快乐。形下之快乐（属肉体者），与形上之快乐（属精神者），俱有助于人生，然要皆以适当为主
- （七）快乐不能久持不替，以行为有衰歇故
- （八）行为有种类之别，快乐生于行为，故依行为而分类
- （九）快乐之类别，因生物之种类而异。例如禽兽只有感官之动作，故只有肉体之快乐。人于感官之外，更有理性行为，故其快乐，有肉体与精神之二种
- （十）快乐之善恶，以行为之善恶为标准。善人之行为尽善，故其所乐者皆善，可以为常人法

批评 {
- （一）亚氏研究此问题，分为三方面：（甲）快乐之起源；（乙）快乐之种类；（丙）快乐之善恶；确是新辟门径，不若前人之混沌支离
- （二）谓快乐生于行为，则其为物，不落空虚；使人欲求之者，知所取径
- （三）分快乐为二大类——感官之类与理性之类——则从来之错见除
- （四）以行为之善恶，为快乐之善恶标准，则从来快乐为善为恶之争息

第十章　结论

亚氏之伦理学说，既已全部叙述如前，其系统如何，又不可已于言，兹略及之，以为本部分结束。

从来讲伦理者，皆为人生立一标准，以为最高目的，亚氏自亦如是。顾诸家之立为标准也，非外则内。外，则悬一理想人格，使人就之。就此理想人格，而适合其标准者，谓之善，谓之成德；否则恶，则败德。以人生标准在内者，辄谓万物皆备于我，我心有天良，以之断是非，辨善恶，无往而不利也。我心之所善者，行之，不善者，止之；行为本诸我心固有之天良足矣，何必更求标准于外？是二说者，皆偏至之诣也。前者失于艰涩难行，后者失之空疏谬妄。何则？理想人格之认识已难，更欲以身就之则弥艰矣。以我心为是非标准，直无标准，则凡一时念之所至，皆可为也，且狡猾诈欺之徒，将以此为口实，而乱天下矣。

唯亚氏之主张，最为完善。其以幸福为人生之最高目的也，则理想之人生标准具矣。人生既有标准，则行为有所率循，不至随心为是，而流于放荡不羁。顾其标准，又属诸我，斯免于迂阔难行之弊。其故有可说焉。氏以幸福为人生最高目的，幸福云者，尽量发展其本能之谓，发展本能，则在扩充理性之动作。举凡士农工商，之四民者，苟能各尽其分，保其本能，而发展之，乐生不倦，自强不息，行为准诸理性，内无自欺以负己，外不逆施于人以负社会，斯谓之得到幸福。其近在一己之身，不必远求；其普遍在闾阎市井之间，不必于朝廷庠序之中见之也。其理想之人格如此，顾不平易而翔实乎？

　　人生之目的既定，必有所以达之之方，然后乃能不流于空虚。亚氏有见于此，故论之綦详。氏分人性为两方面：理性与非理性是已。非理性发为情感，情感节之以理性，斯为道德行为。道德以德志为原动力，德志云者，人生之志愿也，行为之趋向也；以自动为性质，自动云者，自我主之，不受外界之逼迫也；以中庸为状态，中庸云者，不偏不倚，适得其中之谓也。中庸虽为道德之状态，易辞言之，虽为道德之所止，然成德之方，即在遇事择其中道而行之，不事太过，亦不为不及。故自其静观之，中庸为道德之状态；自其动观之，实为道德之方法。是又不可不知者也。

　　理性主知，举凡天地之所以位，万物之所以理，近在诸身，远及诸物，与夫是非之辨，善恶之判，彼皆施其能事。情感赖之而有节，行为准之而出于正，而中庸之认识，更舍理性无或能焉。其为用亦大矣哉！

　　人能各尽其性——发乎情感者，莫不出于正，见于行为者，无不得中庸之道，励精益智，自强不息——斯则尽其本能，尽本能，斯达幸福之境，而成完人矣。

　　不揣浅陋，窃取亚氏之意，融会贯通，制为下表（见书末——编者），以供读者参考，而其伦理学说之全部系统，于斯可以得其梗概矣。

严群年表

清光绪三十三年（1907） 1岁[1]

严群，字孟群，又字一指、不党，号淳斋。4月21日（农历三月初九）生于福建省侯官县阳岐乡。为长男，有二弟一妹。高、曾二祖皆业医，有名于时。祖传安，先后任职于清南洋及北洋水师。父家骅，清宣统元年（1909）考取首届庚款留美，获伊利诺伊大学理学学士、哈佛大学理学硕士学位；归国后，任唐山路矿学堂（北方交通大学前身）教授兼数学系主任。

民国四年（1915）前 9岁前

其伯祖严复先生时居北京，设家塾，延聘皖省宿儒金家庆先生为其子女授业，严群亦附学，受启蒙教育。

民国四年（1915） 9岁

返唐山，由父亲自授。

民国八年（1919） 13岁

回家乡，受业于同乡赵凤洲先生（前清解元），习古文。父亲授英文与数学。

民国十年（1921） 15岁

入美以美教会学堂福州鹤龄英华中学。

民国十三年（1924） 18岁

从亲命，与对江新岐乡孙师瑛女士成婚。严、孙两家有通

---

[1] 本年表所列年龄均为虚岁。

家之谊。孙女士叔祖孙香海先生，系严复先生在天津水师学堂学生；其父孙世华先生亦留学生，习电机工程，居美时即与严群之父相识。

民国十六年（1927） 21 岁

　　于英华中学毕业。同年 8 月考入福建协和大学哲学系，从此开始其从事研究哲学的生涯。严群之所以对哲学有深厚兴趣，除因家庭影响及其个性善思辨外，在中学时，曾细读过英国大哲学家罗素（Bertrand Russell）的名著《哲学问题》(The Problems of Philosophy)，深为该书文笔之流畅、条理之清晰、论证之严谨所倾倒。开始学习法文。

民国十七年（1928） 22 岁

　　转入北平燕京大学哲学系。当时该系华籍教授有黄子通、张东荪、张君劢等；金岳霖、冯友兰亦来兼课。开始学习德文。

民国二十年（1931） 25 岁

　　于燕京大学哲学系毕业，获文学学士学位。毕业论文为《亚里士多德之伦理思想》。同年 8 月，入燕京大学研究院，专攻古希腊哲学。

民国二十二年（1933） 27 岁

　　《亚里士多德之伦理思想》，经张君劢、张东荪审阅并作序，由商务印书馆出版。

民国二十三年（1934） 28 岁

　　于燕京大学研究院毕业，获文学硕士学位。毕业论文为《柏拉图》，同年 8 月由世界书局出版。同月获哈佛燕京学社奖学金，继续在研究院研究一年。在研究院期间，撰写了多篇学术论文，部分已于国内刊物发表，其他历经劫难，稿已不存。诸如：《苏格拉底之灵魂说》、《论柏拉图之爱底亚斯》、《柏拉图与亚里士多德之伦理思想及其比较》、《康德之论意志自由、灵魂不灭及上帝存在》、《释黑格儿哲学中"有"等于"思"之义》、《斯牧次"全体"进化论之鸟瞰》、《快乐主义与心理上之快乐论》、《历史变迁之因素》、《孔子与亚里士多德之中庸思想之比较》、《墨子研究》等，都是这期间的撰述。

民国二十四年（1935） 29 岁

获洛克菲勒基金会奖学金，赴美留学。入哥伦比亚大学研究院，深入研究古希腊哲学。

民国二十六年（1937） 31 岁

转入耶鲁大学古典语文系，专习拉丁文与古希腊文，兼习梵文、希伯来文、暹罗文等。包括先前学习的英、德、法文，共学过十种外国文。拉丁文与古希腊文熟练，为翻译古希腊哲学名著奠定了基础。

民国二十七年（1938） 32 岁

开始由古希腊文翻译柏拉图对话录。

民国二十八年（1939） 33 岁

8月由美归国。不久离沪北上，应燕京大学之聘，任哲学系讲师。

民国二十九年（1940） 34 岁

应燕京校长司徒雷登氏之托，为研究生讲授古希腊文。

民国三十年（1941） 35 岁

仍作哲学系讲师，兼代理系主任。这期间开始撰写《〈大学〉全书思想系统》及《〈中庸〉全书思想系统》二文。

民国三十一年（1942） 36 岁

珍珠港事变后，燕京大学停办。2月入北平中国大学哲教（哲学与教育）系任教授，讲授中、西哲学，直至1946年7月。

敌伪时期，清华、北大、燕京等大学教职员，无法前往大后方，而又不愿入伪学校者，多进中国大学。所以当时的中国大学有似沙漠之绿洲，人才济济，盛极一时。开始翻译柏拉图《理想国》。并用文言文译罗素之《哲学问题》，今稿已不存。

民国三十四年（1945） 39 岁

8月日本无条件投降。当时教育部于 1945 年 12 月至 1946 年 7 月，为"教育部特设北平临时大学补习班"，应聘任教授。

民国三十五年（1946） 40 岁

燕京大学复校，8月开始任燕大副教授，至 1947 年 7 月。

民国三十六年（1947） 41 岁

8月应浙江大学校长竺可桢之邀，南下杭州，任哲学系教授。

民国三十七年（1948） 42 岁

仍任浙大教授；并兼任杭州之江大学教授，讲授教育哲学。

1949 年 43 岁

5月3日杭州解放。师事大儒马一浮先生。在南下杭州任教于浙大期间，除继续翻译柏拉图对话录外，还写了多篇论文。诸如：《分析的批评的希腊哲学史——前苏格拉底部》（后由商务印书馆出版）一书中之七篇独立论文；为纪念严复评点《老子》文章发表四十五周年，撰写了《说老之"道"——老子思想之分析与批评》、《希腊思想——希腊的自然哲学与近代的自然科学》、《说"孝"》等。

1950 年 44 岁

浙江大学哲学系停办，转入外国文学系，讲授古希腊文与英文翻译；并为药学系讲授药用拉丁文。

1952 年　46 岁

　　高校院系调整，调入浙江师范学院，讲授逻辑学。

1953 年　47 岁

　　兼职浙江卫生学校，讲授医用拉丁文一学期。

1954 年　48 岁

　　兼职浙江医学院，讲授医用拉丁文一学期。

1958 年　52 岁

　　浙江师范学院更名为杭州大学，入政治系，仍讲授逻辑学。应中国科学院之聘，任哲学研究所特邀研究员。继续翻译柏拉图对话录。

1963 年　57 岁

　　赴北京参加中国科学院哲学社会科学部第四次扩大会议。所译柏拉图对话录中的《泰阿泰德·智术之师》一书由商务印书馆出版。

1965 年　59 岁

　　辅导杭大青年教师四人学习逻辑学，准备担任逻辑学教师，其中二人一直在做这门学科的教学工作。

1966 年　60 岁

　　"文化大革命"开始，备受冲击。十年动乱期间，家被抄，藏书及手稿被焚或丢失；最可惜者是大量已译就的柏拉图对话录文稿不知去向。进牛棚，直至"四人帮"倒台。这段时间，身心极度疲惫，精神体力大不如前。

1978 年　72 岁

　　10 月，参加在安徽芜湖召开的全国首届外国哲学史讨论会。宣读论文《哈拉克类托士》。后发表于《安徽劳动大学学报》，转载于《西方哲学史讨论集》（生活·读书·新知三联书店出版）。任浙江省哲学学会副会长。

1979 年　73 岁

年初开始，为杭大本校及外校教师开设古希腊文和拉丁文课近一年，教完了全课程。

1981 年　75 岁

《分析的批评的希腊哲学史——前苏格拉底部》11 月由商务印书馆出版。任杭州大学希腊研究所所长。

1982 年　76 岁

2 月，招收四名研究生。并讲授古希腊文及拉丁文。

1983 年　77 岁

着手翻译柏拉图对话录中的《菲独》。9 月，所译柏拉图对话录中的《游叙弗伦·苏格拉底的申辩·克力同》由商务印书馆出版。

1984 年　78 岁

12 月，四名研究生通过论文答辩，均获硕士学位。

1985 年　78 岁[①]

1 月 14 日因心脏病发作不治逝世。《菲独》未译就。严群先生一生最大的企望，就是将全部柏拉图对话录由古希腊原文译为中文及撰写《分析的批评的希腊哲学史》全部，未竟其志而抱憾终生。

1993 年

5 月，所译柏拉图对话录中的《赖锡斯·拉哈斯·费雷泊士》一书由商务印书馆出版。

---

① 农历正月初一长一岁，该年正月初一在 1 月 14 日之后，故仍为七十八岁。

《严群文集》后序

王维贤

我从 1942 年到 1947 年间，每个学期都听严群先生的哲学课，他是我受教最多，也是我受教最深的老师。从 40 年代末到他逝世的 1985 年，我跟他一直在杭州工作；1956 年后，我还接了他逻辑教学的班，成了一同在杭大政治教育系教书的教师。我虽然跟严先生受学时间很久，相处时间更长，但在此前，他的大部分著作我都没有好好读过。最近两三年，因为受他的子女的委托，整理他的著作，才认真地看了他留下来的所有遗著。当然，这些著作只是他全部著作的一部分，是灾后的劫余，但从中也可以看出他的思想发展的脉络、他的基本的理论观点。

现在整理工作已基本完成，阅读遗著过程中颇有感触，略谈一二。

首先，研究西方哲学的人，必然要遇到中西文化，特别是中西哲学的交会，继而考虑中西哲学的融合问题。记得在报上曾看到张岱年师谈现代中国哲学家中西方思想影响的比例问题。我们根据张先生的说法，以过去清华大学的几位哲学家为例，试加分判：金岳霖先生是中三西七，张岱年先生是中七西三，冯友兰先生是中西各半。严群先生也不例外。严先生没有系统的哲学著作，但他不失为一位深得中西方哲学思想的精髓、深爱中西方哲学思想的哲学家。

表面上看，他是植根于西方思想，以西释中；但是由于他的家学渊源，他对中国哲学思想的热爱，实质上他是在中西哲学思想的比较中，企图阐释中国哲学，发扬中国哲学。说他的哲学是中西参半，未尝不可。不过他的大部分著作是20世纪三四十年代完成的，而且他饱受西方思想的熏陶，不能不受西方哲学思想的深刻的影响。这种以西释中、在比较中阐述中国哲学的方法，留着深深的时代烙印。

其次，严先生是一位西方哲学史，特别是希腊哲学史的研究学者，他关于中国哲学的著作，也是以哲学史的形式出现的，可以说他同时是一位中国哲学史家。从他的著作，以及其他一些中国的、外国的哲学史，都可以看出书中所蕴含的著者的哲学思想。有体系的，甚至是博大体系的哲学史家，如中国的冯友兰、英国的罗素，其著作更可以看出这一点。孔子讲"述而不作"，《周易》有十传，都是以"述古"的形式显示作者的思想。当然，这与博大的、成体系的哲学著作不同，但是作者的哲学思想仍然溢于言表。严先生出版的那本《分析的批评的希腊哲学史——前苏格拉底部》，和长达七万字的论文《说老之"道"——老子思想之分析与批评》，都有在"分析"之后加"批评"的字眼，内容也正是以"批评"的形式显示作者的哲学观点和作者对中西哲学的比较分析。他的论文《孔子与亚里士多德之中庸思想之比较》更是以直接对比中西两哲学家的"中庸"思想为中心内容的，在其《亚里士多德之伦理思想》等著作中也处处侧重于中西思想的比较的讨论。这些著作都明确地反映了作者的哲学观点。

第三，严先生在阐释不同学派、不同哲学家或不同专著的时候，大多先分专题引用原文，逐条进行诠释，然后再综合地加以评述，并提出自己的观点。虽然对古代复杂思想家、哲学家的理解可能见仁见智，各有不同，但这种研究方法，使人觉得所述有根有据，绝非浮谈泛论，且给读者以根据原文做不同理解的余地。另外严先生的诠释也大多精炼严密，深得作者原意，评议通贯古今中外，条分缕析，时有胜义。

现在进而谈谈严先生在西方哲学史和中国哲学史的研究中所反映的理论观点。

严先生主要是研究希腊哲学的，他的哲学思想的一些主要部分，散见于他关于希腊哲学史的著作中。这些观点虽然是零碎地、分散地表达的，但综合起来，却构成一个完整的思想体系。他的思想的背景和核心是两个字：科学。科学也是希腊哲学家的核心，是希腊哲学对人类文化的最重大的贡献。严先生认为，哲学和科学都是要"繁中求简，散中求总，异中求同，殊中求共"。苏格拉底的求概念的方法，柏拉图意典说表现的从形下到形上，从特殊到一般，为后世的科学研究和哲学探讨提供了前提。希腊前苏格拉底各派哲学对客观世界"本体"的追求，苏格拉底向探讨人事的转变，经过柏拉图意典的追求，达到亚里士多德的接近泛神论的哲学观点，以及他在科学方法和科学分类上的重大成就，奠定了西方科学思想的传统。严先生这种希腊哲学史观和他对科学的推崇，构成了他的哲学思想的基础。

严先生反对宗教，反对有超自然的上帝创造世界，赞同宇宙的秩序、规律即寓于自然界之中。他不但反对创世的宗教观，而且反对有独立于物或与物相对的心，认为心、物对立只存在于认识论，心同物的关系只是宇宙中此物与彼物的关系。他主张本体上的一元论，认为二元论或多元论是哲学上的失败。而且这一元的本体是物而不是心。他在宇宙论上的另一个特点是反对爱利亚学派的唯静主义的宇宙观，认为他们的"有""太空、太板"，因而倾向于赫拉克利特的观点，认为赫氏的"火"，说是本体，实为"过程"，认为这种观点是同中国思想相通的。在谈到恩培多克勒的哲学时，称赞他为自然主义的泯心物对立的自然主义的认识论找到根据。关于严先生对这些问题的看法，可以引用他在《希腊昂那克萨哥拉士（Anaxagoras）心物二元的唯心意匠论》一文的一段话作为说明：

其实直截了当的办法，莫如便认物种之中自有秩序条理，自然而然演成万物；用一班哲学上的话说，即心物不分，只把心与物看作整个宇宙的两种表现：心是性（quality）方面的表现，物是量（quantity）方面的表现，性不能无量，量不能无性，亦即心不能离物，物不能离心——是一而若二，二而实一的东西。因此我说，在本体论与宇宙观上，不宜有截然而不相侔的心与物两概念，有了以后，只是增加许多莫须有而不能解决的问题。这两个概念只能在知识论上保留着，并且只能当作主观与客观的分别，不可视为"实有"（substance）。因为人与物原是整个宇宙中的部分，宇宙中的各部分彼此会发生关系，人与物的关系只是一部分与另一部分的关系，而人之知物，所谓知识也者，不过人与物之关系的一种。人与物在知识的关系上，因观点而分彼此；此为主观，彼为客观，主观叫作心，客观叫作物；知识的关系停止，心物之分就不存在，至于宇宙的本然，更无心物之分，所以我说，心与物不可视为宇宙的实有。

假如心与物是截然为二面不相干的实有，那么在知识上，人的心怎能知物？最高限度，有性而无量的心，只能知物之性，何以还能知物之量？在本体论和宇宙观上，怎能够说，物种能接受心的计划与目的，经其整理而成形形色色的宇宙万物？（《学原》第二卷第八期［1948］，第19页）

严先生在其早期的著作《读柏格森哲学后几句毫无价值的话》就表现出他的重科学、反直觉的思想。

严先生对中国哲学的研究花过相当精力，主要涉及的是儒道两家，他比较深入地分析过老子的《道德经》、先秦儒家的经典著作《中庸》和《大学》，以及以朱熹为代表的宋明理学的本体论和宇宙观。在这些著作中，我们看到这样一些研究倾向和哲学观点：

一、以西方哲学的理论术语阐释中国哲学，在比较异同中见中国哲学的特色。研究中国古代哲学思想，可以用追本溯源的方法，还其本来面目；也可以用现代的观点术语阐释古人的思想，然后比较异同，达到了解古人的目的。这两种方法看似分殊，其实都不免站在现代人的立场去研究古人。完全的以古释古，甚至完全的以原著释原著，是不可能的，因为这样做等于没有解释，必然使人茫然而无所得。用现代的观点术语解释古人，最怕的是比附，把古人现代化。严先生的中国古代哲学研究工作，没有比附的毛病，却能清晰地、可理解地告诉我们古人的思想体系及其理论意义。当然，他在选择阐述的对象和阐述的过程中都反映了他个人的理论观点。康有为的"托古改制"固然为后人所诟病，但"借古人之酒杯，浇今人之块垒"，不仅文学家、哲学家、历史学家也常常这样做。

二、严先生在他的中国哲学研究中，像他在西方哲学研究中一样，表现出他的泛神论式的一元的、唯物的、自然主义的倾向。他对《老子》的"道"和《中庸》的"道"都采用这种观点加以解释。他在《〈中庸〉全书思想系统》中，对《中庸》的所谓"道"是这样解释的：

天地之间，有物焉，万事万物之所率循而不坠者，是为道。以今世之术语出之，则谓之"秩序"。……"自道"云者，谓其发动流行，自然而然，非此道之外，别有物焉，而张主左右其间也。

此道盖即宇宙之本体，是本体之发动流行，纯出于自然。于斯可见《中庸》一书盖主自然主义（naturalism）之哲学……所谓"道"者，乃其自创自守，自然而不得不然之律令。由斯言之，《中庸》一书又兼所谓泛神论（pantheism）之诣矣。唯道为自然而不得不然之律令，斯又定命论（determinism）之旨趣，《中庸》首句即标"天命"两字，可以见已。

论到天人关系时，该文说：

天道莫非真理，人之思虑云为，物之动静成毁，固皆天道之所包，辙亦真理之一部，是天人合一，民物同体，斯又自然主义推理所必至者也。夫人之所以能知天地万物者，正坐天地万物原属一体，此乃知识发生之根基，存在之关键，历代儒家之所默契者也。其言伦理，则标仁民爱物之义，亦以民物原皆与我同体，不仁民，不爱物，无以异于手不爱足，膝不爱股，是谓逆天拂性者矣。

这几段话对《中庸》的"道"和"儒家"常讲的"天人合一，人物一体"的思想及其相互关系讲得很清楚。这是对以《中庸》为代表的儒家思想的阐释，也是对作者哲学思想的表述。

在《说老之"道"——老子思想之分析与批评》中，严先生对老子的"道"也有详细的论述。他认为老子同苏格拉底都处于思想变革之际，但因二人所处的具体形势不同，所以老子"舍物而天"，苏氏则"舍天而人"，这是因为西方哲学一开始就注重本体论和宇宙论的探究，而中国哲学则一开始就重在人事的研究。并且认为中国古代哲学唯有老子独树一帜，"探夫天道之隐"，为后世理学融儒佛创造条件，老子在中国哲学史上的贡献是伟大的。关于老子的"道"，严先生首先把它同黑格尔的绝对精神相比较，认为相似而不相同。在比较老子同亚里士多德时更正面说明了老子"道"的含义："且夫亚氏之'上帝'，其为宇宙万物之鹄，而为其所向所趋也，乃是宇宙万物之外，而致之于动，而愈动而愈出。若老子之'道'，则存乎宇宙万物之中，宇宙万物，特其动静往复之形迹耳。以宇宙之术语出之：亚之'上帝'，超神（transcendent deity）也，老之'道'，泛神（pantheistic）也。老之言曰：'大道氾兮，其可左右？'（卅四章）"

在比较老子与亚里士多德的宇宙论时，严先生用亚氏的储能效实的概念说明二者，也说明了中西哲学倾向的差异。亚氏从储能到效实"一往直前，永无止境"，而老子的储能趋于效实，"适可而止"，止而复反于储能，因此老子有"多言数穷，不如守中"的话，这正表现出西方哲学倾向于"务分析而不厌其繁"，中国哲学"重内心之涵养，轻外界之探求"，这正是西方学者承亚氏之余绪，而特重于科学的重要原因之一。

严先生关于中国的政治、伦理道德的论述很多，特别表现在关于《大学》、《中庸》二书的论述中。他认为中国哲学的以伦理统一政治，以天人合一为基础的"民吾同胞，物吾与也"是贯串一切伦理、政治、法律的核心。这不能不说是他对中国伦理思想的精髓的认识，也是他的观点的具体体现。他把中国政治伦理思想同民主思想统一起来是很有见地的。我们引他在《〈大学〉全书思想系统》的一段话，说明他的这种观点：

"自天子以至于庶人，一是皆以修身为本"者，修身实兼格、致、诚、正而言，此五者之事备，则不失为善人，退有以立己，进有以立人，立己为民，立人为君，为民者进而可以为君，为君者退而可以为民，夫非民主政治之真意也欤？故曰：儒家之政治理想，所谓王政者，貌虽有君，其意则民主也已。

《朱子论理气太极》及《孔子与亚里士多德之中庸学说及其比较》两文，从比较中探求中西哲学的异同。严先生既不偏袒中国哲学，也不专崇西方思想，而是以理论上的一贯与科学精神为准。"科学"与"民主"是"五四运动"追求的目的，也是严先生他们这一代人向往的目标。这种精神在今天也还有积极意义。

最后，再说几句关于本书的编辑的话。

编辑这本文集，严先生的子女是出了大力的。严先生的手稿是行草，他们不但辨认无误，并查对引文，而且用非常工整的楷书抄写，几乎没有误写的地方。这不但需要大量的精力，而且要有较好的中国学术素养，而他们都不是学哲学的。保存严先生手稿方面，他们也做了大量工作；没有他们的保护，这些劫余的手稿也许早已遗失。他们对父亲的文集的出版，倾注了大量心血，没有他们兄妹的集体努力，这本文集是编不成的。

2002年2月7日于杭州